图说金刚经

认识一部伟大的佛经

（唐）鸠摩罗什 / 原译
施青石 / 编著

甘肃人民美术出版社

世界最早的雕版印刷《金刚经》经卷

这是唐懿宗咸通九年（公元 868 年）雕版印刷的《金刚经》，是世界上最早的有明确年、月、日记载的雕版印刷品，于 1900 年在甘肃敦煌发现。全经用 7 张纸粘成一卷，全长 16 尺，高 1 尺。

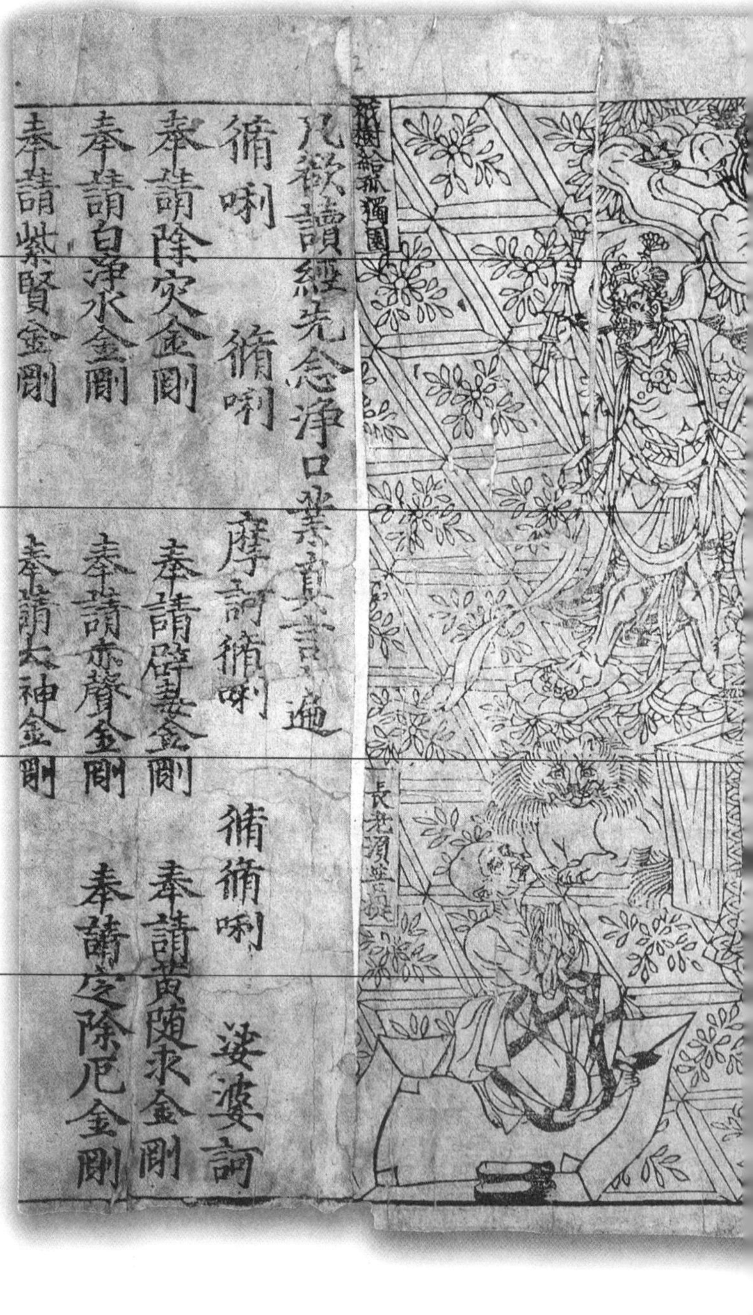

天人

也叫“飞天”，六道中的众生，佛说法时经常出现的乐师。

护法

一位护法立于佛陀身边，可能是位好勇斗狠的阿修罗。

比丘听众

依据《金刚经》，佛陀说法时有 1250 名比丘在场。

佛陀弟子须菩提

须菩提是佛陀的十大杰出弟子之一。佛陀之所以演说《金刚经》，起因于须菩提询问如何获得无上智慧的方法。须菩提偏袒右肩，右膝着地，以示对佛陀的最大敬意。

右图为卷首，印有佛教故事图，是释迦牟尼坐在莲花座上给须菩提长老说法的情景。左图为卷尾，画面上最后一行是“咸通九年四月十五日王为二亲敬造普施”字样。可知雕刻印经的目的是出资人为父母祈福消灾。此经原藏敦煌第17窟藏经洞中，1907年被英国人斯坦因盗骗，曾藏于英国伦敦大英博物馆，现藏大英图书馆。

佛陀

佛陀坐于莲花座上演说《金刚经》。他右手结说法印，而左手的手势代表禅定。

两位菩萨

菩萨是仅次于佛陀的觉悟者，《金刚经》主要讲的是菩萨的修行。

吉祥

佛陀胸前的卍字是印度传统的吉祥符号，通常出现在佛像的手掌或脚底。

虔诚的在家众

虔诚的在家众由仆人陪伴，正在听佛陀说法，他们身着中国达官贵人的服装。

编者序

通向无上智慧的方便之门

《金刚经》全名《金刚般若波罗蜜经》，在传播到中土的大量佛教经典中，《金刚经》是译介最早、流传最广、影响最深的经典之一。这部经似乎跟中国人特别有缘，念经者，喜欢念《金刚经》；讲经者，喜欢讲《金刚经》；注经者，喜欢注《金刚经》。自从公元401年，鸠摩罗什法师将其翻译成汉字以来，历经各朝代，《金刚经》所衍生出的各种文化现象，已成了中华文明不可缺少的重要组成部分。人们把《金刚经》与儒家的《论语》、道家的《道德经》并列为释儒道三家的宝典。

在中国历史上，佛教的各宗各派都十分尊重《金刚经》，为其进行注疏。唐宋以来盛极一时的禅宗，与《金刚经》更是结有深厚的因缘。禅宗大德六祖惠能禅师，因在街边听到有人读诵《金刚经》中“应无所住而生其心”一句时，激发了佛性，随后，他远赴千里之外去亲近五祖，五祖专为他讲《金刚般若波罗蜜经》，于是，他便豁然大悟了。本来禅宗是依据《楞伽经》修行，但自惠能大师以后，就依据《金刚经》了。

《金刚经》之所以受重视，是由于中国佛教自身的特点：一是重实行，如台、贤、禅、净各宗，都注重行持，尤重于由静定思虑生发智慧的体悟；二是好简易，中国人的习性有好简洁的一面，卷帙浩繁的经论，是极难普遍流通的。鉴于这部《金刚经》既重般若的悟证，有极强的可操作性，又不繁复艰涩，恰合中国人的口味，所以特别流行。

《金刚经》是一切大乘佛教的理论基础，因其探讨解脱生命困惑的大智慧，被奉为“佛门的智慧之母”。同时，不学佛的人也能够在其中获得重要的人生启迪，所以通常意义上，它也是一部人生哲理典籍。

《金刚经》主张，佛法是解决心的问题。一开始先提到发“成佛”的心，然后是降伏虚妄之心，而后又是清净心，等到证入涅槃之后，心不再迷茫，连一丝丝的烦恼都没有了。助人脱苦离难，不生烦恼，这就是《金刚经》所要达到的目的。同样，这也是佛法的目的。

《金刚经》提出降伏其心，就是要降伏我们内心中不安定的烦恼因素。

“心”的健康与否，直接关系到人的幸福与否。现代的心理医生解决的只能是个别人的问题，而一种千年背景的哲学思想，则能够影响成千上万的人。有识之士，已经将眼光投向了这样的经典，比如探讨《论语》与人生智慧，研究《老子》与人生幸福。而实际上，最直接针对烦恼、欲望的“心灵鸡汤”则是这部旷世经典《金刚经》。

《金刚经》虽然只有五千多字，读起来也很容易上口，但要参透却很难，甚至入门都不容易。因此，千百年来无数高僧大德、国学大师都殚精竭虑，注疏详释，试图为世人开启这扇通向人生无上智慧的“金刚之门”。也正是因为阐释太多，理解殊异，导致对同一概念有诸多版本的解释，这使得许多初习《金刚经》的人常常陷于更大的迷惑，致使《金刚经》成为著名的“难读之经”。

我们编著这本书的目的，是以通俗易懂的现代图解方式，让这部经典的要义逐一呈现出来：将烦琐叙述以图表方式简洁表述，将抽象概念以形象可视的画面展现出来，并配以相关佛教事物的精确图绘，同时辅以大量相关背景知识介绍，以使对一部佛经的阅读，变成一次生动有趣、富于智慧与启发的探索。我们衷心希望，您手上这本书能成为一扇通向人生无上智慧的方便之门。您在阅读中，有一时的精神体悟，在这个纷繁嘈杂的浮世上能获得片刻的宁静，足矣！

本书阅读导航

本节主标题

本节所要探讨的主题。

篇名与序号

本书每章节分别采用不同色块标识，以利于读者寻找识别。同时用醒目的序号提示该文在本章下的排列序号。

一念生信心

6

大得无所得

般若性本空

大乘佛教不仅否定人我，而且也否定法我。五蕴诸法，只是有一个所指的名字，并没有实在性。般若本体是无形无声的“大空”，能够我空、法空、空空，才会见到那真正的如来。一念生起清净信心的人，能够三相并寂，自然就能得到真理的护佑，相应的结果也就是福德无量了。

无论是善根深厚的持戒修福者，还是一念之间生起清净信心者，为什么能够得到无量福德呢？佛祖接着自己的话，自问自答。因为这些众生，对佛法的领会已经到达了相当高的程度，已能无我相、人相、众生相、寿者相了，而且还没有法相及非法相。我、人等四相，合起来也叫“我相”，没有了这个“我相”，即离我相的执著而得我空。无法相，即离诸法的自性执而得法空。无非法相，即离我法二空的空相执而得空空。

我空

我空，又作人空。能够去除我执，即是我空。我执就是认为生命中有一个恒常不变的“我”，“我”是这个生命的主宰，执著于这个念头，就会生起无数的烦恼。其实“我”的概念是假借色、受、想、行、识聚合而成的虚像，没有自性，也没有本体。认清了这个问题，破除了我执，就是我空。罗汉、声闻、缘觉之圣人，就是破除我执，证悟了我空的境界。

法空

法空就是无法相。色、受、想、行、识五种蕴聚成相之力，就是法。法也是因缘所生，推求起来，幻化偶然，也没有自性，不是本质。所以，以这些因缘法相为根本的话就是法执。菩萨即是破除法执，证悟法空的境界。

空空

空空就是毕竟空。毕竟空也没有自性，它是对有而说空，若不说有时，空亦不可说，所以，它也没有真实性。佛是我空、法空都破除，这念心不住空、不住有，离开二边，常行中道，彻证本心本性，这种空就是本性本空、真空妙有的境界。

空掉了的是假相、是虚相，露出来的就是本性、真理。在这里“有”和“无”是统一的。所以重视“空”，目的在于揭示一切万有都是虚像，不是自性真理。宇宙的本体是实相，万物的本质是性空、毕竟空。所以不允许有任何的执著，一切执著都不符合般若自性本空的原理，有悖于世界的真相。

104

图解标题

针对内文所探讨的重点，进行图解分析，帮助读者深入领悟。

图表

将隐晦、生涩的叙述，以清楚的图表方式呈现。此方式是本书的精华所在。

插图

较难懂的抽象概念运用具象图画表示，让读者可以尽量理解原意。

名词解释

本书的名词及概念的解说。

万物本空的智慧

般若无所得

佛法认为宇宙万事万物都是因缘和合而生，也就是“由缘而生”。任何事物，都是“缘生则生”，“缘阙则阙”，即产生该事物的条件（缘）具备了，该事物就产生而存在；条件不具备，就不可能产生而不存在。而一切万有之根源叫作真如，即指遍布于宇宙的真实本体。

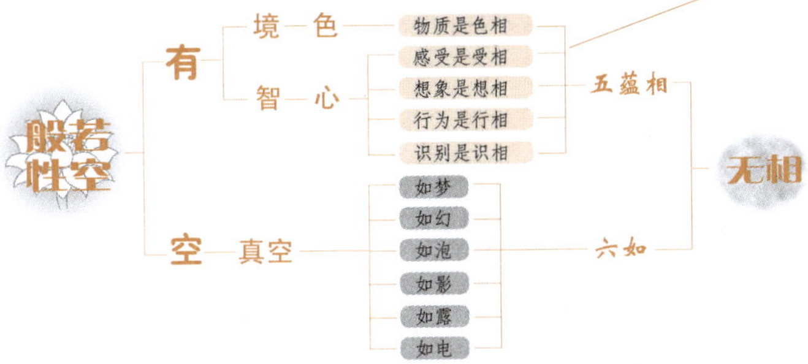

五蕴假合

蕴是积集的意思，五蕴就是色蕴、受蕴、想蕴、行蕴、识蕴。在此五蕴中，前一种属于物质，后四种属于精神，乃是构成人身的五种要素。

名词解释

色蕴 色就是一般所说的物质，是地、水、火、风四大所造。
受蕴 受就是感受，领纳为义，其中包括苦、乐、舍三受。
想蕴 想就是想象，于善恶憎爱等境界中，取种种相，作种种想。
识蕴 识就是了别的意思，由识去辨别所缘所对的境界。
行蕴 行就是行为或造作，由意念而行动去造作种种的善恶业。

105

目录

第1章……悬论：叩响《金刚经》之门

第2章……开场：导入说法的情境

第3章 成佛的必由之路：正知正见生正信

第4章 一念生信心：通往般若的门槛

第5章 打破砂锅问到底：理解才能真信仰

《金刚经》是佛经中很殊胜的一部，它之所以伟大，是因为它超越了一切宗教性，也包含了一切宗教性。千余年来，不知道有多少人研究《金刚经》，念诵《金刚经》，并因《金刚经》而感悟到人生的真谛。在中国，《金刚经》已经成了传统文化的重要组成部分。

第 1 章

悬论：

叩响《金刚经》之门

本章图版目录

1

经名的分解

《金刚般若波罗蜜经》

一切佛经，取名的原则不外乎七种，以人（佛、菩萨）名为名，以佛法为名，以经义比喻的喻体为名，然后人名、法名、喻名两两组合形成三种，最后人、佛法和比喻三者结合为一种。本经以佛法和它的比喻相加而得名。

本经是典型的佛法与比喻叠加的复名，金刚是比喻，般若波罗蜜是佛法。

金刚——最坚、最明、最利的法宝

金刚，金中之精，最坚最利，通常指佛家的一些法宝，如金刚宝、金刚杵，是比世间的金刚石还要厉害的宝贝，它能坏一切而不为一切所坏。

世间的金刚石，有三种显著的特点：

第一，结构稳定。不容易被物理性破坏，也不会轻易发生化学反应，有坚固恒常的属性。第二，明净璀璨。通体透明，因为折射光线而熠熠生辉；表面洁净，很难被外物所污染。第三，坚硬锐利。硬度极强，能破坏金属、石材等一切固体物，而铁、石等却不能摧坏它。

本经中的“金刚”，就是以最坚固、最明净和最锐利的属性来比喻这部佛经所说的道理。

首先，以金刚比喻这部佛法特别坚固，不易被破坏。

其次，以金刚比喻佛法的智慧光芒和悟道真心的纯明不染。

最后，以金刚比喻佛法的作用锐利无比，能破种种烦恼。

般若——精深微妙的大智慧

般若，在梵语中是“妙智慧”的意思。

佛经中的所谓般若智慧并不同于普通的聪明，它是指能够认识道、证悟道、了脱生死烦恼、得道成佛的这个智慧，是属于道体上的根本智慧。所谓根本智慧，就是超越一般聪明与普通的智慧，而了解到生命的本源、本性。这个智慧才是般若。所以“智慧”两个字，并不能代表般若的全部含义。

大乘佛法把般若分为三类：文字般若、观照般若和实相般若。

凡是用语言文字来说明的般若道理，称为文字般若。本质上讲，般若是离文字相的，即没有文字。但是如果不用语言文字表达，根器差一点的普通修行者就很难明白佛讲的道理了。所以，文字般若是联系佛与凡夫的媒介。

依照文字般若得来的智慧在禅定中去感知和观察，称为观照般若。观照般若就是观察真理的智慧，在禅定中持续这种观察，十几年或者几十年，

经名中的佛法（1）

经名分说

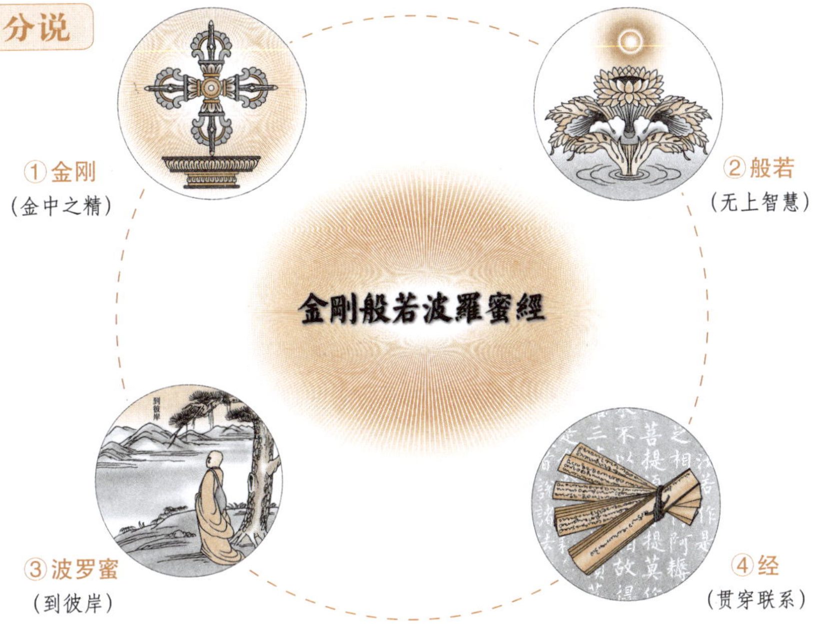

① 金刚，金刚轮宝等。也用来比喻具备坚利性质的人或佛法，如金刚三昧、金刚力士、金刚身、金刚网等。

② 般若翻译为妙智慧，即与大悲心合在一起能够彻底得解脱的菩萨智慧。

③ 波罗蜜，原意为到彼岸。此处比喻为离开生死此岸，渡过烦恼之河，到达解脱的彼岸。

④ 经就是贯穿联系的意思，一方面能使佛法久驻世间，一方面能普遍利益一切众生。

般若的三个层次

学佛的道路，是从文字般若开始，经由文字般若、观照般若，而后得到实相般若。

般若

- **文字般若** → 指佛所说的一切成佛言教，它是启发凡夫智慧的重要媒介。
- **观照般若** → 从文字般若得来的智慧，借助禅定去观察，会找到通向佛的正确道路。
- **实相般若** → 在观照般若之中，一念之间证悟真理，也就是佛法的实相。

最后终究会有成就的。

因为长期修行观照般若，忽然间证悟佛法实相，称为实相般若。得到实相般若，就有了一定的成就。

可见，学佛的道路，是从听闻佛法开始，经由文字般若、观照般若，而后得到实相般若。

波罗蜜——脱离苦海到彼岸

波罗蜜是“到彼岸”的意思。按佛法解释：凡夫境界是此岸；圣人境界是彼岸；河就是烦恼，包括贪嗔痴、爱恨愁等各式各样的波浪；船就是佛法；按照佛法修行就是坐船从此岸到彼岸。

到彼岸的方法归纳成六种，称为六波罗蜜，简称六度，即布施、持戒、忍辱、精进、禅定和般若。

般若波罗蜜是到彼岸的向导。但是，般若波罗蜜并不是孤立的，它一定与前五度波罗蜜紧紧联系在一起。若前五度修行没有般若波罗蜜，就只是普通功德。虽然修行者坚持布施、持戒、在佛前烧香供养，但因为没有般若波罗蜜，就无法得证无上菩提，也就是到不了彼岸。但如果没有前五度的修行积累，只是单独有般若波罗蜜，那么，这个修行人的福德就不够，只是空有很高的智慧，只是成就了阿罗汉的果位，从佛、菩萨的立场来看，他仍然没有到达彼岸。没有前五度修行，这个人一定是没有慈悲心，他只顾自己静修般若智慧，无形中就执著了个人“小我”的私利，是无法彻底解脱烦恼的。所以，只说般若，不讲前五度修行，不能叫金刚般若波罗蜜。

经——贯穿众生与佛法

经，梵语是“修多罗”，直译就是线，有贯穿、集结的意思。佛法最早被记录是用棕榈叶，由于其装帧需要用细绳一片片地贯穿起来，所以这种书籍就以线为名了。经既有线的意思，又能让人把它和圣人的著述联系起来，所以佛法著述都翻译为经。

发心修行菩萨道的人，能以如金刚般的妙慧，彻悟世间万物的本质，并依菩萨修行的六度，广行利他事业，则能到达究竟彼岸——成佛，贯穿起来就叫《金刚般若波罗蜜经》。

经名中的佛法（2）

乘六度到彼岸

生死是此岸，涅槃是彼岸；凡夫是此岸，诸佛是彼岸。依般若的指向，在红尘苦海中勤修六度万行，是到达彼岸的根本途径。

特别提示

1. 佛经中的金刚法宝只有金刚力士才能使用，正如修持《金刚经》需要有深厚的大乘根性。
2. 经名有通名和别名之分，“经”是一切佛经共有的，所以叫通名；而“金刚般若波罗蜜”则是本经所特有的，跟其他佛经不同，因此叫别名。
3. 文字般若中的“文字”，指佛所说的一切言教。不仅指书写的文字、还包括口里说的文字，甚至做手势、竖拳头都可以是文字。
4. 六波罗蜜相互统摄，每一度都在特定的角度领导其他五度，因此它们之间并没有高低贵贱之分。

《金刚经》主要说什么

劝令众生发阿耨多罗三藐三菩提心

《金刚经》"妙义无穷"，历代都有醉心其中的解读者。由于文化环境、历史条件以及各人的阅历、年龄、性别等不同，每个人对《金刚经》的见解，就会有所不同，正所谓见仁见智，是很自然的事。

《金刚经》主要说什么呢？

从文字上说，《金刚经》就是释迦牟尼佛与须菩提的一番精彩对话，主要讨论如何发"阿耨多罗三藐三菩提"（亦称"无上菩提"），即如何修证成佛。"阿耨多罗三藐三菩提"是梵文音译，意思是"无上正等正觉"，是佛陀觉悟的最高智慧，是超越自我、超越一切，甚至超越一般人既定的所谓"终极意义"的智慧，它能认识到一切事物的真正本质，具备这种觉悟就是成佛。所谓"发阿耨多罗三藐三菩提心"，就是下决心成就无上智慧、无上大道，即发愿成佛，这也是修行大乘菩萨道的全部内容和目的。

发愿成佛用现代心理学的概念理解，就是追求终极意义。人类从原始社会就已经开始这种追求，直到近现代还在追问"我们从哪里来，到哪里去"。大科学家爱因斯坦认为，宗教经验的高级阶段，向人们揭示"人类所向往的目标应当是什么"，是人类对经验世界显示出的内在和谐与秩序的坚定信仰与崇拜。这种坚定的信仰，在现代心理学看来，是人类赖以生存的精神支柱和强大动力。

佛陀说《金刚经》的目的，其实就是教导大家去追求终极意义，以获得精神上的支撑与动力，来摆脱一切烦恼。

从结构上说，《金刚经》围绕须菩提的问题，佛陀首先阐述欲发无上菩提心者需先"降伏其心"，以"离相伏心"之道，洗净四相杂念，以便树立正确的佛法知见；然后说明菩萨广行六度时应"无所住心"；最后则详细讲述"阿耨多罗三藐三菩提法"的平等性，即人人可以成佛。这种结构的逻辑就是依照佛所讲的文字般若，去体悟佛法的实相般若；再依照悟到的实相般若，引导众生进行内心观照；最后，再以观照的结果佐证实相般若。

这样的结构关系，旨在展示学习菩萨入世度人精神的方便之门，以劝令众生发阿耨多罗三藐三菩提心。

《金刚经》的主旨

《金刚经》的主题

《金刚经》所倡导的追求终极意义，超越了人的生理需求、安全需求、社交需求、尊重需求和自我实现的需求，自然也破除了一切因需求而导致的烦恼。

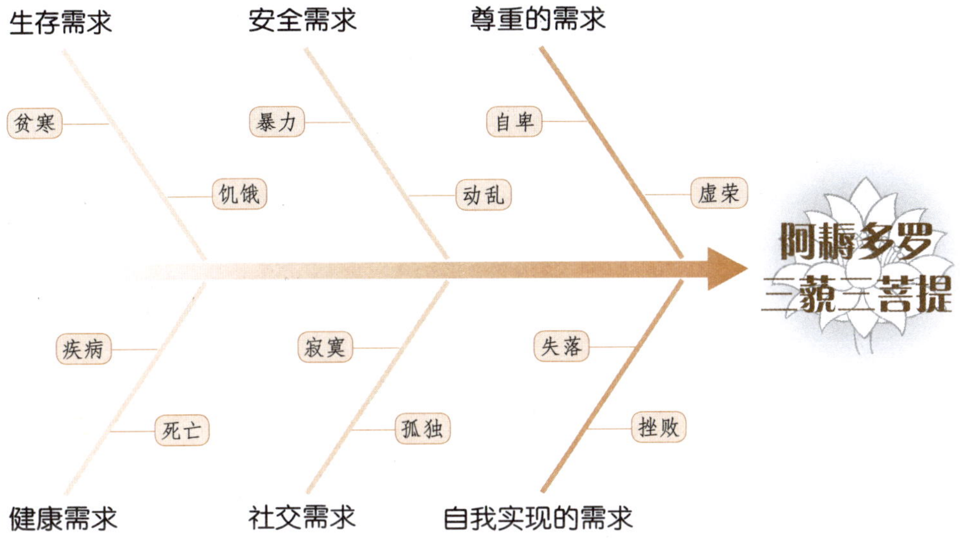

《金刚经》结构分析

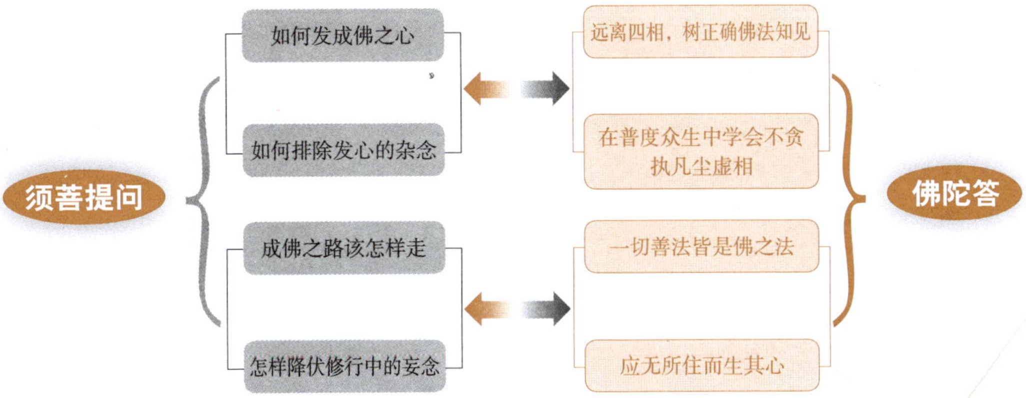

修行成佛的下手处

3 解决"心"的问题

学习佛法，首先应该知道佛法能解决什么问题。发菩提心，为修习菩萨道的根本；而"降伏其心"则又是发菩提心所要达到的目的。所以"降伏其心"，是《金刚经》所要解决的首要问题，也是整个大乘佛法修行的目的。

从《金刚经》的主题来看，这部佛法是要解决"心"的问题。

心是孕育一切快乐的母体，也是产生一切烦恼的根源。心出了问题，无边的痛苦就会接踵而来。释迦牟尼当初游四门，看见生老病死，不知道原因何在，因而心中充满了无限的痛苦和悲悯。所以，他出家修行直到悟道的根本目的，就是在解决这个"心"的问题。最后，他发现了解开"心结"的窍门，便在菩提树下顿悟得道。经过自己多年的反复验证，佛终于把自己解决"心结"的经验总结出来，找了一个恰当的时机传授给众人，那就是这部《金刚经》。

《金刚经》提出"降伏其心"，就是要降伏在我们心中造成不安的烦恼因素。说"降伏其心"，似乎很简单、很容易。但是，究竟起来，众生的心实在是很难降伏的。为什么呢？因为人的"心"里，总有一些欲望、希望、利益或追求，总有一些问题需要思考、需要解决。特别是在变化迅速的现代社会，信息爆炸，知识膨胀，欲望也跟着强烈起来，人的心也越来越难降伏。欲望是众生的本能，没有欲望，便无所谓生命。众生的心难降伏，便是由于各种欲望蠢蠢欲动造成的。

但"降伏其心"并不是强制禁欲，更不是硬性洗脑，它需要借助引导教育来完成超越一切欲望的智慧飞跃。如何降伏呢？文字般若显示，要把"心"打开，同整个宇宙通达起来，不要执著于我相、人相、众生相、寿者相等相对狭隘的时空观念。人之所以产生烦恼，是因为人的感官在心中生出许多虚妄的表象，左右了人的见解、行为，所以才有诸多的烦恼。如果能以超越一切的大智慧，识破假相，通达无我，"心"自然就被降伏了。

由于这些欲望存在于日常生活的所见、所闻、所听、所感中，往往是最容易被忽略的所在，但也是修行最方便下手的地方。佛的"般若"妙法，也正是从解决这些问题入手，让听经的众生有切身的体会，也容易使大家将体会来的佛法，运用到日常实践中。

修行的起点

心的问题

生活中，大家往往会有许多烦恼，会产生或大或小的心理问题。如因为家庭、学业、工作、感情、名利、国家或世界的变故而感到不安。因此，学佛首先要从“修心”开始。

学佛即是修心

修行与圆满

4 《金刚经》中的人生观

《金刚经》发起是缘于一句提问：如果有人下决心修行无上菩提，应当怎样修行？不修佛的人可能会问：为什么要修行，又为什么要修行无上菩提，还要发很大的誓愿？这就是《金刚经》中所涉及的“人生观”问题了。

当年释迦牟尼贵为俗世的王子，按常理思考应该天天幸福、快乐，为什么会出家修行呢？这牵扯到幸福的标准问题，幸福与否，如人饮水，冷暖自知。每个人的幸福标准取决于各人的“人生观”。释迦牟尼虽贵为王子，但看到生老病死，听见叹息哀号，自己却想不出彻底解决问题的办法，痛苦的情感不由得涌上心头。释迦牟尼的出家修行，也正是要立志找一个永远解脱痛苦的方法，不仅为自己，也为天下苍生。

佛经中常提的一句箴言就是“人生是苦”。佛教说苦，不是消极厌世，而是为了解脱痛苦，化苦为乐。所以佛法修行的实质，就是怎样正确对待痛苦，消除产生痛苦的根源。这一目的，释迦牟尼经过艰苦修行，终于在菩提树下证悟实现。这种大智慧境界被称为“无上菩提”，它超越所有狭隘、有限的对象，将个体生命与无限宇宙互相融通，斩除了烦恼、痛苦的根源。而《金刚经》正是佛向众生介绍修行“无上菩提”的心得。

确定了最高目标，具体的修行就有了实践原则，为了达到佛的境界，《金刚经》劝令众生学习菩萨的精神，入世普度众生。普度众生既是利益他人，也是利益自己。越是利益他人，就越否定“自我”“小我”，但同时却是对“无我”“超我”的逐步肯定。只有不断地积累这种善行，才会越来越接近圆满。“自我”“小我”是私欲横生的不安心状态，经常会莫名其妙地催生烦恼；而“无我”“超我”却是“以不变应万变”的一种稳定的心态，能够做到“不以物喜，不以己悲”。

虽然真正成佛的并不多见，但能够发愿修行“无上菩提”就足以改变人生的际遇。例如做事会渐趋专注；待人接物变得心平气和；还可以使人生不再随波逐流，在世俗的名利追求中能够主导自己、知足常乐。

总之，《金刚经》教人立志追求幸福，但对“自我”不可以执著。最简单的人生法则就是：“诸恶莫作，众善奉行。”

人生的幸福原理

① 越是舍弃“自我”、利益他人，积累的福德就越多。

② 当“自我”施舍到一无所有，与万物通达的时候，沉甸甸的福德就会把他推到幸福的那一端。

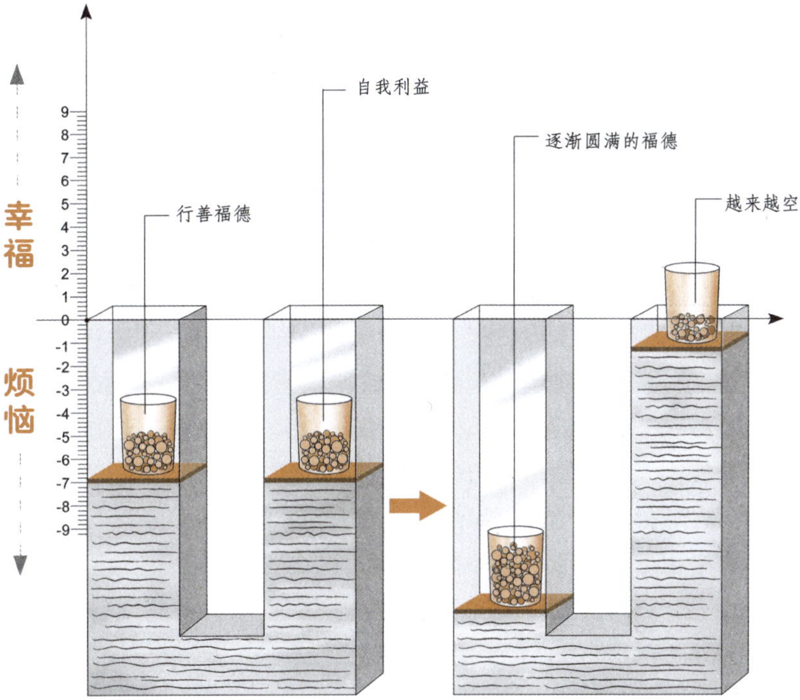

“我”的两种状态

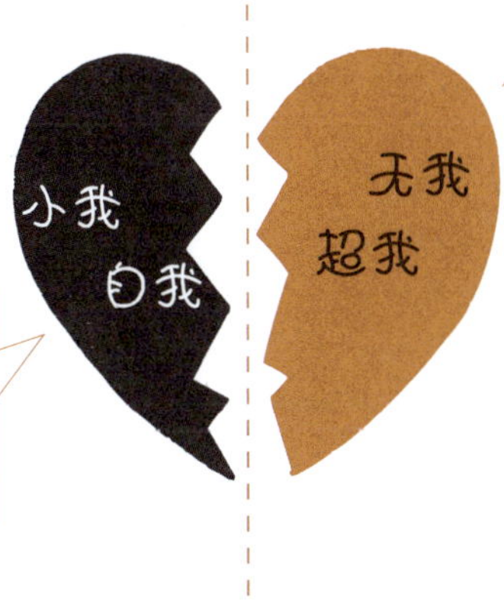

这种状态下，个人在舍己利他中加深了对人生“本质”的认识，甚至了悟宇宙人生“真相”，大彻大悟，身心获得彻底的自由和解放。

这种状态下，个人迷失在物质生存和享乐的自私自利的境界，表现为强烈的占有欲望。

5

佛眼中的红尘

《金刚经》与世俗世界

提及佛法，多数人的反应就是“深山野刹，古卷青灯”。事实上，佛法是从世俗中来，到红尘中去，与现实世界密不可分。即使僧人都生活在深山古刹，与世无争，但佛法也会穿越时空，深刻地影响着红尘男女的精神世界甚至生活态度。

佛教讲究“看破红尘”，但并不是与世隔绝，远离现实世界。释迦牟尼看不破世俗红尘的时候，心中烦恼不堪；但他老人家看破红尘的时候，就已经成佛了。佛法当然是成佛之法，即看破红尘之法，但如果离了红尘去修行佛法，那就无所谓“看破”与“看不破”了。从这个角度讲，《金刚经》其实是佛祖留给众生在红尘修行的“全攻略”。

在修行道路上，佛是过来人，所以能够站在顶峰“一览众山小”，哪里有陷阱，哪里是机关，哪一个关节最难打通，哪里可以快速升级，他都清清楚楚。对于那些希望通过逃避现实解脱痛苦的人来说，红尘是洪水猛兽，不可以靠近。但佛的亲身经历表明，红尘是不可以逃避的，也是逃避不了的，所以他在避世不通的情况下，转而向世俗红尘去求证，很快就悟到了真理。因此，佛眼里的红尘是最方便的修行场所。特别是《金刚经》，强调衣食住行都是修行的好道场，各种欲望虽然容易污染人心，不过一旦参透它们，不再执著它们，意想不到的福德、好处自然就来了。

《金刚经》字字真言，是佛入红尘修行的心得，也是由佛的一段入世行乞引发的智慧，应当说它是从红尘中来。

《金刚经》又提倡人们入红尘，其中的佛法也主要是针对在世俗红尘中的修行，防止了学佛众生误入“偏执”的歧途。所以，《金刚经》又是一部到红尘中修行的实践守则。

世俗红尘中学佛的居士，有很多人因为奉持《金刚经》而悟道。其实不学佛的人，如果明白了《金刚经》中的道理，也能从中得到启示。现实生活中每个人都有悲欢离合，尤其像久旱逢甘霖，他乡遇故知，洞房花烛夜，金榜题名时，等愉悦的情感，有时候会让人刻骨铭心。这些是美好的，但又容易让人恋恋不舍，产生过分的贪求，甚至痴迷其中。学佛不是禁欲，所以《金刚经》不否认世间众生的欢愉，它要告诉大家的是，过分的执著会适得其反，深爱转瞬间会变成大恨，巅峰再往前一步就是万丈深渊。

佛法与红尘世界

佛眼看世界

佛眼中的红尘世界，不仅是烦恼之地，还是成佛必经的修行场所。佛倡导众生不要被红尘所迷，但又提出：看破红尘的最好办法是勇敢地面对它。

感官上的世俗红尘是一个花花世界，爱情、事业、功名等情境不亚于一出出精彩的大戏。但勘破了生死大关，才发现一切都如梦幻，太执迷这些良辰美景，反而会惹来无尽的烦恼。

佛是超越了世俗红尘的大觉者，他站在最高处，以无上的智慧洞察世间万物，明辨红尘是非。

6

《金刚经》在中国

佛文化的重要流变

佛法东传，翻译的功劳是第一位的。但译经绝不是文字的简单对应，当《金刚经》以汉字版本流传的时候，它已不再专属于印度文化。我们可以把《金刚经》的源头追溯到印度古代，但它的流变更是中华文化发展的证明。

按照佛说法的顺序，《金刚经》是佛关于“般若”的第九次讲说。佛在四处说法地点讲说“般若”共十六次，后世整理了六百卷佛经。但这些佛经翻译成中文的时间却相差很远，像《金刚经》，早在唐玄奘翻译全部《大般若经》之前，就已经在汉语圈子里流传很久了。

《金刚经》包含了大乘佛教般若学说的精华，其般若“性空”思想，是印度大乘佛教立世的理论基础。《金刚经》一问世，在印度就受到了广泛的重视，许多著名的高僧大德例如无著、世亲等人都对它作过注疏。可惜的是，这些珍贵的资料，包括原经文，都已经随着佛教在印度的衰落而失散各处，不知去向了。因此，探讨《金刚经》的流传演变，只能在体系完整的中国佛法里进行。这一观点，南怀瑾老先生也有论述：

“我们研究印度的文化及历史，知道印度人不太注重时间，所以印度人没有历史观念。十七世纪以后，靠着英国以及东西方一批学者的整理，才有了印度史。不像中国的历史，是从古老开始五千年一直下来的。所以有些人要学梵文来研究佛学，那就是一个非常滑稽的事。尤其是现在的梵文，是十七世纪以后的梵文，唐宋以前的梵文，连一本原经都找不到了。而且唐宋以后的梵文，有南印、北印、东印、西印、中印，五方梵文各自不同。我们当时翻译过来的梵文也有不同，咒语的发音也有不同，这些旧的梵文，现在影子都找不到了。所以说，一般研究梵文的佛学家，用十七世纪以后，欧洲人整理出来的梵文，追究少数留下来南传佛教的本子，想探讨整个的佛法，用孟子一句话来说：‘缘木而求鱼。’”（南怀瑾《南怀瑾选集·第八卷》，第 19 页，复旦大学出版社，2006 年 2 月第 1 版）

佛法东传，中国文化最终接纳的是大乘佛教，作为大乘根本的《金刚经》自然受到青睐，较早地被引入中土。虽然《金刚经》的翻译可以被追溯到更早，但后人普遍认可公元 402 年，即十六国时，著名翻译家鸠摩罗什所译的《金刚经》是第一个中文版本。此后历经南北朝各代，直至隋唐，短短三百年间，至少有六种汉文译本问世。可见这部经典当时在中华大地的流行程度。《金刚经》进入中土的时机很好，适逢魏晋南北朝，谈玄之风日盛。中国的士人看到般若思想的“性空”理论，认为与玄学的“有无”的哲学思辨相通，所以也拿来当作玄学思想的补充。加上鸠摩罗什的高妙翻译，很有中国特色，所以《金刚经》一入中土，便跻身主流思想。由于《金刚经》既作为文人士大夫的清谈对象，又有诸多统治者在背后扶持，所以它在中土社会上的受重视程度远胜于印度。

最后一版中文译本是公元702年武则天时，由僧人义净翻译的《佛说能断金刚般若波罗蜜多经》，此后就再也没有汉语的《金刚经》翻译了。但《金刚经》的流传并没有停止。

隋唐时期，中国佛教内部开始形成宗派，但各宗派都对《金刚经》尊奉有加，无论天台、华严还是三论都竞相习诵，并按各自宗派的义理进行阐发。例如天台宗用佛性论为《金刚经》注疏；华严宗以真如缘起论解释《金刚经》；而禅宗到六祖以后更是以《金刚经》为传法心印。

唐开元二十四年（公元736年），玄宗李隆基颁布《御注金刚般若经》，把它和《诗经》《道德经》一起颁行天下，从此《金刚经》便顺理成章地成为中国佛教文化的代表性经典。

此后，儒、释、道三家的思想相互影响、渐趋融合，《金刚经》也超越宗教性，成为整个中国传统文化的优秀代表。而《金刚经》注疏也从纯粹的佛理变成了中国传统思想的大集合，动辄从释迦、迦叶一下跳到唐尧、虞舜、孔子、颜回。至明永乐二十一年（1423年）成祖朱棣编纂《御制金刚经集注》，各家对《金刚经》的注疏已不下百种。所以，讲到中国知识分子的国学修养，不懂一点佛教常识，不读《金刚经》，是不能算是有学问的。这种情形一直持续到清末、民国。

20世纪50年代以来，由于种种原因，对传统文化的继承，出现了一段真空，《金刚经》同今天的人们才有了很深的隔膜。幸而时代进步，重谈传统经典，才会有越来越多的著作来沟通《金刚经》与当代的读书人。

《金刚经》大事记

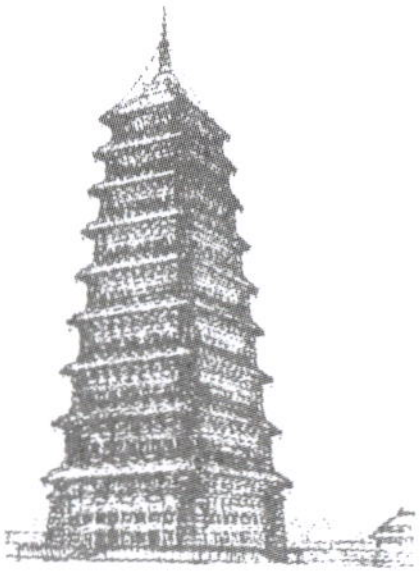

随着佛教东传，《金刚经》也被带入了中国。历经1600多年的岁月，这部经典已经深深地印入了中国人的灵魂。

300　晋、十六国　南北朝　600　隋、唐　900

● 玄学兴起，谈玄之风在士大夫阶层成为时尚。《金刚经》借此跻身中国主流文化。

① 公元401年，鸠摩罗什于长安草堂寺翻译《金刚经》，初名《舍卫国》。

② 其后，僧肇写《金刚般若波罗蜜经注》，为第一本中国式的《金刚经》注疏。

③ 公元535年，菩提流支在洛阳译《金刚经》，初名《婆伽婆》，同时翻译《金刚仙记》十卷。

④ 梁武帝时（502-549）傅大士颂《金刚经》；昭明太子把《金刚经》分为三十二品。

⑤ 公元566年，真谛在南陈梁安译《金刚经》，初名《祇陀树林》。

● 南北朝时，由于统治力量的扶持，佛教在南方和北方的发展都非常迅猛，佛教影响了社会的方方面面。

⑥ 公元590年，达摩笈多译《金刚经》，初名《刚断割》。

⑦ 高僧吉藏（540-623）著成《金刚般若疏》，首次以集成的方式全方位地注解《金刚经》。

⑧ 公元629年，唐玄奘赴天竺取经。贞观后期译《金刚经》，初名《能断金刚般若波罗蜜多经》。

⑨ 公元667年，惠能主持曹溪宝林寺，宣讲禅宗顿悟法门。

⑩ 公元699年，义净法师于洛阳佛授寺译《金刚经》，初名《佛说能断金刚般若波罗蜜多经》。

⑪ 公元736年，唐玄宗颁布《御注金刚般若律》，与《诗经》《道德经》一起颁行天下。

● 在国家长期统一、安定的大环境下，隋唐佛教得到了长足的发展，并且逐渐融入了中国文化，分化出许多学派。

● 五代以后，禅宗大盛，《金刚经》也随着《坛经》的普及成为大众耳熟能详的经典。

● 宋开始，佛儒逐渐合流，汲取儒、释、道三家之长的理学成为了中国文化的主流。《金刚经》也成为儒生们研究探讨的对象。

⑬ 1423年，明成祖朱棣亲自主持编纂《御制金刚经集注》，融汇了五代、宋、元以来的历代《金刚经》注疏百余种。

1992年，南怀瑾居士出版《金刚经说什么》，至今长销不衰，掀起了现代人对《金刚经》新一轮的热情。

⑭ 1580年，林兆恩著《金刚经统论》，将释、儒、道的主旨融为一体。

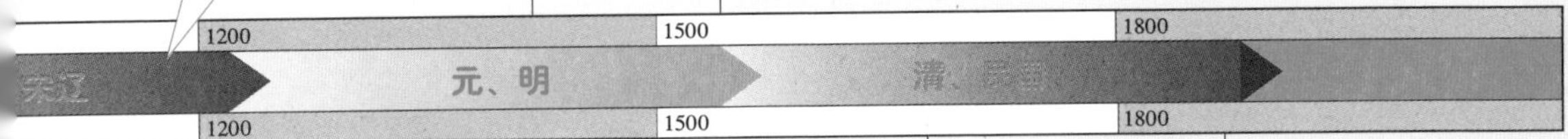

⑯ 1944年，江味农居士著《金刚经讲义》，是近代以来研究《金刚经》最齐全的注疏。

⑮ 清代，徐发《金刚般若波罗蜜经郢说》举孔子、孟子、庄子、老子、墨子等百家言论，昭示着《金刚经》已彻底融入了中国文化。

⑫ 1242年，宋代的宗镜禅师著《销释金刚科仪会要注解》，使得《金刚经》成为后世民间"宝卷"文学的重要内容。

7

译经第一人

三藏法师鸠摩罗什

一千六百年前，曾经有位年轻的沙门发愿：只要能把真正的佛法传到东土，就是赴汤蹈火，也在所不辞。为了这个誓愿，他忍辱负重，一生颠沛于兵戎与王权之间。他就是中国佛教史上最负盛名的翻译家——三藏法师鸠摩罗什。

提起《金刚经》，人们所指的普遍是十六国时鸠摩罗什的译本。

鸠摩罗什（公元 344—413 年），古西域龟兹国（今新疆疏勒）人。其父鸠摩罗炎本是印度来的僧人，后被迫还俗，娶了龟兹王的妹妹什婆。有了心爱丈夫的什婆在婚后反而一心向佛，生完第二个儿子后，就带着七岁的鸠摩罗什一同出家修行。年幼的鸠摩罗什天资聪敏，很有慧根，六万多字的《法华经》两天就可以背诵并且领会。为了专心佛法，又跟随母亲游学印度诸国，遍访名师，深究奥义。十二岁时，放弃小乘修行，转而修习大乘佛法。后回到龟兹，继续在周边各地参学、论法，进步很快，不到三十岁，已经名满西域，而且声望很快传到了中原。

罗什入关

虽然佛教很早就已经传入中土，但教义、佛法零零散散，不成体系，而且翻译的文字生涩难懂、歧义丛生。鸠摩罗什曾经发愿：只要能把真正的佛法传到东土，就是赴汤蹈火，也在所不辞。但上天有意磨炼这位年轻的法师，从公元 384 年，前秦苻坚兴兵请鸠摩罗什入关传法，直到公元 401 年，后秦姚兴再次兴兵相请，历经十七年，鸠摩罗什才被迎进长安，此时他已经五十八岁了。近二十年缠身于兵燹，这中间的磨难、屈辱，是常人难以想象的。

罗什的翻译

姚兴十分敬重鸠摩罗什，请他住进逍遥园西明阁主持译经，并甄选了慧恭、僧迁、僧睿等各地高僧八百多名，协助鸠摩罗什。至鸠摩罗什圆寂，共译出经书 35 部，计 297 卷（另说为 74 部，384 卷）。

鸠摩罗什第一次系统地将大乘般若的“性空”理论。翻译成汉文，并且创造性地采用意译的手段，使经文易读易懂。他翻译的《金刚经》《法华经》《阿弥陀经》《维摩经》，都是中国人喜欢诵读的。虽然后世也出现了这些佛经的其他版本，但都比不上鸠摩罗什的译本。

传说，鸠摩罗什发愿：如果我译的经没有曲解佛法的本意，那我涅槃（指火化）之后，舌头仍然不毁。如今，甘肃武威有一座舌塔，据说供奉着译经大师那不朽的舌头。

罗什入关示意图

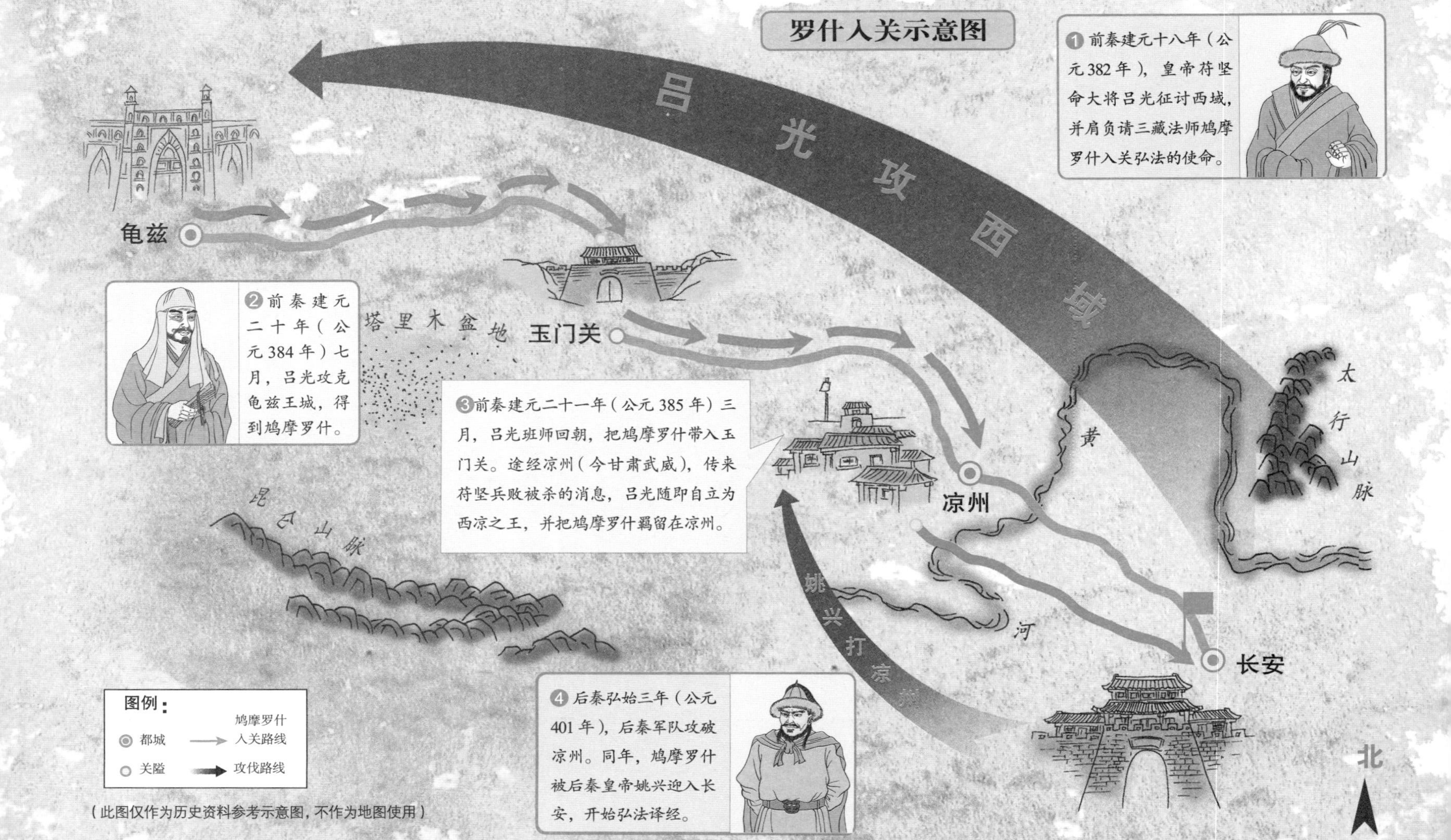

（此图仅作为历史资料参考示意图，不作为地图使用）

8

皇权的功德

帝王与《金刚经》

佛教在中华文化中，几经起落，其命运与统治力量是息息相关的。自然不必说“三武一宗”对于佛教的灾难，但追究佛法的兴旺，也会发现离不开统治力量的支持。《金刚经》能够流传至今且依然备受瞩目，历代帝王的护持和推动功不可没。

《金刚经》在中国广为流传，除了翻译精妙、讲说得法，历代帝王的护持和推动也是功不可没的。后世默认流通的六种《金刚经》译本，除了一本由地方长官护法诞生，其余五本皆在帝王的直接护持下译出。这是中国佛教史上独一无二的因缘。

鸠摩罗什译本与苻坚、姚兴

鸠摩罗什在世之时，正值中原战乱，东晋与北方十六国纷争天下。当鸠摩罗什的名气传进中土的时候，正是前秦一统北方的强盛时期。皇帝苻坚求贤若渴，听到西域有这样的高僧，就派大将吕光率兵西征龟兹，目的只为请鸠摩罗什来中原说法传经。但是造化弄人，苻坚还没有见到鸠摩罗什就在淝水战败被部下杀了。后来姚兴占领了中原，发兵攻克凉州，终于把鸠摩罗什迎到长安。在姚兴的大力支持和推动下，鸠摩罗什才开始了他的译经大业。

菩提流支译本和北魏宣武帝

北魏宣武帝元恪时期，全国信佛成风。宣武帝本人通达教理，对弘扬佛法更是不遗余力，他广建寺庙，招纳名僧，也成就了另一位三藏大法师菩提流支和《金刚经》的一段因缘。菩提流支，北印度人，是大乘瑜伽系佛教学者，博通经、律、论三藏，又熟悉新兴的密宗教法。北魏永平元年（公元508年）经西域来到洛阳，受到魏宣武帝的礼遇。宣武帝先是让他在皇宫太极殿主持译经，后又请他住持永宁寺，统领千余位高僧大德从事译经工作。这期间，宣武帝曾经亲临译场，充任笔录人员，给予了菩提流支等人最大的支持。菩提流支在宣武帝的支持下，共译出包括《十地经论》《金刚经》在内的经书101卷，并开辟了地论一系，成为一代宗师。

真谛译本和陈梁安太守王方奢

南陈的梁安太守虽然不是帝王，但也算是王权的延伸。真谛三藏是西印度优禅尼国人，从海上经由广州到达中国南方，正值南朝梁、陈更变，虽然有幸受到梁武帝的顶礼供奉，但很快遭遇兵变，被迫颠沛流离。自梁至陈，真谛在中国南方漂泊了一二十年，始终没有办法安心弘法。正当他

《金刚经》译本与皇权（1）

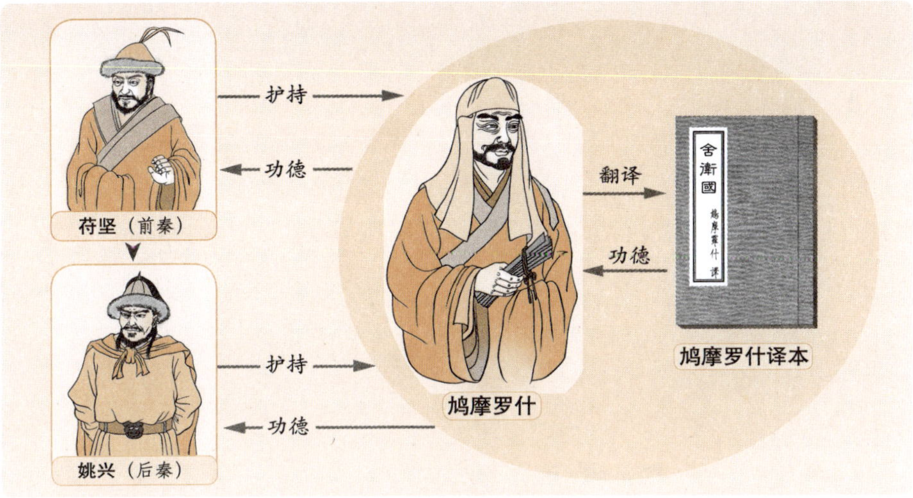
符坚（前秦）
护持
功德
姚兴（后秦）
护持
功德
鸠摩罗什
翻译
功德
舍衛國
鸠摩罗什译本

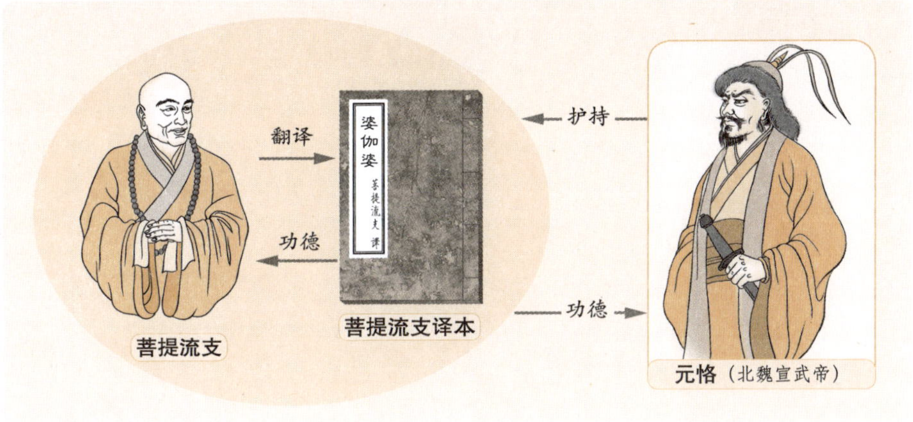
菩提流支
翻译
功德
婆伽婆
菩提流支译本
护持
功德
元恪（北魏宣武帝）

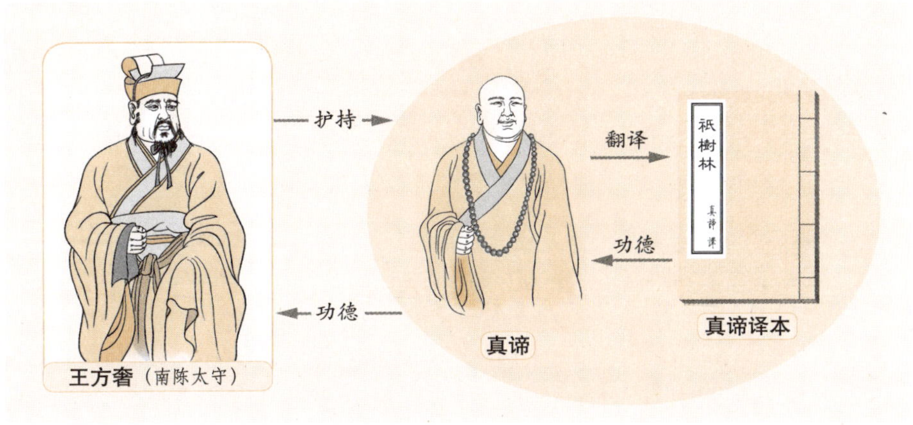
王方奢（南陈太守）
护持
功德
真谛
翻译
功德
祇樹林
真谛译本

要绝望回国的时候，南陈梁安太守王方奢及时挽留，并为其建造寺庙，筹建译场，这才开始了真谛大师的翻译事业。应王方奢的请求，真谛花了四个多月重译《金刚经》，成就了这部经典的又一个重要版本。作为发起人，梁安太守王方奢的护持和推动功不可没。

● 笈多译本和隋文帝、隋炀帝父子

作为承前启后的隋朝，时间虽然很短，但对于隋唐两代的佛法兴盛却是很有贡献的。公元582年，隋文帝改建大兴善寺，广揽各地名僧，设置译场，并给予其太庙的礼制规格；公元606年，隋炀帝在洛阳上林园开设译场，同样给予极高的重视。这两大译场吸引了数以千计的宗师大德，其中包括名重一时的南印度三藏法师达摩笈多，史称笈多。笈多来华赶上了中国佛教发展的黄金时期，各大宗派争相弘法，译经事业的发展也如火如荼。由于两位帝王的真心护法，笈多在短短19年里，共翻译经典40余部，《金刚经》就是其中之一。

● 玄奘译本和唐太宗

因为《西游记》的关系，唐太宗对玄奘译经的支持，恐怕是今天的读者最熟悉的因缘了。唐太宗一生戎马，其征伐武功不在印度阿育王之下，晚年身老体衰才意识到生命的渺小，于是开始悔悟一世的征战杀生罪过，转而推崇佛法，真心地支持玄奘的译经大业。唐玄奘的《金刚经》译本，就是在太宗皇帝亲自督促下完成的。据说三藏法师一晚上就把《金刚经》译成了，不过今天流传的玄奘译本是从他翻译的全部600卷《大般若经》里抽取出来的，这也是开明的唐王李世民所积下的无量福德。

● 义净译本和女皇武则天

武则天很有佛缘，在当皇后的时候，就曾经捐出自己的脂粉钱两万贯资助修建龙门石窟，据说其中的卢舍那大佛就是照着她的样子塑造的。登基之后，这位旷世女皇对弘扬佛法更是不遗余力。当义净三藏于公元695年从印度满载而归的时候，武则天率洛阳各界隆重出迎，并亲自过问这些“真经”的安置和翻译工作。在如此悉心的护持下，第六版经典的中译文《金刚经》，同其他的三藏经书共56部230余卷，先后来到了世间。

此后，由于中国的佛法经典逐渐齐备，而印度本土佛教却衰落下来，所以《金刚经》再也没有出现过新的中文译本。

《金刚经》译本与皇权（2）

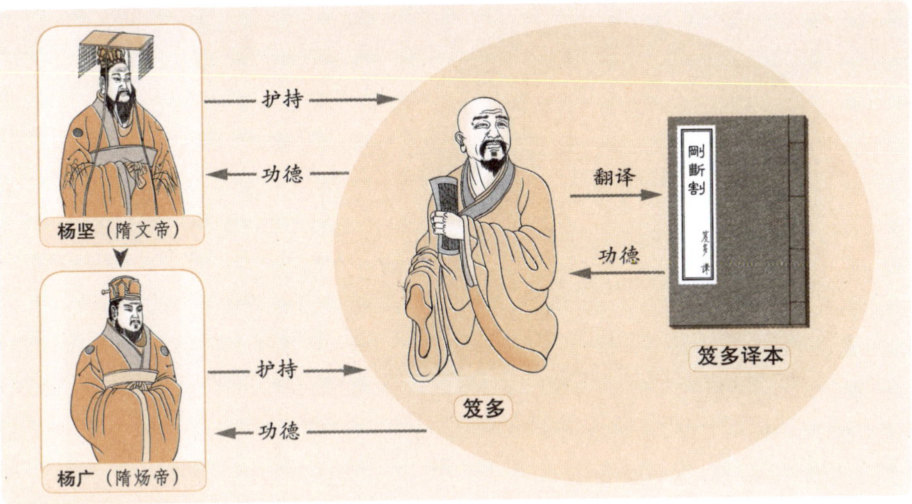

护持
功德
翻译
剛
斷
割
功德
笈多译本
杨坚（隋文帝）
护持
功德
笈多
杨广（隋炀帝）

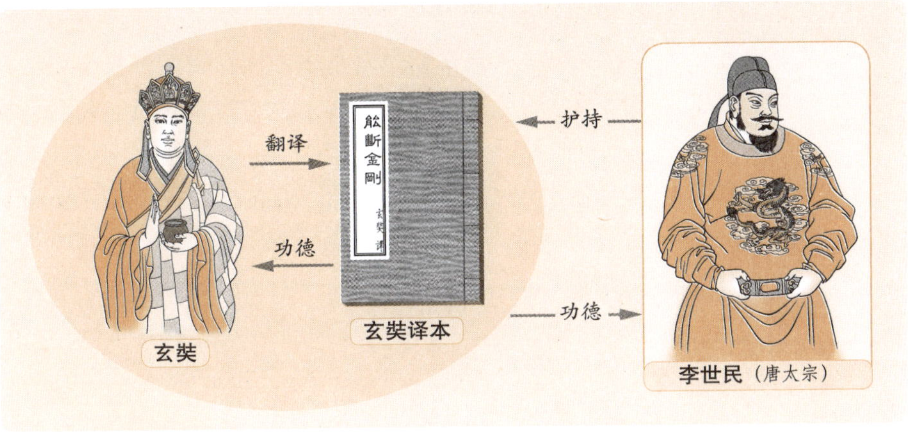

翻译
能
斷
金
剛
功德
玄奘
玄奘译本
护持
功德
李世民（唐太宗）

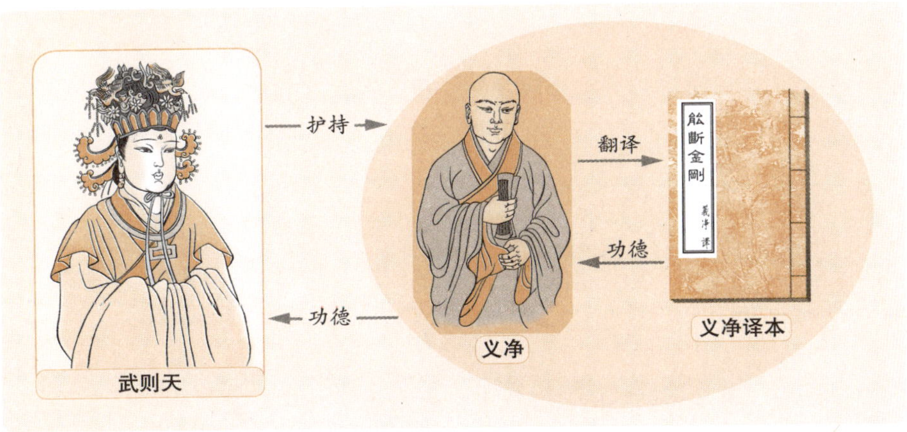

护持
翻译
能
斷
金
剛
功德
功德
义净
义净译本
武则天

民间注疏的力量

深入中国文化

9

唐代以后，翻译佛经的工作基本停止。但《金刚经》却以注疏、释论的形式，持续影响着中国文化。不知不觉间，《金刚经》已经褪去了印度文化的繁杂琐碎，甚至超越了宗教的神秘玄虚，成为中国文化中安身立命的人生指南了。

古代印度文化崇尚细腻深刻的思辨，这也是佛法精深的根源。但细腻过头就成了烦琐，不胜其烦的印度人民最终把纷繁至极的佛法抛进了历史的尘埃。佛法传到中国，却驻扎了下来，生根发芽，最后枝繁叶茂。

如果说佛法的“主根”扎进中国文化土壤离不开轰轰烈烈的译经大业，那么“根须”进一步的深入却是靠千余年来的注疏、释论。尤其是对《金刚经》的注解，从它的译本问世以来就没有停过，并且一直持续到现在。因此，《金刚经》在中国的根基已经相当深了。

注经虽然不是外来文化，但早期的佛经注疏却深受印度注经的影响，纷繁复杂，前后重叠。这种状况直到僧肇写出《金刚般若波罗蜜经注》才被改变。僧肇是鸠摩罗什的弟子，并且在鸠摩罗什来长安之前就已经是汉地著名的法师了，所以能够写出第一本中国式的《金刚经》注疏，是再自然不过的事了。他从两点上突破前人的经注，开创了具有中国风貌的新式注疏。

第一，依照中国传统的注经方式，将独立成篇的印度式经论改成了经文之间的双行夹注。这让读者一下分清了哪些是经文，哪些是注经人的发挥。而之前的注疏里经论夹杂着经文，实在很难判断哪些是佛法，哪些是注经人的解说，很容易让人把一些发挥性观点当成是佛法来信奉。从传播角度来看，这是一大改进。

第二，以中国式的理解，简化了原来纷繁玄奥的名相术语，把佛经变成了通俗易懂的人生格言。例如对“菩萨摩诃萨”的注解就是“虚心履道，谓之菩萨；旷济万物，摩诃萨也”。简洁扼要的注解，沟通了读者与佛法的关系，这也正是注疏的“疏通”目的。

唐以后，译经事业再也没有兴起，但注疏之风却日渐兴盛，不仅高僧大德，连博学的儒生都参与进来。至明朝永乐年间，成祖朱棣编成《御制金刚经集注》，已经可以在众多注疏里千挑万选，集腋成裘了。

正是凭借着中国式的注解疏通，金刚般若这种佛家智慧进到了中国人的心里，成为他们破除一切忧愁的人生法宝。

中国式的《金刚经》注

中国传统注经示意

中国传统的注经方式为双行夹注，即正文部分以粗黑的大字形式在行线以内，而行之间所夹的空白部分以细密的小字进行阐释、解析以及评论等注疏。这是中国人常用的注解经典的方式。

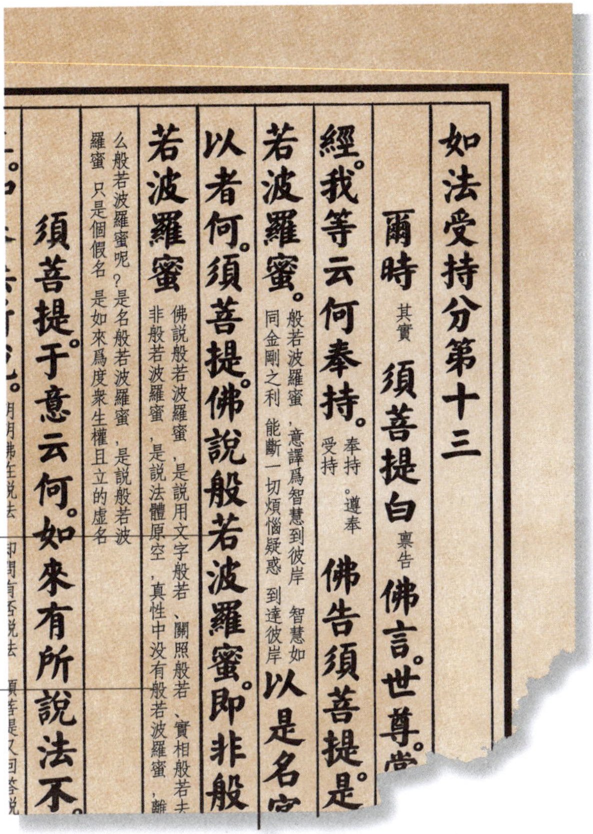
如法受持分第十三
爾時 其實 須菩提白 稟告 佛言。世尊。當
經。我等云何奉持。奉持：遵奉受持 佛告須菩提。是
若波羅蜜。般若波羅蜜，意譯爲智慧到彼岸。智慧如同金剛之利，能斷一切煩惱疑惑，到達彼岸 以是名字
以者何。須菩提。佛說般若波羅蜜。即非般
若波羅蜜 佛說般若波羅蜜，是說用文字般若、關照般若、實相般若去 非般若波羅蜜，是說法體原空，真性中没有般若波羅蜜，離
么般若波羅蜜呢？是名般若波羅蜜，是說般若波羅蜜只是個假名，是如來爲度衆生權且立的虛名
須菩提。于意云何。如來有所說法不。

《金刚经》正文示意。

注经者对经文的见解、评价等主观文字。

中国历代《金刚经》注疏举要

书名	作者	年代	书名	作者	年代
金刚般若波罗蜜经注	僧肇	晋	金刚经统论	林兆恩	明
金刚般若经疏	智旭	隋	金刚般若波罗蜜经心印疏	溥畹	清
金刚般若疏	吉藏	唐	金刚般若波罗蜜经郢说	徐发	清
金刚般若波罗蜜经口诀	惠能	唐	金刚般若波罗蜜经讲义	江味农	民国
金刚经百家集注大成	永乐皇帝	明	金刚经说什么	南怀瑾	1992 年

10

《金刚经》与禅宗

从六祖开悟到《坛经》现世

禅宗自四祖后，《金刚经》逐渐取代了《楞伽经》的地位，到了六祖惠能，禅宗发生了根本性的变化。六祖惠能依据金刚般若思想，建立起完整的禅宗修证体系，把僧人的修持转化为现实的生活实践。

自达摩祖师以来，历经二祖慧可、三祖僧璨、四祖道信，禅宗一脉单传，以《楞伽经》作为传教的法宝。到了五祖弘忍，情况起了变化，他创立“东山法门”，教僧俗各界信众诵读《金刚经》，禅宗从此兴盛起来，以至女皇武则天盛赞：“若论修道，更不过东山法门。”在弘忍传给六祖衣钵的时候，更是精讲《金刚经》，使得六祖惠能大彻大悟，开创了禅宗的新局面。可以说，《金刚经》是禅宗兴盛的思想根源，依据它的思想，佛教同中国的实际情况结合得更加密切了。

六祖惠能大师的开悟得益于《金刚经》

六祖惠能原是岭南的一个樵夫，文化水平有限，因为卖柴路过街道，听到一户人家念“应无所住而生其心”的时候，心里觉得特别敞亮，于是就去问：“这是诵的什么经？”那人说：“是《金刚经》。”惠能又问：“经是哪里来呢？”诵经人答：“湖北有个弘忍法师，教导学佛的众生诵读《金刚经》，你要学也去找他吧。”随后，惠能千里迢迢地来到蕲州黄梅县东禅寺，参见五祖。

五祖一见面就问：“你从哪里来？”

“我从岭南来。”惠能回答。

“岭南是獦獠的地方，獦獠没有佛性啊！”

惠能回答说：“人有南北，佛性也有南北吗？”

从惠能的这番谈吐来看，他在第一次听到《金刚经》时已开了智慧，只是没有大彻大悟而已。所以惠能的根基是很深厚的。惠能在大街上悟道的事，作为顿悟的经典实例深得众人推崇。惠能在五祖身边劈柴、舂米过八个月，眼看五祖要传法退居了，就让众弟子各作一偈，展示一下各自在修证上的见地。惠能的偈子最终获得五祖认可，惠能也成为禅宗的第六代祖师。在传法时，五祖又为惠能仔细讲说《金刚经》，讲到“应无所住而生其心”，惠能大彻大悟（见《六祖坛经·行由品》）。

从发心求法到得法，六祖的开悟始终都得益于《金刚经》。六祖后来

《金刚经》与禅宗（1）

《金刚经》在禅宗思想流变中的影响

达摩像

达摩大师，按照《金刚般若波罗蜜经》，把如来佛祖的正确知见，传授给了慧可。大师云:《金刚经》一卷，直了成佛。汝等后人，依般若观门修学，不为一法，便是涅槃；不动身心，成无上道。

慧可像

二祖慧可，时年四十，奉事达摩，经于九年，闻说《金刚般若波罗蜜经》，言下证如来实无有法即佛菩提。

僧璨像

三祖僧璨，奉事慧可六年，依《金刚经》，说如来知见，言下便悟。

道信像

四祖道信，年十三，奉事僧璨经九年，师依《金刚经》说如来知见，言下便证实无有众生得灭度者。

弘忍像

五祖弘忍，年七岁，奉事道信经三十余年，依《金刚经》，说如来知见，言下便证最上乘法，悟寂灭忍。

惠能像

六祖惠能，在街上听到一位客人诵读《金刚经》，“一闻经语，心即开悟”。后经五祖亲授《金刚经》，大彻大悟。成为一代宗师之后，把自己悟道的成果载入了《坛经》，作为禅宗修行的指导。

在弘扬佛法时，念念不忘《金刚经》，他经常对听众说，持诵《金刚经》功德无量，持诵《金刚经》能见性成佛。这样一些言论，最后都被收集到了《坛经》里。

《坛经》把《金刚经》推向了大众

禅宗是中国味很浓的佛教，但并没有完全背离印度佛教的理论，只是在形式上更适合向中国的普通民众传播了。禅宗在六祖之后便不再传衣钵，而改为传《坛经》了，相应的继承人也由一个变为多个。后世有人说《坛经》就是修行《金刚经》的口诀，虽然有些武断，但《坛经》的确与《金刚经》一脉相承。不同的是，《金刚经》虽然文采斐然，很合中国人的口味，但这只是针对知识分子说的，不具备六祖那样智慧的樵夫、渔民等大众就很难领受般若的好处；而《坛经》直接针对大众，语言、法理更加生活、世俗，几乎没有难懂的专业术语。例如《坛经》说："善知识！凡夫即佛，烦恼即菩提。前念迷即是众生，后念悟即是佛。前念著境即烦恼，后念离境即菩提。"（见《六祖坛经·般若品》）这是当时的大白话，即便是今天，稍有知识的人也能看懂。

六祖之所以敢这样大胆地解释佛法，依据也是《金刚经》。佛在《金刚经》里面作了明确的示范，用日常的吃、穿、行、住来启发众人，也就是告诉大家生活即是修行，不要执着于形式。所以，六祖才说："佛法在世间，不离世间觉。"《坛经》的世俗特点正是佛法入世福利众生的方便，与《金刚经》的精神一致。《坛经》直接影响到禅宗的修行实践，劈柴、挑水、做饭、扫地都成了悟道的手段，甚至打一棒子、骂一句都能刺激出佛性来。所谓"因材施教"，也就是教导大众成佛就得从大众方便的地方下手，《金刚经》中的道理一进了《坛经》，成佛就成了大家都够做到的事情了。用一句《金刚经》来概括就是：一切法，皆是佛法。

《坛经》是佛法与中国实践相结合的典范。但由于对象所限，说理要求实际和确定，不免与《金刚经》"不执著一切相"的精密思辨相冲突；但反过来说，《金刚经》并没有反对"实际和确定"，只是提醒大家不要本末倒置，把渡河的船当成对岸。

总之，《金刚经》深刻地影响了禅宗的方方面面；同时，禅宗又对《金刚经》的普及起了重要的推动作用。

《金刚经》与禅宗（2）

《金刚经》的普及

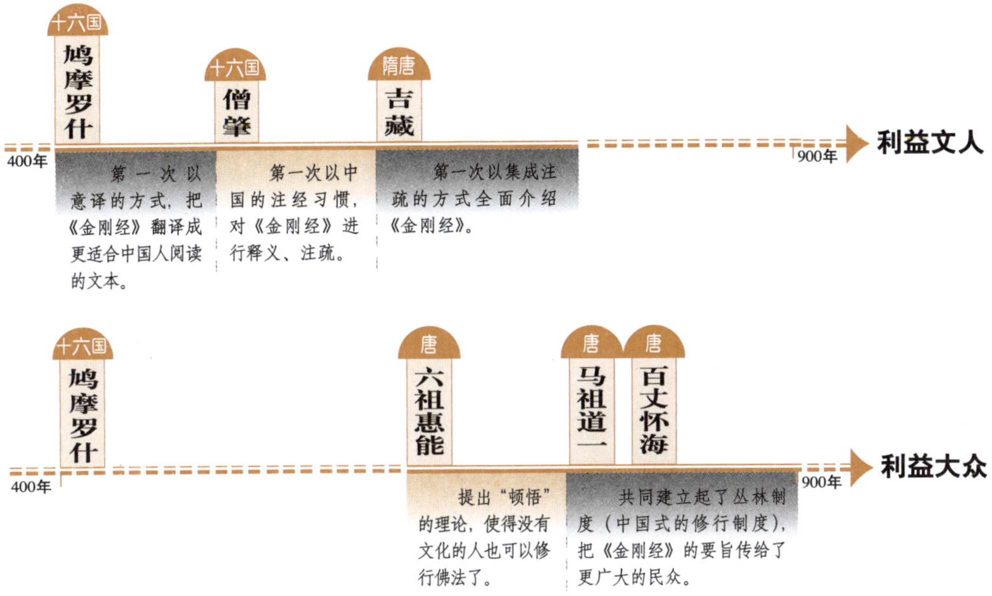

鸠摩罗什以后，历经僧肇、吉藏等人的努力，《金刚经》深入了中国文化内部，但这一路线针对的是文化层次较高的文人、学者、有道高僧。而自惠能开始，《金刚经》也向普通人开放了大门，无论是砍柴、挑水，都能体悟“应无所住而生其心”的境界；到了马祖道一、百丈怀海两位禅师那里，更是建立了一套以日常生活为修行手段的完善制度，把《金刚经》的真理传给了更广泛的人群。

名言警句

- 前念著境即烦恼，后念离境即菩提。
- 不悟佛是众生，一念悟时众生是佛。
- 佛者觉也，法者正也，僧者净也。
- 佛法在世间，不离世间觉。离世觅菩提，恰如求兔角。
- 苦口定是良药，逆耳必是忠言。
- 生来坐不卧，死去卧不坐。一具臭骨头，何为立功过。

——《坛经》

释迦佛的一举一动，无论吃、穿、住、行、出、入、坐、卧，一切都能自然威仪，这是众比丘乃至所有学佛众生便于效仿的好榜样。扫地中可以见佛法，吃饭穿衣也能悟证真谛，可以说真理就在坐卧住行之间。在这样的日常吃穿中，能安住真心，降伏虚妄，才是真功夫。

第2章

开场：

导人说法的情境

本章图版目录

本章解经

如是我闻，

我听到佛这样说，

一时，佛在舍卫国祇树给孤独园，

那个时候，释迦牟尼佛在舍卫国祇陀太子所建，给孤独长者所施之园中，

与大比丘众千二百五十人俱。

与一千二百五十位大比丘一起。

尔时，世尊食时，着衣持钵，入舍卫大城乞食。

当接近午时用餐时间，佛陀穿上袈裟，整理仪容后，庄严安详地持着钵盂，缓步入舍卫城乞食。

于其城中，次第乞已，还至本处。

他在城中依照次序乞讨完毕，便回到本来的住处。

饭食讫，收衣钵，洗足已，敷座而坐。

吃过饭后，收起僧衣和钵盂，并洗干净双足，铺开坐垫开始打坐。

唐代《金刚经》卷子

自鸠摩罗什的《金刚经》译文问世以来，就迅速流传于世，至唐代更是由皇家颁行天下，《金刚经》也由此进入了印刷时代。

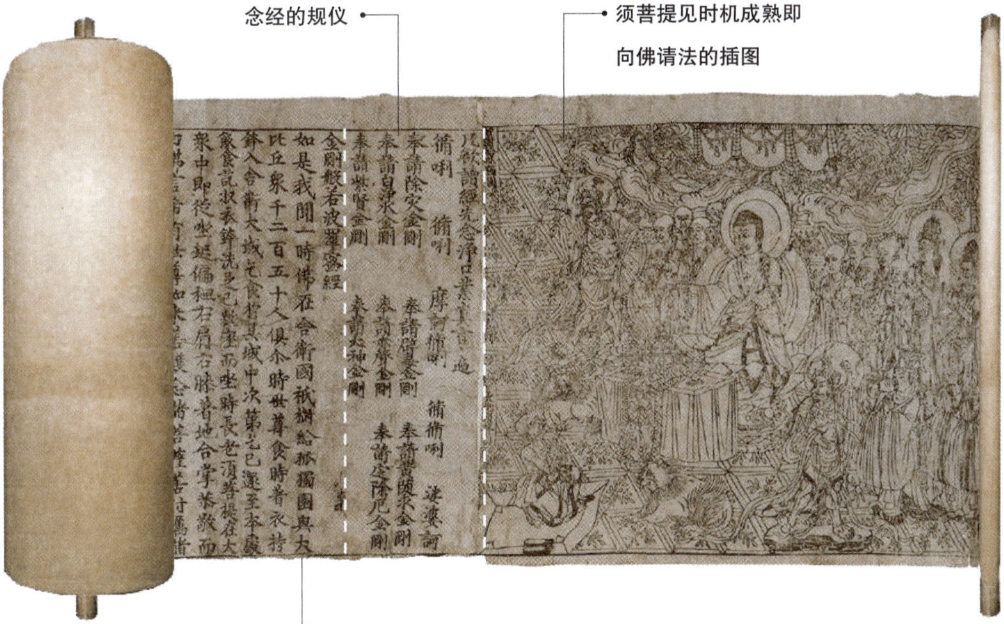

图为公元 868 年，唐代雕版印刷的《金刚经》卷子，20 世纪该经卷自敦煌莫高窟被发现后流落海外，曾藏于英国伦敦大英博物馆，现藏大英图书馆。这也是现存最早的《金刚经》印刷品。

从证信开始导入

说法缘起的情境线索

所有佛经，为了表明自己确实是真佛法，都会在经首注明这是佛亲口所说，在何时、何地所说，有什么人见证，以取得受众的信任。这样的情境描述，后世称之为证信。

每部佛经一开头都有证信，而且内容大同小异，不过一旦把它跟正文联系起来，短短的几行字就有了强烈的指代意义。《金刚经》可以说是佛经里面最精深奥妙的一部，很多思想理论都超越了佛祖早期的说法。联系全文，原本简略空洞的证信，因为《金刚经》的深奥，恰恰成了说法缘起的关键。

首先，说时间。佛经里几乎都没有准确的时间，鸠摩罗什、玄奘等大法师们一概翻译为“一时”，很多位研究、注解《金刚经》的大师们也只说印度人没有时间概念，而不去考证一个究竟。但就是这个“一时”，最切合经题。在佛教的时间观念里，所谓“刹那见终古”，一瞬间在特定的时候会放大成百万年，而一回头百万年已经和瞬间一样灰飞烟灭了。《金刚经》的正文也说：“过去心不可得，现在心不可得，未来心不可得。”表示时间是向前的、流逝的。所以，“一时”的概念是希望众生不要执著具体的时日，直接点中了《金刚经》“不住”的主题。

其次，看地点。地点是确切的，即舍卫国祇树给孤独园（以下简称“祇园精舍”）。佛陀说法四十九年，光在此就讲了二十五年。这是佛说法的第二处专门场所，比早期的竹林精舍更具有寺庙的功能。在这里佛法不仅战胜了婆罗门教的挑衅，而且使得包括国王在内的很多信众皈依。照此再去推算时间，佛和众比丘从竹林精舍迁移到祇园精舍，并且从容出入舍卫大城乞食化缘，至少是在佛悟道说法二十年之后。在祇园精舍的二十多年里，佛法逐渐走向成熟。

再次，结合人物。此时，佛的周围聚集了一千二百五十名比丘，都已经被尊为“大比丘”，那么这个僧侣团队已经在祇园精舍有了相当程度的磨合，佛法的修行也有了大幅度的精进。所以，无论是佛、法、僧任何一宝都具备了一定的规模，只有这时候，佛才有条件讲出如此深奥的《金刚经》，须菩提也才能解悟到佛的不言之教。

综上，证信在《金刚经》上是可信的。它表明：《金刚经》是佛在说法的后期，于祇树给孤独园，当着一千多名大比丘，公开宣讲的深奥法理。这涵盖了时间、地点和人物等基本情境要素。

佛陀说法的遗迹寻踪

佛一生都在恒河两岸游历说法，至今都留有遗迹。从鹿野苑到竹林精舍佛有了众多的弟子和说法的固定场所，从竹林精舍到祇园精舍佛、法、僧都走向成熟。

（此图仅作为历史资料参考示意图，不作为地图使用）

❶ 鹿野苑

佛第一次说法，最初的五名比丘皈依。佛度耶舍证悟，又得到五百名比丘，并有最早的居士和信女皈依。

❷ 竹林精舍

王舍城竹林精舍是佛教史上第一座供佛教徒专用的建筑物，内有十六大院，每院六十房，更有五百楼阁，七十二讲堂，成为寺庙的前身。它是佛祖宣扬佛法的重要场所之一。

❸ 祇园精舍

西北方拘萨罗国舍卫城须达多（给孤独）长者，购得祇陀王子庭园，为佛建“祇树给孤独园”，即“祇园精舍”。里面修建了七十二间讲堂，三千六百间房舍，五百间阁楼，是释迦牟尼佛在世时最大的寺院。

❹ 迦毗罗卫国

迦毗罗卫国是释迦牟尼佛的故乡。后佛回乡省亲，为父说法。并且劝服如阿那律（天眼第一）、阿难（多闻第一）、提婆达多等跟随自己出家。还收获了有“持戒第一”之称的理发师优波离皈依。

❺ 拘尸那罗

80岁，至拘尸那罗城外林中，遗诫诸弟子而涅槃。

❻ 灵鹫山

佛涅槃后三个月，在大迦叶主持下，众比丘齐聚灵鹫山（王舍城旁）的七叶窟，由多闻第一的阿难背诵出经藏（佛经），持戒第一的优波离背诵律藏（戒律），经众弟子印可，将佛典经书结集成册。

《金刚经》序曲

佛祖日常生活的平淡与庄严

像交响乐的序曲一样，《金刚经》在正式说法展开前，也有一段“前奏”，这种形式在佛经的注疏里也称之为序。与大多数佛经不同，《金刚经》的“序幕”起于一段普通的日常生活。

佛与一千二百五十名大比丘（出家的僧侣），一同住在由祇陀王子所建，给孤独长者所布施的花园（祇树给孤独园）里，修行打坐。本来平淡的日常作息，却因为出现在佛说《金刚经》之前，而显得格外有深意。

引子：该吃饭了

天亮以后，日中以前，这是出家人吃饭的时候。佛的戒律是每天只吃中午一餐。佛教讲，众生各有吃饭的时间，早晨是天人吃饭的时间，中午人道吃饭，下午畜生吃饭，晚上鬼道吃饭。佛采用的制度，以人道为中心，只在中午吃一餐。按佛理讲，佛本来不吃饭也可以，但他既然在世间现了肉身，就要以身作则，同众人一样按时吃饭，给大家做榜样。

出家人的饭是从众生那里乞讨来的，俗语叫作“化缘”。所以这段序的起因是到了用餐的时间，大家一起准备去化缘。

佛当然也不例外，他穿起僧伽梨（佛门礼服），端起自己的饭钵（盛饭器具），同大家一起赤脚去了化缘地——舍卫大城。

主题：化缘

抛开神迹不谈，单说肉身的释迦牟尼，在说《金刚经》之时，已经是信众无数了，像祇陀王子和给孤独长者这样的豪门、财主也不在少数，所以他即使不去化缘，也会有人供养。但佛祖坚持不受供养，甘愿同众比丘一道化缘，给众人传达的就是一个圣凡平等无差别的思想。

佛赤着脚步行五六里才到了舍卫大城。按照所遇到的顺序，佛挨家挨户地去化，不分贫富也无论贵贱，直到把自己的饭钵装满，就盖上盖子不再继续了。这里头也有戒律。

一是化缘要随缘。按照所遇顺序，一个一个地来，不能只去穷人家或者只去富人家。这也是讲平等。穷富本是因果造化，没有缘分深浅的差别。本来这不是戒律，但由于弟子中出现了只挑穷人化和只挑富人化两种极端的情况，佛就把这一条也定成了戒律。

二是托钵不贪多。个人的钵都是根据自己的饭量选择的，这一钵饭够

佛陀平凡的一天——日常生活中的佛法

第1幕

到了该吃饭的时候，佛穿好僧伽梨，端起饭钵，跟大家一起到舍卫大城中化缘。

乞食是出家人谋生的主要手段，但与乞丐讨饭不同，他们一般盛装前往，整个过程威仪而有规范。

第2幕

在舍卫大城里依照先后缘分，依顺序乞讨。

舍卫大城在祇树给孤独园西北方，距离有五六里。佛在世时，舍卫是个大城，按注解上说舍卫大城是舍卫国（也叫拘萨罗国）的京都，里面住有九十万人。

第3幕

回到讲堂，吃完饭，就开始收拾僧衣和饭钵。

中国僧人的修行经过制度变革，不再需要托钵化饭，吃饭时也改用了更方便的碗，而且饭后自己不洗碗，有专门负责洗碗的“行堂师”。

第4幕

最后，佛把脚洗干净，铺开坐垫结跏趺坐（盘腿坐）。

跏趺坐：佛陀的坐法，即盘膝而坐。姿势有两种，先以右脚放在左腿上，再以左脚放在右腿上，叫作降魔坐；先以左脚放在右腿上，再以右脚放在左腿上者，则叫作吉祥坐。

你吃就不要再托，也就是说这一家供养满了就不要再托，这一家没供养满就再托第二家或第三家，一直到满了钵，这就化完了。一般情况，每天最多走七户人家。

这样一来，每天化缘就等于每天持戒。

举止：威仪

出家人化缘并不同于乞丐讨饭，他们是很讲究威仪的。

钵是自带的，饭满钵了，就盖上盖子，带回讲堂去吃。卫生不说，而且人格上独立，举止上也不失仪。

等回到讲堂，吃饭的时候，威仪又显出来了。世俗之人吃饭都穿便装，即使贵族也会脱下外套，更不用说那些赤膊裸背当街饮吞的市井乡民了。而佛和众比丘仍然穿着盛装僧伽梨进食，自然而然地就比随意着装要庄重。

吃完饭，要悉心整理好僧伽梨和饭钵。这时候才把大袈裟脱下来收好，按规定折叠整齐，装在衣袋里挂起来。饭钵要清洗干净，装进钵囊里挂起来。之后，佛还要把脚洗干净，因为走了十多里路，双脚沾满了泥巴，这样打坐、念经都不会安心。所以佛也作了硬性规定：饭后要洗脚。

这些程序都是戒律，佛带头严格执行，并且有专人监督。放在今天，即使最讲威仪的军队也不过如此吧。

讲平等而严格自律，佛的形象自然就能够庄严起来。众比丘看在眼里，难免会有所感悟。根基不同，感悟的深浅就不一样。但毕竟，佛的言行，触发了诸位比丘的大智慧，他们会去主动思考问题，去觉悟佛的身教。

尾声：即将去休息

一切收拾停当，铺开坐具，佛准备打坐了。

佛与众比丘一天只在饭后休息一会儿，其余时间除了化缘吃饭、讲经说法之外，多是结跏趺坐在蒲团上入定。所以，这个坐具也是寝具，而传到中国之后，更多是让人跪在上面当拜具。不过要注意，佛今天不是去躺着、卧着，而是打坐的姿势，也可以说，从这个时候起，就开始准备修行禅定了。

本来事情已经结束了，或许大家就着坐姿就休息了，但偏偏有人在这个时候跳出来请教问题，整个讲堂的气氛也随着他们的问答为之一变，于是才有了《金刚般若波罗蜜经》。

佛的衣食写照——于平凡中见真知

饭钵

“钵”这个词是印度来的，梵语叫钵多罗，指出家人乞食用的器具，口小腹大。强行翻译成中文的话应该叫“应量器”，就是体、色、量都要合法合佛的规定。

- 体就是材料，要用金属或陶瓷来做，不能用木材，主要是便于清洁；
- 色就是颜色，要朴素，不红不黑像斑鸠脖子；
- 量就是容量，要适中，够吃就可以，不能贪婪。

三衣

出家人有五衣、七衣、大衣三种服装。

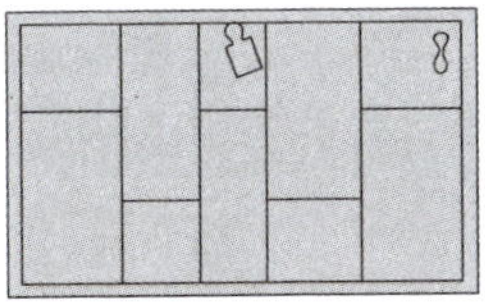

五衣

梵语叫安陀会，它由五条布相接而成，一长一短，也叫作务衣，就是不论睡觉做事都不离身的内衣。

七衣

梵语叫郁多罗僧，它由七条布缝成二长一短，翻译为汉语叫入众衣，即在大众中所穿的常服。跟大众一起诵经，在一块儿参禅打坐，做早晚课，过斋堂，都要搭七衣。

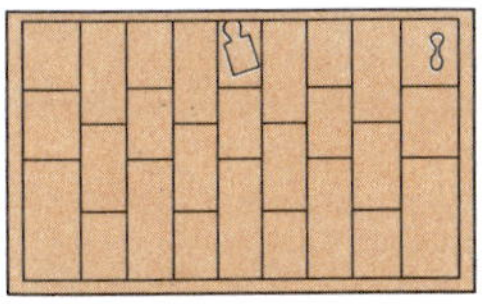

大衣

梵语名僧伽梨，即九衣，也叫福田衣。这个衣服分下三、中三、上三共九品。下三品的大衣跟七衣一样，二长一短，中三品是三长一短，上三品是四长一短。它是在乞食、说法、觐见国王时所穿的，是佛门的大礼服。

3

佛陀身边的僧侣团队

一千二百五十名大比丘的集体修行

一千二百五十名大比丘的僧侣团队，是佛的常随弟子，他们离开人世的妻儿、父母、家庭，并不是单纯为了在物质上乞讨于众生，更重要的是在精神上乞讨一个不生不灭的食粮，而获得彻底解脱，所以他们也被称为成佛比丘。

跟佛一起在祇园精舍修行的有一千两百五十名大比丘，他们是《金刚经》序曲里的“群众演员”，也是这次说法的主要听众。这些比丘成分很复杂，有追随他修行而又在鹿野苑被度化的五比丘；有波罗奈斯城的富家子弟耶舍和他的五十余名亲朋好友；还有拜火教的优楼频螺迦叶、伽耶迦叶、那提迦叶和他们的一千名弟子以及已经名震一方的修行者舍利弗、目犍连和各自的一百名弟子。这些有资历和根器的弟子，再加上零散皈依的大德高僧，笼统地被称为一千二百五十名大比丘。

这么多不同背景的大比丘在一起修行，难免会有摩擦、争执乃至矛盾冲突，但为了共同追求和修证的佛法真理，他们逐渐舍弃彼此恩怨，成就了和而不争的融洽局面，并且涌现了像摩诃迦叶、阿难陀（阿难）、舍利弗、须菩提、富楼那、目犍连、迦旃延、阿那律、优波离、罗睺罗等十大杰出弟子。

众比丘集体修行的和而不争，主要表现在六个方面。

（1）谐调的行为作息。即坐、卧、住、行都要遵守一样的规矩，大家一齐起床，一起做早课，一起吃饭，一起休息。总之，身体的行动要保持一致，不发生冲突。

（2）谦和的谈吐用语。即出家人说话要讲佛法道理，有分歧的可以互相讨论，但不能发生争执口角。

（3）亲睦的交往心态。相互交往要平和友善，不能相互嫉妒、怀恨。

（4）平等的戒律修持。即戒律面前人人平等。

（5）一致的佛法见解。依照佛经来研究佛理，树立相互一致的佛法知见，对人解说佛法也不能相互违背。

（6）均等的利益供养。佛规定出家弟子不能靠生产经营来谋生，要吃饭就向在家弟子化缘。出家弟子得了利益供养，大家要平均分配。

这种集体生活也是佛的教育手段。解决群聚生活的不便，摆脱人际关系的烦恼，对每个比丘来说，都是更为直接的修行。另一方面，从佛那里得来的无上之法，在日常的集体生活中也会得到具体的运用。

集体修行的僧侣团队

佛陀的十大弟子

在集体修行中涌现的十位最杰出的大比丘。

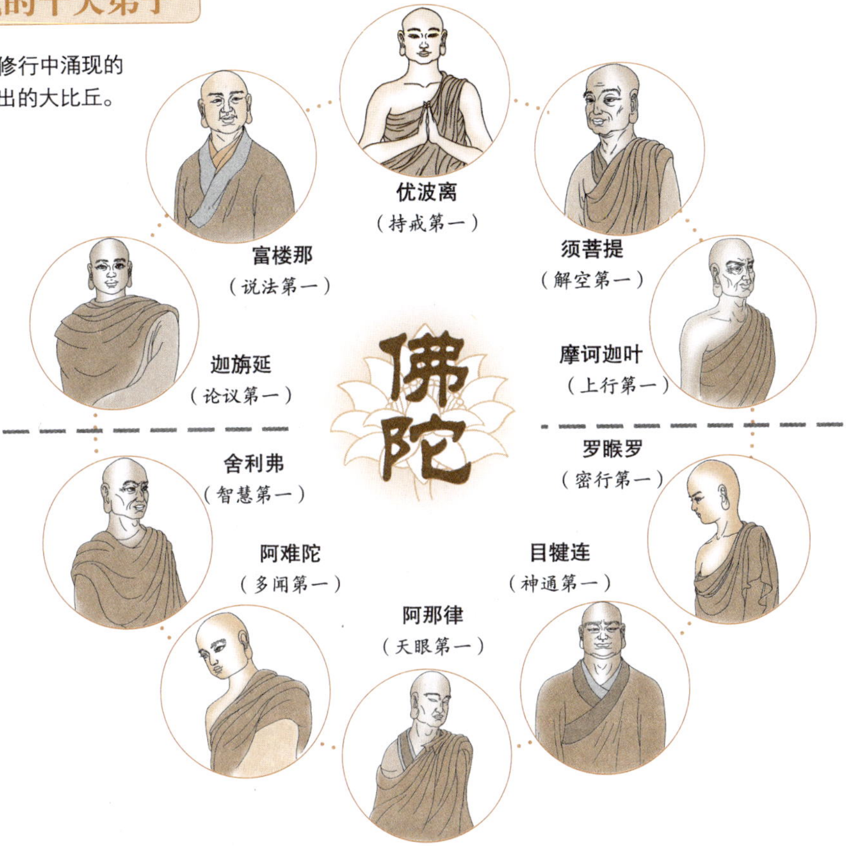

僧众和修图

思想一致，遵纪守法，享受同样生活，没有特权，没有斗争，长幼有序，互助互谅，互相勉励，互相警策检讨，如果有过错，迅速改正…… 其实，集体修行学到的东西，足够解决一生的烦恼。

4

尊严与乞讨

佛家乞食制度

出家人的乞食也叫“化缘”，中文原意是教化因缘，所以众比丘们盛装去化缘，要讨的绝不仅仅是一口填饱肚皮的饭。

乞食是佛教僧人规定的谋生手段，它是为满足自己身体的基本需求而乞食于人的制度化行为。它的原始意义也很简单，一是为了自己修行方便，不用分心为了生计而去从事生产经营活动；二是为了众生种福方便，出家人主动送上门，居家的信众就不用辛苦地跑去寺庙布施了。所以佛家乞食与乞丐不同，他们讨斋饭的同时也是在教化因缘，因而后来就有了“化缘”一词。

在教化因缘的过程中，佛教乞食又发展出了其他的功能。

首先，能够破除行乞者的骄慢之心，对于富贵贫贱没有挑选的余地。

其次，能够破除乞食者对美味的迷恋。因为行乞得来的食物好坏都有，味道也不同，所以对食物就没法再有更多的要求了。

再次，通过没有贵贱之分的乞食，破除众生等级高低的不平等观念。这在印度历史上是很了不起的创举，也是佛教立世的根本。

在此基础上，还衍生出一条戒规，就是“次第乞”。迦叶尊者为了让穷人下辈子不再受贫穷之苦，乞贫不乞富，即专化穷人，有钱人家他走过去也不化。而须菩提为了巩固富人上辈子的因缘果报，专化富人，不化穷人。佛知道后，说二人心不平等，心中有高低贵贱的差别，以致不能对众生一视同仁。从此以后佛就规定，比丘们进城里不分贫富贵贱，要挨门挨户去乞取，这家供养不够就到下一家，这叫“次第乞”。持这个戒，是为了彰显佛家众生平等的思想。

因为乞食成为修行的一部分，所以佛家行乞时很讲究威仪。入城行乞时，穿上最隆重的袈裟，左手持钵，按顺序次第乞食；乞来的食物以维持生命为限，心中不能有贪婪的念头，所以得到食物时不要兴高采烈，得不到也不要垂头丧气。得来食物之后，还要再分配，先要拿一份分给因看守精舍寺庙而没有去化缘的其他比丘，再拿一份分给真正的乞丐穷汉，还要分一份供飨诸道鬼神，最后一份才轮到自己填饱肚皮。

这样的乞食行为，本身就在佛法的指导下进行，而具体实践的过程，时时刻刻都有可能启发佛法，对众比丘的修行产生积极影响。所以，乞食作为主要的事件出现在导入部分，是佛祖的精心安排。

乞食与佛法

种福田

人如果布施、行善，就像农夫在田里播种，将会收获福慧之果，所以在家的众生供养僧人饭食、积德行善，就是种福田。

僧人按时乞食，主动将众生播种福慧的机会送到眼前，这也是布施行善，也是种福田。

次第乞

不能越过穷人家只向富户乞食，即不能放弃送给低等贱民种福田的机会而只度化贵族，众生一律平等，不能按个人的好恶选择。只有逐门依次乞食，不加挑剔，才能消除烦恼，圆满地完成乞食的修行。

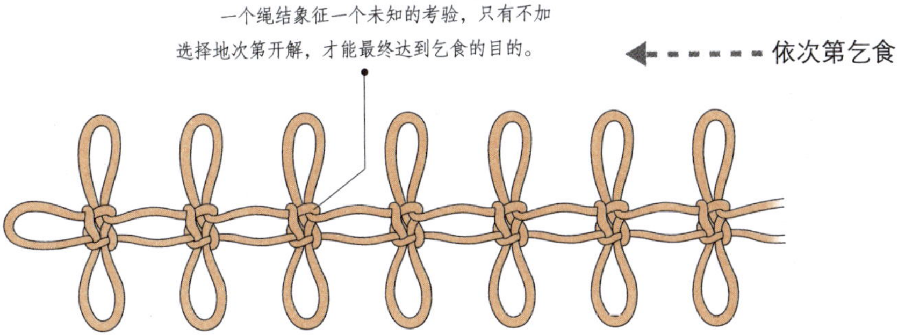

注： 七个结表示多乞不过七家。

无言的般若

解析佛的教育手段

诸佛说法没有一定的程式规范，因为佛法本身就不是空洞教条的理论，而是紧密联系日常生活。扫地中可以见佛法，吃饭穿衣也能悟证真谛，可以说真理就在坐卧住行之间。

说法的导入从平凡之处入手，显现了佛祖的教育手段已经到了很高的层次，吃穿住行都能拿来说法。从准备去化缘，一直到佛要打坐，每个行为细节都充满了佛法智慧，都闪耀着真理之光。具体说来，整个过程是佛亲自教大家修行菩萨道的六度波罗蜜。

乞食是教大家布施。不仅是教众生布施积福，更主要的是把福田给人送到家门口，当然就是对众生的大布施了。佛不辞辛劳，亲自率众乞食就是要让大家时时不忘布施之心。

盛装持钵是教众比丘持戒。乞食的时候穿上僧伽梨，这是戒律；自己带好饭钵也是戒律；饭钵的规仪尺度还是戒律。佛身着盛装，端着符合规格的餐具去乞食，是在示范如何遵守戒律。另外，次第乞食、整理内务这些行为中也有教导持戒的寓意。

次第乞食同时是教众比丘忍辱。挨门挨户乞食不分贵贱贫富，就意味着看各种脸色，受各种待遇，吃各色食物，这种情况下要保持威仪，不愤怒、不记恨、不结怨，就是忍辱的修行。

饭后一丝不苟地整理衣钵和洗脚则主要是教大家精进。整理和清洁都是一心向善、勤奋不懈的日常修行，佛在这里暗示诸比丘，要积少成多、累善成德，修行才会有飞跃。

在蒲团上盘膝打坐自然就是教诸位禅定。人的生理最适合坐禅，根据人的体形特征，坐禅是修定的最佳方式。因为肢体盘曲，全身的气自然就聚敛在丹田周围，这对禅定冥想极为有益。这一步是收尾，教众人入定静思，既帮助消化食物，也使大家对佛祖的举止言行有一个沉淀梳理的过程。

这五度波罗蜜并没有言传，而是身教，佛的一举一动都挥洒自如，流露着般若之光，他的目的也正是要考查大家这第六度的修行，看谁见机启悟，看谁解空第一。

很可惜，佛陀如此光芒四射的无言之法，只有一个人悟到了，那就是即将见机请法的须菩提。趁着机缘，再把无上般若之法用言语讲说一遍，让所有人在处处佛法的氛围里开悟，这是佛与须菩提两师徒的默契。

日常行为中的六度

佛虽然没有说话，可用他的举止向众人做了身教，将六度修行的法门蕴藏在日常的衣、食、住、行之中，这种不拘一格的教育手段，本身就是发光的佛法，它向众生彰显了“无言胜有言”的教育智慧，这也正是般若修行的主题。

行为举止的解析

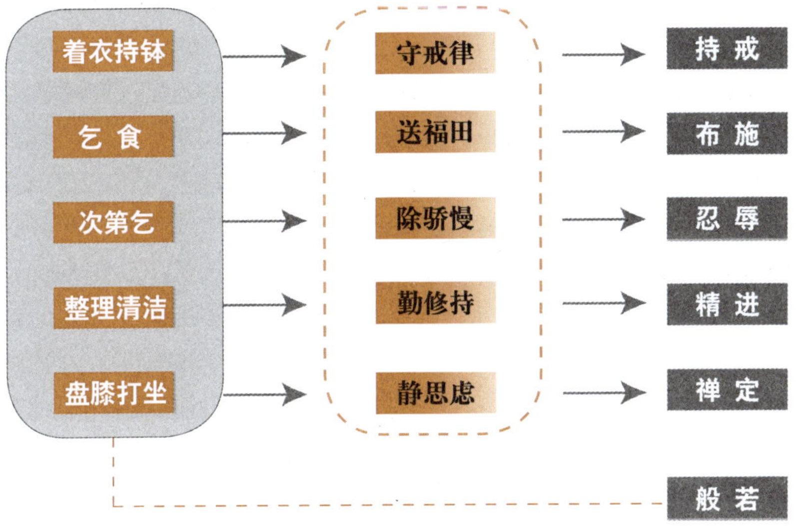

身教顺序的佛法逻辑

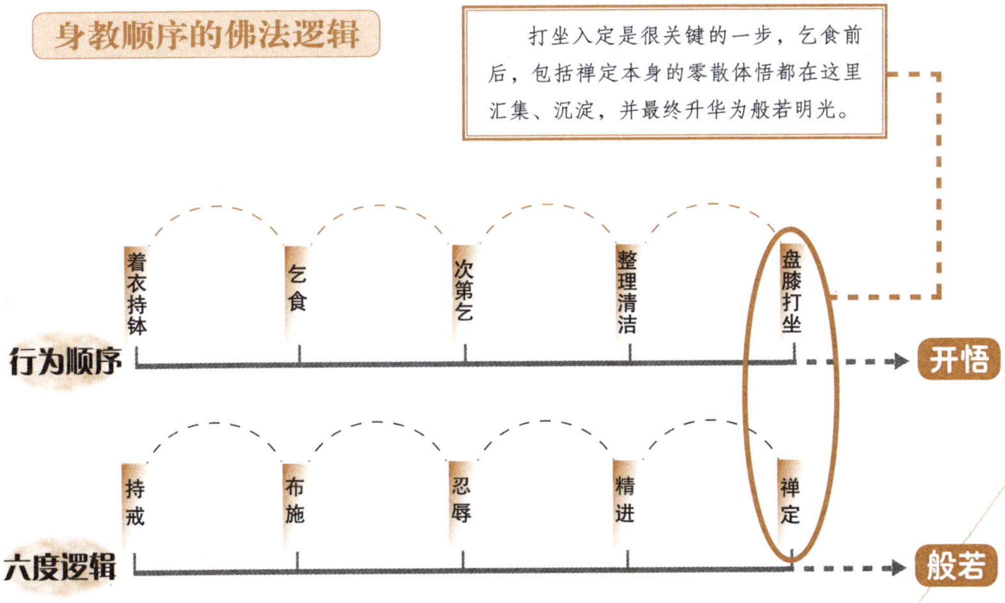

佛陀是个好榜样

从最平凡处入手

释迦佛的一举一动，无论吃、穿、住、行、出、入、坐、卧，一切都能自然威仪，这是众比丘乃至所有学佛众生便于效仿的好榜样。在这样的日常吃穿中，能安住真心，降伏虚妄，才是真功夫。

释迦佛还没有开口，已经在讲《金刚经》了，不是通过言语宣讲，而是用实际行动告诉大家，怎样来修行。到了该吃饭的时候，佛就穿起袈裟礼服，端上饭钵，进到舍卫大城乞食。从头到尾，都是很有威仪而且自然流畅地实践佛法，托钵，化缘，返回，吃饭，整理，清洁，打坐，没有一处执著表象。不执著于感官表象上，也就不会生起虚妄，这就是安住真心的捷径，比用言语教你具体的方法、诀窍要可靠得多，因为言语说教很可能让人陷入语言的表象。所以在后面的言语说法中，释迦牟尼佛说完一个方法，又自己“否认”，并不是方法不对，而是怕众人对方法执著。释迦牟尼佛在这一段日常生活中向众人示范了修行佛法的正道，本意是教众比丘们依佛法实践，只有在实践中获得验证，才是真正得到了佛法。

佛陀的示范是让大家能够找到一个效仿的榜样，所以一开始就是穿衣、吃饭这两样最平凡的日常事务。但越是平凡往往越容易让人放松警惕，吃饭、穿衣其实是最污染人心的事情了。饭菜对口味，就容易引发食欲，多吃一些；反过来，饭菜没有滋味，难以下咽，心里就会很不痛快，甚至怨恨做饭的人。穿衣服也一样，体面、气派的衣服，会让穿它的人不由自主地生出虚荣心来，反之就会自惭形秽，像济公那样破鞋烂帽还优哉游哉的实属难得。佛就从这些地方入手，教众人吃饭、穿衣要心无挂碍。最隆重的礼服，是杂色碎布条缝起来的“福田衣”；饭食要次第乞讨，根本不想什么滋味，能糊口就行。佛在做这些事情的时候，一丝不苟，但却没有去考虑衣服是否光鲜，食物是否可口，这样自然就消除了虚妄之心。所以，对出家人来说，吃饭穿衣也是修行大事。

榜样的力量是无穷的。要想降伏虚妄，安住真心，就照着佛的样子去做。穿衣服不执著衣服是否养眼，吃饭不执著饭菜是否美味，乃至于出入、往返、清洁、打坐，一切都从容自然，这些才是修行的真功夫。进一步说，这样实践下去，无上般若大智慧也会很快被启发出来。

佛的真心示范

佛在穿衣吃饭等日常行为中，任运自然，并不以眼、耳、鼻、舌、身等感官知觉为诱惑，安住了直通本质的真心；众比丘、弟子若能从佛的行为中，体悟到色、声、香、味、触一切皆是虚相，就能够不执著这些感官诱惑，从而降伏虚妄，安住真心。

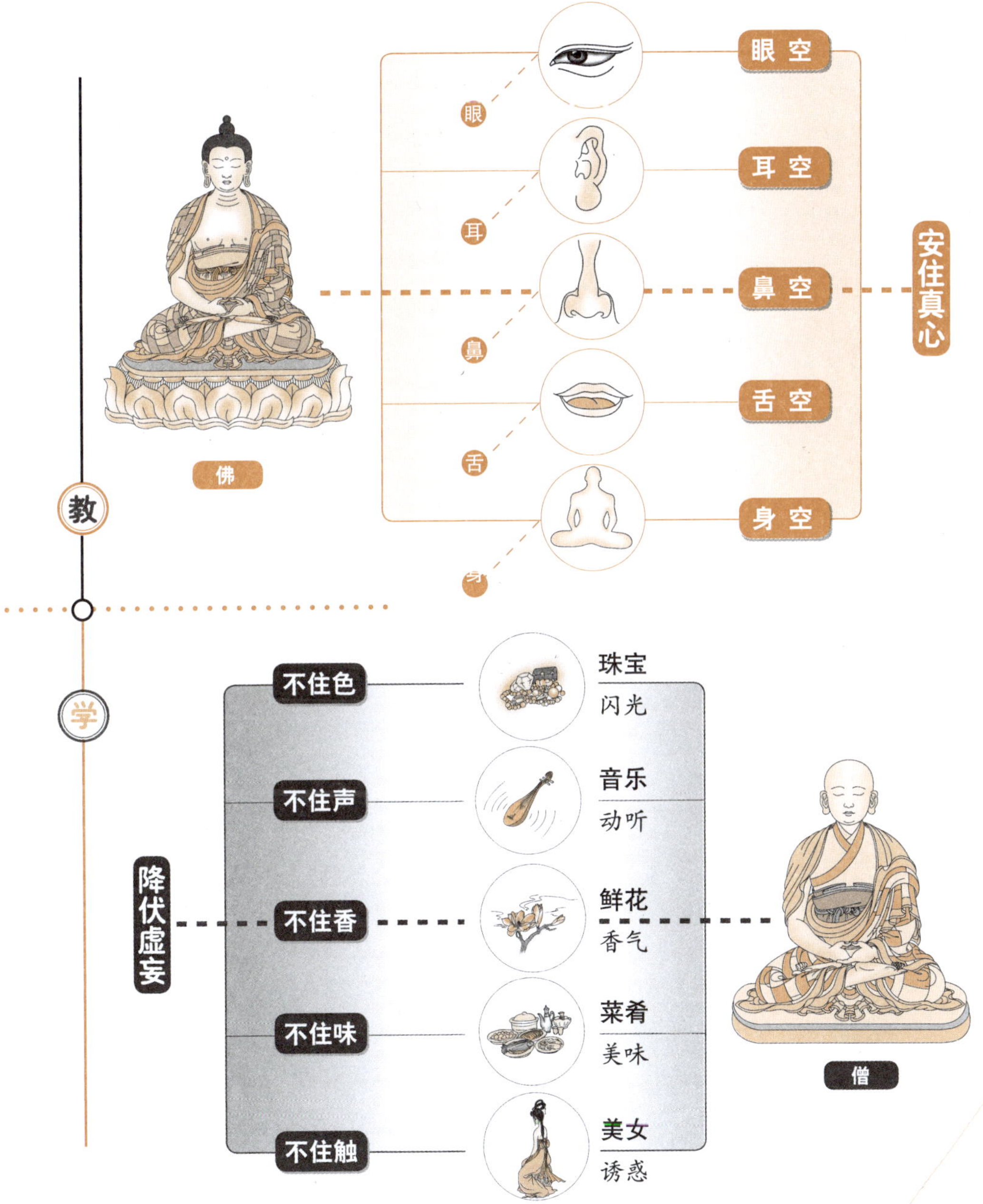

修行与入世

佛法不离世间

修行根本不需要分别什么“出世”“入世”，世俗中的一切因果是不能回避的，想解脱从眼前就可以开始，穿衣吃饭、坐卧住行、贫富贵贱等都应该成为修行的好道场。

初学佛的人，看到佛在《金刚经》里不停地示范怎样穿衣、吃饭这些世俗琐事，难免会有些疑惑。其实佛在整部的《金刚经》里，讲的就是修行菩萨道时，怎样去统一“出世”与“入世”这对矛盾的。发善心普度众生，这是讲“入世”，不“入世”怎么去度众生；但度众生一定要有“离世之心”，也即是说如何保持“出世”的心态，否则最后也脱离不了三界六道的轮回。就像树根奋力向下而树叶努力向上一样，“出世”“入世”是休戚相关的两面。

修行首先要“出世”，但却要从“入世”下手。多数人一开始修行只是为了解脱自己，而少有一开始就想着为他人谋福的。但在佛法所指的大道上，想要完成自我解脱，必须先要放下自私的念头，舍弃“小我”。尤其是菩萨道修行，“自度”和“度人”是一件事情，越是利益众生，就越“无我”，也就越接近觉行圆满的佛境界。“入世”不是要堕回放纵声色的状态，而是教大家“诸恶莫作，众善奉行”，任何世俗诱惑，都要当成实践佛法的对象。没有“入世”，也就谈不上“出世”，超越一切的大解脱首先要从眼前开始，连吃饭、穿衣都不能摆脱烦恼，那么更谈不上看破生死大事了。

修行的“入世”，最终还是为了要“出世”。但“出世”并不是指消极避世或者回避现实，而是指真心想要证得无上佛法，获得超越六道轮回的彻底解脱。这是修行佛法的大原则。假如一个人执迷于现有的世界和生活，对修行还没有生起真正的信心，那他还是摆脱不了六道轮回之苦。世俗是个大染缸，你要没有出离它的心，就只能被无尽的烦恼淹没，那佛亲自来度也度不了你。所以，“入世”修行要保持“出世”之心，这样既利人，也利己，是彻底解脱、修证成佛的通途大道。

总之，修行是离不开“入世”的，也无须分“出世”与“入世”，世俗也是个大练习场，如果你善于利用它，烦恼也会变成菩萨，帮你修成正果。所以，佛从眼前的穿衣、吃饭开始，教众人从“入世”修行着手，安住“出世”超脱之心。

修行的出世与入世

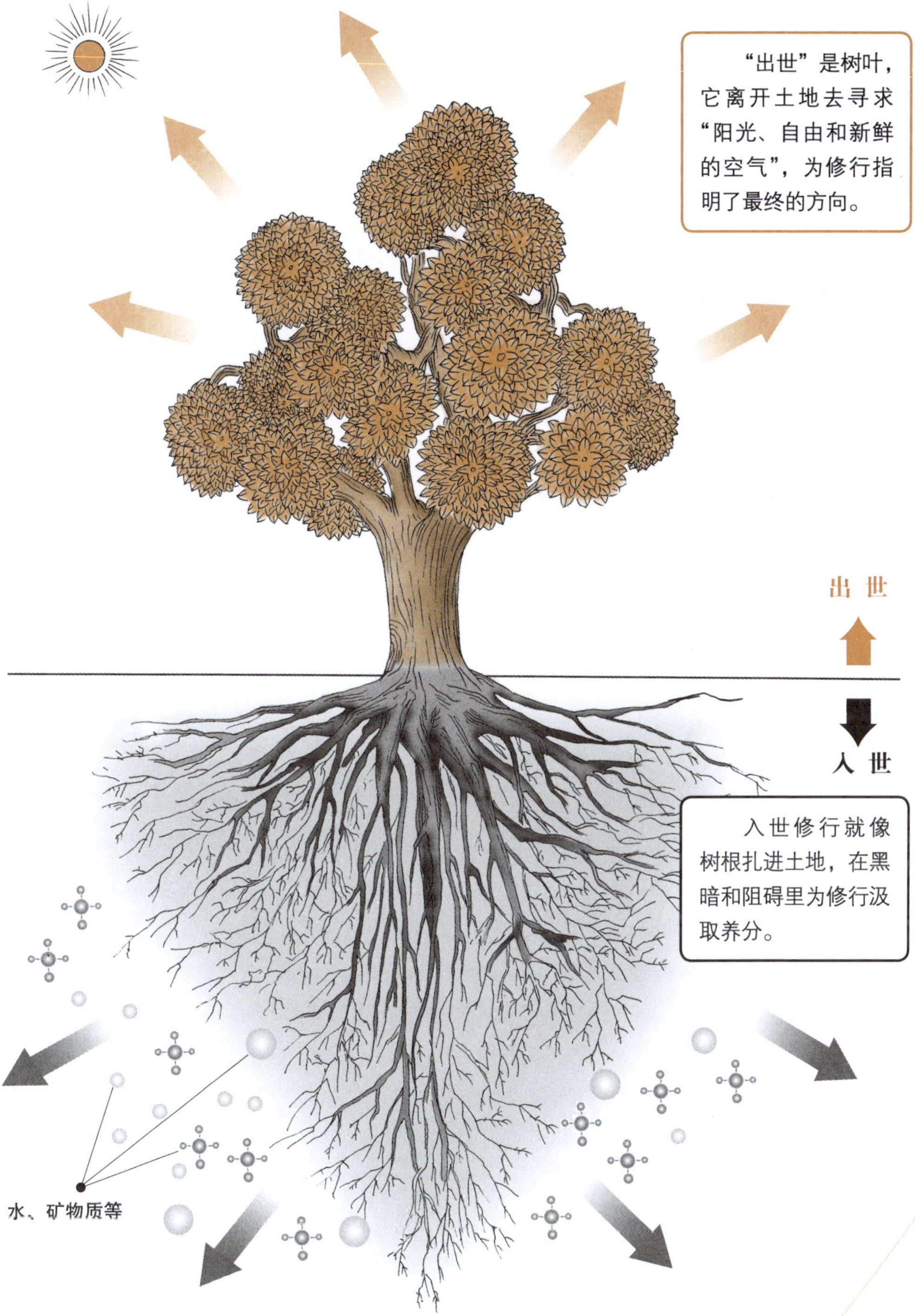

“出世”是树叶，它离开土地去寻求“阳光、自由和新鲜的空气”，为修行指明了最终的方向。

入世修行就像树根扎进土地，在黑暗和阻碍里为修行汲取养分。

禅定的妙用

一念入定般若生

禅定未必可以带来悟道解脱，但悟道解脱却绝对离不开禅定。从外表看，佛教禅定与其他宗教的修行方式很相似，但在佛法中它上通修慧，下连持戒，几乎可以涵盖佛法的方方面面。

佛示范的最后一项修行是禅定。他是要教大家静下心来，思考一下穿衣、持钵、乞食、整理衣钵、洗脚等诸多修行，带给各人什么收获。大家注意，禅定是佛法修行的重要手段，同休息有着本质的区别。

禅定的本质是什么？禅定就是通过静坐冥思的方式让散乱的思绪平定下来，专注于纯明的境界。长期不断地禅定修行，会让心变得纯净明洁，不生虚妄，再进一步，就能够体验到无上般若的本体了。

理解禅定有两个关键：一是专注；二是纯明。专注就是让思维集中在纯净唯一的境界上，不散乱，不生发虚妄，也可以叫安住真心；纯明则是专注的境相清晰明了，不混浊，不朦胧。也就是说禅定要有超然物外、清澈宁静的“出世”品质。所以专心劈柴不是禅定，出神发呆也不是禅定，昏昏欲睡更不是禅定。

修禅定有很多好处，但在《金刚经》导入序中，它主要是归纳、整理等总结性用途。因为吃饭、穿衣、走路、打坐等一系列修行下来，思维相对散乱，也就很难形成统一的知见，更不用说证见无常、无我、不生不灭的般若实相了。而最后的禅定恰恰就是针对以上的总结，把在琐碎修行中的散乱体会积淀、整理成纯净融通的正知正念，为体验般若实相提供理想的思维空间。

禅定不是速成法门，它需要四个层次的精进，只有修行人坚持不懈、持之以恒地参禅修定，才会越来越接近般若的光明。就像是北宗的参禅大师神秀所说：“时时勤拂拭，勿使惹尘埃。”禅定是渐修的方法，当修持到“八风吹不动”时，就算圆满了。“八风”是指好运、晦气、诋毁、美誉、抬举、讥讽、苦头、快乐八种干扰，如果能够在这些干扰面前岿然不动，凡夫也可以成佛了。

禅定是悟道的必由之路，连释迦牟尼成佛都离不开它，所以，他在最后教大家禅定，是希望众人安下心来，去觉悟这一系列的平凡实修。但不明就里地盲目模仿也不能达到禅定的根本目的，因此，接下来的《金刚经》，就是佛所做的修行指导。

禅定与修行

专注与安心

专注是禅定的重要属性。这个过程是不需要思维和观察的，它只需要让过去、未来、现在或法义的影像甚至各式各样的推理、想象、感觉、情绪和冲动，全部都从心中自然流过。

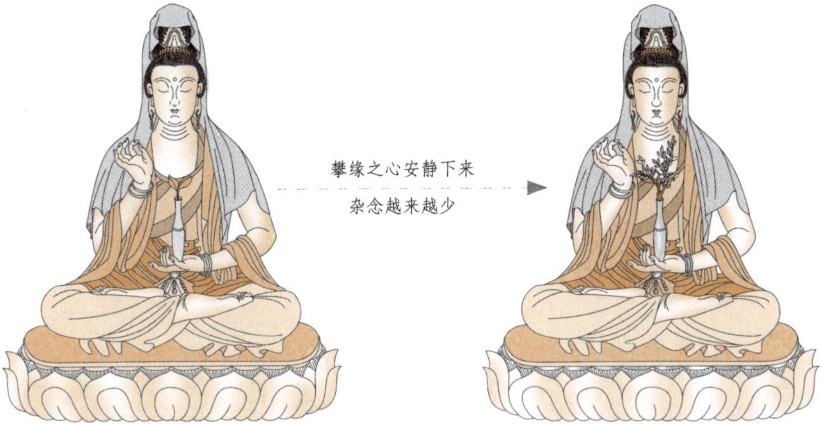

八风吹不动

贯穿禅定过程的，是厌离凡尘之心。好运、晦气、诋毁、美誉、抬举、讥讽、苦头、快乐等，都是虚幻无常、有害无益的杂念，所以要生起厌离之心，不再对它有所期待、依附。在禅定的宁静喜悦中，身心安住，自然达到离欲清净的境地。

9

顿悟与渐修

修行佛法的两翼

禅定虽然是渐修，但也离不开顿悟，否则很难完成质的飞跃。所以，释迦牟尼在渐修了许多年之后，依靠菩提树下的瞬间顿悟才恍然成佛。渐修和顿悟是佛法修行的两翼，缺少哪一边，都飞不起来。

后人说起渐修与顿悟，往往会片面地夸大两者的对立，以为渐修、顿悟水火不容，甚至还会武断地认为两者有高下之别。其实两者并没有佛法上的高低，差别只是修行层次和所达到的境界不同。修行的初级阶段，渐修递进比较实用，这是一个知识积累和能力提高的过程；而修行到一定程度之后，定力和智慧具备了足够的能量，才能通过顿悟实现质的飞跃。

极少有人不通过渐修而直接顿悟的，连释迦牟尼佛都是先渐修后顿悟，更不用说一般初学者了。可以说，渐修是顿悟的基础。渐修是量变，就像是登山，你必须一步一步往上攀爬；等到最后一步跃上了山顶，你才有“一览众山小”的觉悟，那最后一跃就是顿悟了。任何的佛、菩萨、高僧、大德，得道证悟都是经过渐修这一关的。世人大都不愿意吃苦，所以只讲顿悟不讲渐修，特别推崇禅宗六祖大街上悟道的事。但六祖惠能在街上只是明白了道理，对于真正的佛法还是不能切身体会；跟了五祖后一开始也是被派去舂米，跟众人一起听经，这样“苦其心志，劳其筋骨”了三年之后，他才真正得道。所以，渐修是基础，顿悟需要渐修的积累与支持。

佛学是很需要下功夫的学问，即使顿悟了，也仍然要坚持渐修。因为即使佛理通达了，没有经过实践的验证，也算不得真正得道。禅宗六祖惠能在顿悟之后又忍辱偷生了十二年，才出来开坛弘法。因此，佛法的修行不是简单事，它始终离不开循序渐进的修证过程。

而佛法也离不开顿悟，顿悟是修行的结果，如果没有顿悟，即使离成佛只有一步之遥，与离佛十万八千里的境界是一样的。仍然以登山做比喻，顿悟无门就像是围着山峰转圈，就是没有登顶的路。南怀瑾大师说得更有意思，“有些人问我什么是顿悟？说很简单，你大便急了，找不到厕所，憋得一身冷汗。然后突然找到了厕所，一上去，‘咚’一下，呵！好畅快！”（见南怀瑾 1975 年 1 月 27 日于台湾省高雄的“禅七”讲座记录）

严谨地讲，顿悟是一种直觉体验，但它并不是精神病人说的意识混

渐修与顿悟（1）

渐修是顿悟的过程

顿悟是一刹那的升级，而渐修则包含着不断的积累与量变。没有渐修那漫长艰辛的攀登，就不会有“一览众山小”的顿悟境界。

顿悟是渐修的结果

渐修是个过程，而顿悟则是个现象，两者是同一个过程的两种状态。

渐修就是从一个钟点起始到下一个钟点，会经历一个平凡寂寞的过程。

顿悟就是到达，时刻一到，它就灵光闪现。

乱，而是像艺术家突然来了灵感一样，一下子就跨越了有限与相对，在刹那间体验到了无限与永恒，是一种理性直觉。因此，在具体形式上，顿悟也不循常理，一句话、一棒子、一滴水都可以是顿悟契机，这与牛顿被一个苹果砸到是相同的道理。

并不是什么人都能顿悟的。普通人不管被苹果砸到多少次，都发现不了地心引力。禅宗六祖说：“我此法门，乃接引上上根人。”也就是说顿悟只适合具备了足够智慧的人。而具备这种条件，除了凤毛麟角的菩萨转世，最主要就是像牛顿一样，通过漫长而执著的努力，已经攀到了巨人的肩膀上。

实际的经验是，渐修和顿悟在佛法修行中相辅相成，互为表里。在渐修中有顿悟，在顿悟中有渐修。马上要顿悟的人肯定是历经了渐修的“九九八十一”番磨难，到达了真理之门，只差最后轻轻一推，就豁然开朗了。要没经过充分的修行，即使经过真理门前，也会视而不见。

总之，渐修是修行的过程，而顿悟是“得道”那一瞬间的现象。这个道理在自鸣钟上最清晰了，要想听到下一次报时，必须经过三枚指针一格一格的进步；而如果运转正常，积累适量，到了一定水平，它自然就会“叮叮当当”地向你报时。

但无论渐修还是顿悟，都不要执著于表象。对渐修而言，如果执恋于谨慎勤勉，最终不过是佛门的忠实奴仆；如果沉迷在纯洁明净的感性体验中，那就等于跌倒在成佛悟道的终点线之前。顿悟也一样，不要以为“一顿解千愁”，否则就是“刻舟求剑”，离佛法真理越来越远。

佛祖在说《金刚经》之前的身教，虽然表面上全是渐修的细节，但却像牛顿头上的苹果一样纷纷砸下，若没有须菩提当机顿悟，请佛详细讲出来，恐怕这么好的《金刚经》就烂在世尊（佛的号）的肚子里了。

渐修与顿悟（2）

顿悟的契机

并不是苹果、棒子有什么魔力，而是修行者的素质不同。

关于“顿渐”的名偈

身是菩提树，
心为明镜台。
时时勤拂拭，
勿使惹尘埃。

——神秀关于“渐修”的偈

菩提本无树，
明镜亦非台。
本来无一物，
何处惹尘埃。

——惠能关于“顿悟”的偈

学佛要有大的志向，引领一切众生进入没有痛苦、绝对快乐清净的“无余涅槃”境界。凡夫俗子之所以不能摆脱烦恼，就因为对红尘中的各种诱惑过于贪著、迷恋，只有不执著，才是大智慧。

第3章

成佛的必由之路

正知正见生正信

本章图版目录

本章解经

时，长老须菩提在大众中即从座起，偏袒右肩，右膝着地，合掌恭敬而白佛言：稀有！世尊！如来善护念诸菩萨，善付嘱诸菩萨。

当时，须菩提长老在大众之中站起来，右肩袒露，左肩搭袈裟。右膝着地，合掌恭敬地请求世尊道："真是太稀有了！世尊！如来善于教化诸菩萨，使他切入甚深的佛道；又能善巧地叮咛教诫诸菩萨，这太稀有了！"

世尊！善男子、善女人，发阿耨多罗三藐三菩提心，应云何住，云何降伏其心？

然后，须菩又提问："世尊！那么世间成千上万发阿耨多罗三藐三菩提心的善男女们，应怎样安住其心？怎样降伏其心？"

佛言：善哉，善哉。须菩提！如汝所说，如来善护念诸菩萨，善付嘱诸菩萨。

佛听了须菩提的赞叹与问题，看到说法机缘成熟，于是很高兴地回答："说得好，说得好啊！须菩提，正如你所说一样，如来的确是能善巧护念诸菩萨，能善巧付嘱诸菩萨的。"

汝今谛听！当为汝说：善男子、善女人，发阿耨多罗三藐三菩提心，应如是住，如是降伏其心。

"你现在认真听，我要给你说，善男子善女子发大菩提心的，应当这样安住，应当这样降伏其心。”

唯然，世尊！愿乐欲闻。

须菩提得到了如来的应允，欢喜地答道：“是的，世尊！我们都愿意听你的教诲！”

佛告须菩提：诸菩萨摩诃萨应如是降伏其心！所有一切众生之类：若卵生，若胎生，若湿生，若化生；若有色，若无色；若有想，若无想，若非有想非无想，我皆令入无余涅槃而灭度之。

世尊告诉须菩提：“凡是有心入大乘并发菩提心的人，应该这样发心修持方能降伏自心。总举一切众生：包括从卵而生，从母胎而生以及湿生，化生的众生；或者有色，无色界所摄的众生；乃至有想天，无想天，非非想天的众生，所有三界轮回的一切众生，我皆以无余涅槃度化他们，使他们离开轮回的痛苦。”

如是灭度无量无数无边众生，实无众生得灭度者。何以故？须菩提！若菩萨有我相、人相、众生相、寿者相，即非菩萨。

“虽然菩萨愿灭度无限量、无计数、无边际的众生，但在菩萨的菩提心中，却不见有一个众生得到灭度。为什么呢？须菩提因为如果菩萨一旦有任何众生方面的执著，不论我相、人相、众生相、寿者相，他就不是真正的菩萨。”

复次，须菩提！菩萨于法，应无所住，行于布施，所谓不住色布施，不住声香味触法布施。须菩提！菩萨应如是布施，不住于相。何以故？若菩萨不住相布施，其福德不可思量。

佛对须菩提说：“须菩提，菩萨于一切法都应该无所执著，然后方才行布施。

即是说不应执著形色布施，亦不应执著声音、嗅觉、味觉、触觉、法相而行布施。菩萨应该不执于相布施。为什么？如果菩萨不住于相布施，所得的福德广大不可思议！”

须菩提！于意云何？东方虚空可思量不？不也，世尊！须菩提！南西北方四维上下虚空可思量不？不也，世尊！

“须菩提，你认为如何？东方的虚空可思量吗？”须菩提回答：“不可思量，世尊。”“南方、西方、北方的虚空以及四维、上方、下方的虚空，可以思量吗？”须菩提仍然回答：“不可思量，世尊。”

须菩提！菩萨无住相布施，福德亦复如是不可思量。须菩提！菩萨但应如所教住。

佛说：“须菩提！菩萨不住相布施的功德，也同虚空一般不可思量。须菩提，菩萨应如所教不住相布施。”

须菩提！于意云何？可以身相见如来不？不也，世尊！不可以身相得见如来。何以故？如来所说身相，即非身相。

佛问：“须菩提，依你的想法，三十二相、出入来去相、穿衣吃饭相、坐禅说法相，能见到真正如来吗？”须菩提回答：“不可以，世尊！不可以身相得见如来。为什么？因为这些身相都不过是假名如幻的妄相，并非是真实存在的身相。佛的无尽庄严，也一样绝无少许法可取可得。”

佛告须菩提：凡所有相，皆是虚妄。若见诸相非相，

即见如来。

佛告诉须菩提："凡所有相，都是虚妄分别所生。（法性即一切法自性不可得而无所不在，所以也无须于妄相外另觅法身。）若能得见诸相非相，即能直见如来。"

“解空”者点破玄机

须菩提的请法

看见释迦佛祖出入往返、穿衣吃饭的“无言之教”，有一个根基深厚的大比丘开悟了；而其他的善男信女却还如在雾里，无法领会佛的心意。这个当口，先悟道的人就是当机者，他不能自己领受了不告诉别人，于是站出来向佛祖问法，也好让大家明白。

就在佛祖刚刚坐稳，准备入定的时候，有一位年长的大比丘忽然站出来，右膝着地，向佛合掌施礼。看样子，这位长老要向佛问法了。

说起这位长老，那可不得了，他名叫须菩提，参佛之前就已经是名震一方的外道领袖了，年纪也比释迦牟尼大一些。须菩提悟性极高，号称“解空第一”，是释迦牟尼的十大杰出弟子之一。据说，吴承恩《西游记》里菩提老祖的原型其实就是这位须菩提，他善于“解空”，他的好徒弟就叫“悟空”了。因为有悟性，所以能够很快参透玄机，了解佛的用意，因此，在很多机缘成熟的当口，须菩提经常是第一个跳出来接应佛的暗示，向佛问法。这次也不例外，须菩提见到佛祖如此躬亲示范，谆谆之心竟然无人领会，忍不住脱口而出：“稀有！世尊！”

须菩提绝不是阿谀奉承，释迦佛祖的慈悲之心确实是世上稀有的。从他悟道那天起，就希望天下的苍生都能悟道成佛，摆脱轮回不尽的痛苦。前十二年先说小乘，让众生学到自我解脱之法；然后逐渐向大乘转变，又过了八年才说般若的修行，劝众生发菩提之心，普度众生。这是一个由简单到复杂、由易到难的教化过程。因为“般若”讲究舍己忘我以利众生，根性差的修行者悟不透这一点，其中有些就退出了修行。鉴于此，释迦佛苦口婆心、言传身教，反反复复地启发众人，竟没有人能够领会。只有“解空第一”的须菩提，从佛的吃、穿、行、住等日常作息中看到了闪闪发光的“般若”大法，领会了佛的“无言之教”：原来成佛只在一念之间。于是，他赞美佛的稀有：您是如此关心、爱护发心修佛的诸位，如此不厌其烦地教导众人，真是用心良苦啊！接着，就启问佛祖：“发心修行无上菩提的善男信女们，应该怎样守护信念，不使它退失？如果一旦心生退意，应该用什么方法将其降伏？”

应机乞法图

这个机指的是机缘。

佛说法是根据不同的时机来进行的，此时正是大好时机。

1. **众比丘** 修小乘已有成果，已经具备了修大乘的条件。
2. **释迦牟尼佛** 躬亲示范，已经引出了《金刚经》的智慧光芒。
3. **须菩提** 恰在此时向佛请教安心之法，正是触发这个机缘的关键。

成佛之心

发阿耨多罗三藐三菩提心

修大乘菩萨道，必须先发阿耨多罗三藐三菩提心，才能向上求索一切无上智慧，向下承担度化众生的艰巨责任。这个伟大的信念需要护持，时时精进不生虚妄，才能获得佛一样的无上境界。

发阿耨多罗三藐三菩提心，简单说，就是发想要成佛的誓愿。

阿耨多罗三藐三菩提是梵文音译。阿耨多罗，指至高无上。三藐，即正等，众生平等的意思。三菩提，就是正觉，指超越一切虚妄谬误的真实觉悟。合起来就是至高无上、平等不二、超越一切的真实觉悟，这世上只有佛才有这样的大智慧。修成罗汉，是小乘的最终结局，只知道觉悟自己，不能度化他人，则不能做到平等，称不上三藐。而菩萨虽然正等正觉，但因为功德还不圆满，所以是成佛的初级阶段。只有佛觉行圆满，才称得上是“阿耨多罗三藐三菩提”。

所以，立誓成佛不是简单的事情，它需要极大的决心和勇气。在后世佛教，发阿耨多罗三藐三菩提心要进行一个很庄严的仪式，在大德长老和众位同修的见证之下，坚定地表达自己要成佛的决心。

把一班发心成佛的善男信女称为“菩萨”，是佛对他们的激励，也是对他们的要求。菩萨上求佛法，下度众生，虽然还没有功德圆满，却是越来越接近佛了。所以，佛在这里劝导诸位善男信女向真正的菩萨学习，坚定信念，鼓足勇气，全身心地投入成佛悟道的艰苦修行之中。一旦立下了成佛的誓愿，就要在思想上时刻牢记，现在要做菩萨了，普度众生是应当承担的责任，六度万行也必须一丝不苟。这不是一件容易的事，如果佛法兴盛，修行者在大环境影响下，可能会坚持下来；反之，佛法要是一路走下坡，很多人就会信念动摇，立的誓愿也就不起作用了。所以，决心要成佛的誓愿不能随便发，一定要真的有信心、有觉悟才行。

正因为这个伟大的誓愿实践起来很有难度，所以须菩提才向佛祖请教，一旦立下此誓，该怎样守护它？一旦它受到了干扰，又该怎样排除？这些提问正是大乘佛法的重点和难点。

发心与成佛

修行的逻辑

首 开**发心**之门，
次 示**修行**之门，
三 悟**菩提**之门，
末 入**涅槃**之门。

修行层次示意

正觉 →

罗汉是小乘佛法的最高追求，只求独善其身，自己脱离苦海即可。

正等正觉 →

菩萨有慈悲心，自动教化众生，为不请之友。

无上正等正觉

佛拥有阿耨多罗三藐三菩提的大觉悟，从心性上彻底断除了无明烦恼。

小乘与大乘

度众生和度自己

只知道吃斋念佛的人，还是凡夫。了悟了生死的人能成就罗汉果，但他们只顾自己乘渡佛法脱离苦海，不愿回过头来救度其他众生，所以称为小乘；菩萨在舍己忘我中与众生同舟共济，一起解脱到彼岸，所以称为大乘。

佛陀说法是看弟子之根器与时机而定的。所以，才有了本次须菩提的当机请法。这些为利益众生而说的佛法不外乎两种层次，即小乘（Hinayana）和大乘（Mahayana）教法。人生皆苦，凡夫面对生、老、病、死，显得无能为力。所以，众生学佛首先想要讨一个彻底的方法，从六道轮回的痛苦中永久地解脱出来。佛针对这些要求，为众生讲了四圣谛、十善业、戒学、定学及慧学等法义，帮助他们达到个人解脱的目的。这些佛法叫作小乘。很多修行人，只求自己觉悟，修行到小乘就达到了目的。但还有另一些人，不单自己要脱离苦海，更希望以自己的觉悟带领所有众生都到达幸福的彼岸，他们的终极目标是成佛。佛给这些立志成佛的人讲的法就深了一层，包括六度等舍己利人的法门，这些佛法统称大乘。

小乘和大乘虽然有境界上的差别，但两者并不冲突。佛陀成道后在最初说法的内容是“苦、集、灭、道”四圣谛。因为那时候佛法初兴，众生没有基础，佛陀要是直接说大乘般若，众弟子恐怕没人能明白，自然也不能接受，所以佛在说法初期以小乘教法为主。小乘讲的是看透六道轮回的苦难以及超越和解脱这些苦难的方法。这是当务之急。就像是开小火慢炖的蛤蟆，认不清形势，还以为慢慢温暖的水是极乐世界呢；一旦认识到危险，就赶紧想办法跳出来。这是小乘要解决的。而大乘是在小乘的基础之上，自己跳出来了，回头一看很多同伴还优哉游哉地在苦海里晾肚皮，于是顾不得艰难又跳回去救人去了。自己逃跑和带着众生逃跑的境遇是不同的，所以大乘佛法讲的多是些舍己为人的方法。但是自己还没有觉悟，还没有找到逃生办法的时候，是救不了大家的，故而修大乘佛法的前提是已经具备了小乘的能力和基础。所以两者并不冲突，只是程度不同罢了。

大乘和小乘从根本上讲是贯通的。只是有些人止于小乘的修行，没有继续向更高的目标前进罢了。佛在说法二十年之后，才从小乘转向大乘，也是考虑到进阶的规律。

佛法境界的差别

小乘与大乘

小乘

1. 小乘只能度化自己，像独木舟载人。
2. 小乘显法的核心是戒律、禅定和智慧。
3. 小乘显法获得了一定的成就，可以进入大乘的修行。

大乘

1. 大乘普度众生，像大船载人。
2. 大乘的基础是“菩提心”，即广大的爱与慈悲心，这是基本动力。

中国汉地佛教宗派流传

中国汉地主要流传的是大乘佛法，虽然有过小乘宗派，但由于不适合中国人修行，所以逐渐地没落了。

中国汉地佛教

- 小乘
  - 成实宗——空宗
  - 俱舍宗——有宗
  - 晚唐后便不再受重视。
- 大乘
  - 三论宗（涅槃宗）——空宗
  - 天台宗——空宗
  - 唯识宗（摄论宗）——空宗
  - 华严宗（地论宗）——有宗
  - 晚唐后三论宗、唯识宗乏人研究，天台宗仅能讲教理以续传承。华严宗仅能讲教理，勉强续传。
  - 南山律宗——空宗 有宗
  - 净土宗——有宗
  - 禅宗——空宗
  - 密宗——空宗 有宗
  - 晚唐后南山律宗、净土宗奄奄一息。净土宗流传最长。宋明之后，禅宗转为禅净双修。会昌法难，密宗流向日本。

佛法流传示意图

西域地区是中国和印度佛法交流的重要中枢。公元1世纪，在贵霜帝国的一统势力下，大量的佛法典籍和有道高僧经由丝绸之路，来到西域各国，使这里成为佛法交流的重要地区。西域地区一开始流传的也是小乘佛法，公元5世纪以后，大乘佛法逐渐成为主流。

公元纪元前后，印度尼西亚已经是海上的交通要道，有了印度居民和婆罗门教的基础。至公元5世纪前后，佛教在印尼全面兴盛起来，遍及苏门答腊、爪哇、巴厘等岛，并逐渐向马来西亚发展。

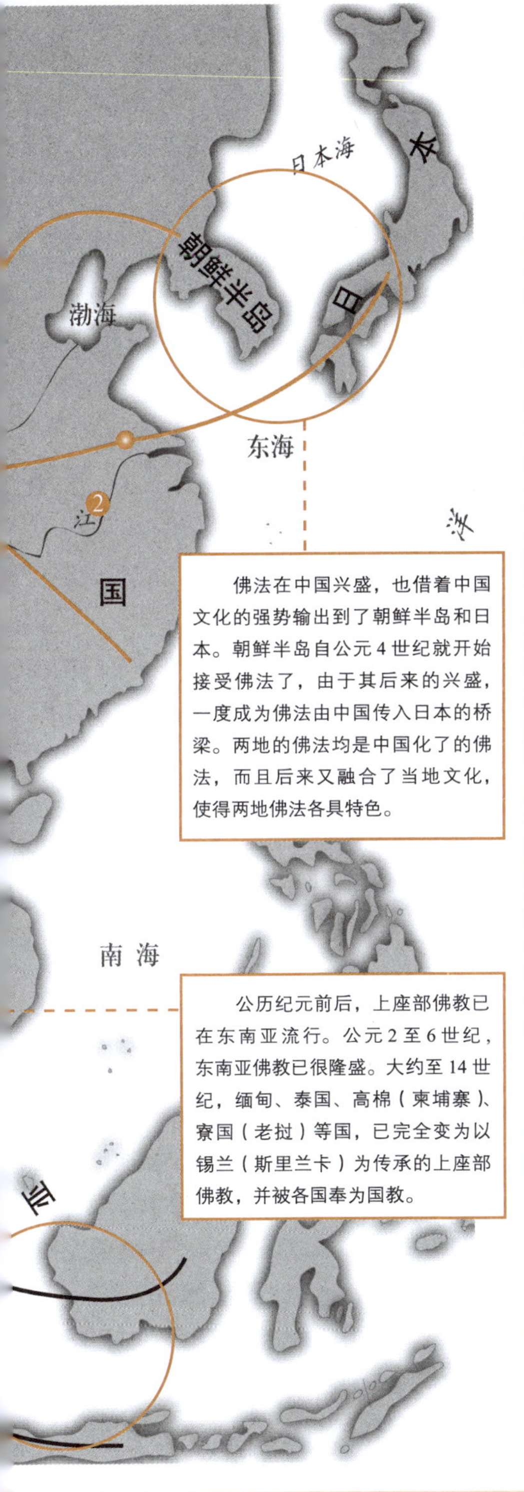

佛法在中国兴盛，也借着中国文化的强势输出到了朝鲜半岛和日本。朝鲜半岛自公元4世纪就开始接受佛法了，由于其后来的兴盛，一度成为佛法由中国传入日本的桥梁。两地的佛法均是中国化了的佛法，而且后来又融合了当地文化，使得两地佛法各具特色。

公历纪元前后，上座部佛教已在东南亚流行。公元2至6世纪，东南亚佛教已很隆盛。大约至14世纪，缅甸、泰国、高棉（柬埔寨）、寮国（老挝）等国，已完全变为以锡兰（斯里兰卡）为传承的上座部佛教，并被各国奉为国教。

南传佛教——小乘佛法的流传

南传佛教主要是小乘佛法，又称小乘佛教或称“上座部佛教”，为巴利语系统，由印度南传至斯里兰卡、缅甸、泰国、老挝、柬埔寨、印度尼西亚、爪哇等国以及中国云南部分地区。（巴利语是南印度地方方言，通俗简易。）

北传佛教——大乘佛法的流传

北传佛教主要传播的是大乘佛法。大乘佛法为梵语系统，由印度北传经中亚传至中国汉地，再由中国传入朝鲜、日本、越南等国。这里也包括由印度直接传入西藏的藏传佛教。（古印度人认为自己所说的语言，乃是秉承大梵天王所说而来的，故称梵语。）

❶ 南传佛教的形式——从印度到斯里兰卡

公元前3世纪中叶，阿育王之子摩哂陀长老往狮子国（斯里兰卡）传教，佛教迅速发展，经二百年，以大寺为统一教团之中心。至公元前1世纪，分裂为大寺派与无畏山派，前者坚持保守传统上座部佛教，后者容纳大乘佛教，二派对立达千年。同时，大寺派长老举行上座部佛教第四次结集，首次用巴利文将上座部佛教三藏记录成册。公元5世纪，佛音论师于大寺注释三藏，奠定了大寺派基础，并形成南传佛教。

❷ 大乘佛法的兴盛——佛教在中国内地

中国自西汉哀帝元寿元年，佛法由西域传入中原，陆陆续续在长安、洛阳等地形成了几个大的佛法交流中心，向大江南北乃至海外传播佛法教义。历经千年，佛法逐渐与中国传统思想文化相结合，至隋唐而臻于鼎盛，形成天台、华严、法相、律、净土、禅等宗派。宋代以后又渐与儒道融合，大乘佛法在这片土地上达到了一个前所未有的高度。

❸ 独具特色的藏传佛教——佛教在中国西藏

受大唐影响，西藏地区自公元7世纪中期开始信仰佛教。至公元8世纪中叶，西藏佛教开始直接由印度传入，传入后逐渐形成具有西藏地区特色的藏传佛教（俗称喇嘛教）。公元13世纪，藏传佛教传入蒙古地区。因藏译佛典大部分是从梵文原典直译，容易还原为梵文，故也被称为“准梵语佛典”。

意会与言传

问答之间的微妙

意会比言传更能准确表达佛法的本质，但并非所有人都适用。上等智慧的人不用教，看一眼就懂了。中等智慧的人得点拨一下，“喝”一句也差不多能开悟。但还有些受众，不用言语说清楚是无法领悟佛法深意的。

佛一生说法循序渐进，在初级阶段不免谨慎小心，唯恐大家对高深的佛法不能领受。今天须菩提的一句话，算是打开了闸门，憋在佛心底的高深佛法，终于拿出来和大家一起分享了。所以佛感到很欣慰，连说：善哉！善哉！佛很高兴终于有人了解到了他的心意，正如《高山》《流水》虽好，没有知音也不能尽抒胸臆。

接下来佛说：如果大家真心地想要听，我就来为你们说一说。言下之意，如果你们没有需要或者听不到心里去，我说了也是白说。

佛祖开口说法：各位善男信女，你们已经立下了成佛的誓愿，应该“这样”去守住它，“这样”去排除干扰。这句回答，是答而不答，还是考验领悟的智慧。“这样”是什么样？最可靠的解释就是佛祖方才的“吃饭、穿衣”——非常优秀的示范，你们大家照着做，就把这两个问题都解决了。还有一层含义：佛祖连说“这样”，没有了下文，听众们便虚心以待，一瞬间心就空了，此时的状态就是“这样”。

以须菩提的悟性，应该可以领悟到“这样”的内涵。但不知道是须菩提激动过了头，没注意到佛的深意；还是他已经领悟，却装作不懂，继续为真的没听懂的人提问。总之，须菩提接着说：是啊，世尊（佛的号），我很想听到！这句话也很真诚。第一种可能，须菩提领悟了一部分，但还不够透彻，希望佛祖详细说明。第二种可能，须菩提舍己忘我，大众不明白也就是自己还不明白，为众生请佛法也是确实的需要。第三种可能，佛和须菩提有所“串通”，刻意安排了这个步步启发的流程，以增强说法的效果。

言传虽然比不上意会更接近佛法的真实，但佛祖也明白，意会只是对根基好的学生有用，对普通修行者而言，还是离不开言语说教的文字般若。所以，启发之后，下面基本上就只是文字般若的智慧了。

佛法流通示意

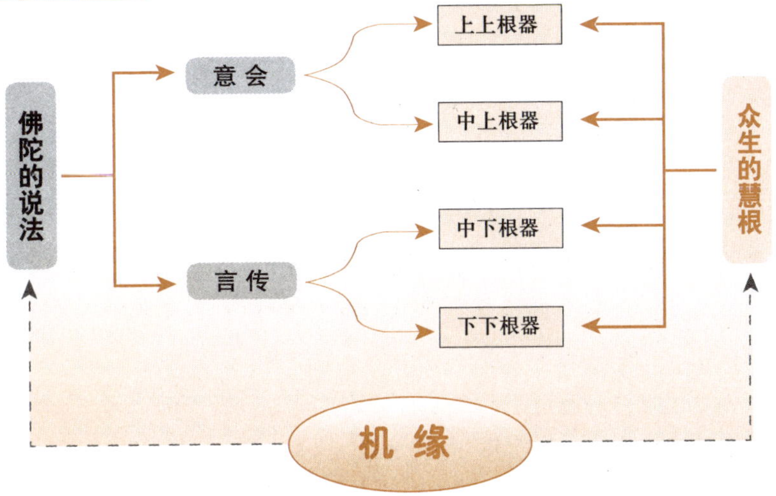

❶ 说法的方式要针对不同的对象。教诲根器偏上的众生，意会比言传更有效果，更容易把握觉悟和解脱的途径。

❷ 对于根器偏下的众生来说，意会便显得不切实际，不如言传更可靠。但意会和言传不能硬性规定，一切都有赖于众生慧根与佛说法的机缘。

根器的比喻

❶ 上上根器的人听闻世间的变化无常、万物的生灭不息，便能豁然警醒，勇往直前。	喻	第一等好马，一见鞭子扬起，便能奋蹄疾驰。
❷ 中上根器的人看到花开花落，月圆月缺，也能触景生情，自我鞭策。	喻	第二等良马，鞭子才打在皮毛上，便知道放足驰骋。
❸ 中下根器的人不见棺材不落泪，必须亲见亲历，才能有感而发。	喻	第三等庸马，非要被皮鞭打痛，才知道左右前后。
❹ 下下根器的人非要病入膏肓才想起求医问卜。	喻	第四等驽马，直到被打得锥心刺骨，才知道迈步前行。

护住真心的第一步

度生离四相

5

不要说度众生就是解脱自己，如果太阳心中时时惦念着要给人间送温暖的话，那不用太久它就会陨落！所以，发善心的大菩萨们，一定不要有挂心的四相。

佛向立誓成佛的善男信女们介绍说，一切发善心的大菩萨们，应该这样安住自己的心。

这一次，佛祖没有再卖关子，直接讲了下去。

一旦发大愿灭度一切众生成佛，帮它们彻底解脱痛苦烦恼，千万记住不要有“我度众生”的执念，如果存了这个念头，那就没有众生可度了。一切生灵，不管是卵生、胎生、湿生、化生，还是有形、无形（肉眼看不见），或是有思维意识的、没有思维意识的，对于菩萨而言，都要发愿统统把它们灭度成佛，让它们进入不生不灭的极乐世界。但不管这样度了多少众生，也不要起一点点“我要度众生”的念头。

这个说法很让人困惑，大乘菩萨道的志愿就是为了众生能够解脱成佛，为什么发愿度众生，反而无众生可度呢?

为什么呢?佛也这样问了一句。他的答案紧随其后。

须菩提呀，如果学大乘菩萨道的人心里有了你、我、他的分别，这就不是菩萨心肠了。先叫了一声“须菩提”，这也是提醒大家注意重点的信号。紧接着佛说：如果菩萨有我、别人、众生和生死的念头，并且执著于这四种相，就不是菩萨了。同样的意思，如果修行菩萨道的人，离不开这四相，那也就修不成菩萨道了。“我”是个能度众生的人，这是个“我相”；对方那个众生是被我度的，这是个“人相”；因为众生根基不同，所以会有说法上的种种差别，也就是能度和所度会产生差别之相，这叫作“众生相”；执著生死寿命，不舍度人为求解脱的念头，这叫“寿者相”。如果菩萨有了这四相，就不是菩萨了，这明示后果很严重。换句话说就是，如果不离开这四相去度众生，那不仅度不了众生，连自己最后都不能证得阿耨多罗三藐三菩提，也就成不了佛。

把佛的思路顺过来，其实很简单：降伏妄心，就要离四相；只有心中不生四相之念，才能安住菩提真心。

善护菩提真心——在离四相中发普度众生之愿

发心离四相

当菩萨在普度众生的时候，心中没有对四相的执念，自然也不会有什么烦恼了。若是有四相挂心，就不会得到解脱，也不能够去普度三界的众生，更不能够称得上是菩萨了。

执著于“我”的概念，有了区别。

相对于“我相”的“他人”概念，有了内外的差别。

心里有了众生的高低、贵贱分别，就会对所谓低贱众生产生悲悯而心生傲慢。

有对自己寿命的功利念头，希望通过度众生来解脱自己的生死时限。

菩萨的境界，首先要去掉一切执著之相，心无挂碍，才能够普度众生。

平等的四生

区分平等众生的四种类别。

胎生	卵生	湿生	化生
胎生是在母胎内成体之后才出生的生命	卵生是卵壳内成体之后才出生的生命	湿生是依靠湿气而受形的生命	无所依托，只凭业力忽然而生的生命
人、象、马、牛、猪、羊、驴……	鹅、孔雀、鸡、蛇、鱼、蚁……	虾、螃蟹、蚊子、幼虫……	诸天和地狱的生灵以及蝉、蝶……

6

众生解脱的不同境界

无余涅槃与有余涅槃

小乘最终达到的解脱境界，因为还不彻底，所以叫作有余涅槃；而大乘是要成佛的，因为彻底解脱没有了挂碍，所以叫作无余涅槃。学佛要有大的志向，引领一切众生进入没有痛苦，绝对快乐清净的“无余涅槃”境界。

三界众生共分为十大类，按出生不同，有胎、卵、湿、化四种，按身体有色、无色又分出两种，按心里有想、无想来分，再叠加出四种，总共分十大类。这些众生在六道里轮回转化，今生是人，下辈子就可能投胎成蚂蚁，这一切全因为众生会起心动念。动善念生三善道，动恶念生三恶道，只要心念起动，就会不停地在六道里轮回。但无论哪一道都摆脱不了受苦的命运，所以，学佛众生的根本目的就是想摆脱这六道轮回。

佛家确实有摆脱这六道轮回的好方法，即“涅槃”。“涅槃”是梵语，按文字翻成汉语叫圆寂，即“圆满寂灭”。换句话说，就是一切功德圆满具备，一切烦恼障断尽。这是大乘佛法对“涅槃”的定义。小乘则称“涅槃”为“灭度”。但无论如何，涅槃都是修行所要到达的彼岸。

因为修行的程度不同，所以涅槃的境界也有差别。笼统地说，涅槃分为无余和有余两种境界，即彻底与不彻底。

有余涅槃和无余涅槃

是相对而言的。根据现有佛法的流传，分为三种情况：

（1）根据小乘的教义，阿罗汉惑业已尽，生死已了，但身体还存在，这叫有余涅槃，或有余依涅槃。具体说来，阿罗汉生死之因虽尽，但还剩了依存的肉身在三界之内，待到这个依存之身自然地灰飞烟灭之后，就叫无余涅槃，或无余依涅槃。

（2）根据大乘佛法，菩萨也是有余涅槃。菩萨了悟生死，但尚未成佛，这个阶段叫作有余涅槃；等到菩萨变易生死之果尽，获得佛身之后，才叫作无余涅槃。

（3）就大小相对说，小乘的无余涅槃，因还有惑业苦的残余，并不彻底，所以叫作有余；至于大乘的无余涅槃，是彻底地解脱无残余，所以叫作无余。

解脱境界示意

涅槃，梵语为Nirvana，是由两个单词“NI”和“VANA”组成。“NI”是一否定分词；“VANA”是波浪或贪欲意，这里的贪是联结今生与后世的纽带。涅槃的最原始解释，即远离（NI）贪欲和欲望。

无余涅槃

因究竟而无残余，故叫作无余。菩萨度众生的任务完成后，获得佛身，才叫作无余涅槃。

有余涅槃

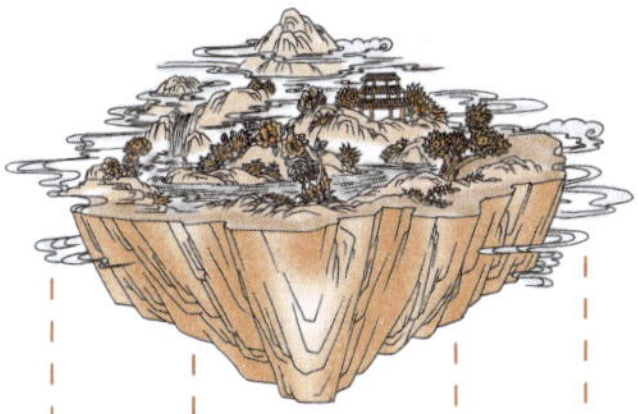

按大乘佛法讲，菩萨为普度众生而在六道中因果轮回，叫作有余涅槃；罗汉虽然得脱苦海，但因尚有惑业苦之残余，也叫作有余涅槃。

六道轮回

六道的众生都是属于迷的境界，不能脱离生死，今生在这一道，来世可能托生到那一道，总之在六道里头转来转去，像转车轮一样，永远转不出去，所以叫作六道轮回。

大乘佛法认为，菩萨在没成佛的时候，仍然是有余涅槃，因为他还要几经生死，不断地投入六道之中去救人度众生。但他的任务是把一切有缘众生都度化到无余涅槃的境界，也就是说度一切众生成佛。只有这个任务完成，菩萨自己才能证入无余涅槃。所以，菩萨立誓："以智上求佛道，以悲下化众生。不为自己求安乐，但愿众生得离苦。"菩萨为了解救众生的苦难，以自我奉献的精神而留住人间，并且以种种不同的化身来到民众中间，随时随地解救危难，所以菩萨大慈大悲的精神，在世间深入人心。其中，最有影响的是两位大菩萨：观音菩萨、地藏菩萨。

观音菩萨

观音菩萨，又称观世音菩萨，其称谓的含义，就是大慈大悲，循声救苦，无处不现身。佛经中说，世上所有的男女老少，凡遇到危难，只要诚心称呼观世音菩萨的圣号，请求救助，观世音菩萨就会听到、见到，并以大无畏的精神，以适当的化身，救你脱离苦难。观音菩萨曾经发愿："众生不成佛，我誓不成佛！"

地藏菩萨

地藏菩萨，梵名 Ksitigarbha。据《地藏十轮经》等记载，他"安忍不动如大地"，故名"地藏"。传说他受佛的嘱托，在释迦佛已经入灭而弥勒佛尚未降生的这段时期度化众生。地藏菩萨度众生的特点：哪里最艰苦，就到哪里去。在一般人的心目中，最艰苦的地方，当然是地狱。所以地藏菩萨发愿："地狱未空，誓不成佛！众生度尽，方证菩提。"

这里主要的听经人，是那一千多名弟子，他们跟着佛祖修道，已经证悟了阿罗汉果，所以有余涅槃对他们已无太大意义。佛在这里讲说大菩萨度一切众生成佛，是教育发心成佛的众生，学习菩萨的大决心、大勇气，敢于承担拯救全世界的重任，完全舍得自己，才是成佛入无余涅槃的光明大道。

四大菩萨

菩萨，全称菩提萨埵（Bodhisattva），是指发大心愿的人。在佛教史上，最具影响力的四大菩萨分别是：文殊、普贤、观音、地藏。

文殊菩萨

五台山文殊菩萨
代表大智（理性）

文殊之意为“妙德”“妙吉祥”。在佛教诸菩萨中以智慧见长，是大乘佛教的智慧化身。文殊是如来身边“司智”菩萨，并以此专长辅佐释迦牟尼的教化，有“大智文殊”之美誉。

普贤菩萨

峨嵋山普贤菩萨
代表大行（落实）

普是普遍之意，贤是妙善之意。普贤之意是妙善、妙德、妙惠施与一切众生。妙者恰到好处。普贤菩萨以贤德著称，是如来身边“理德”菩萨，也以此专长辅佐释迦牟尼的教化。

观世音菩萨

普陀山观世音菩萨
代表大悲（爱心）

观即观照，世为大千世界，音是众生称念观音名号乞求救助之声。观音以慈悲著称，以“寻声救苦”为法门。只要众生称念其名号，她将随类化现前去救助。

地藏菩萨

九华山地藏菩萨
代表大愿（孝道）

他以“安忍不动犹如大地，静虑深密犹如秘藏”得名。地藏菩萨善度地狱众生，解救迷途之苦，深受人们尊敬和信奉。

7

做菩萨的窍门

不住相布施

凡夫俗子之所以不能摆脱烦恼，是因为对红尘中的各种诱惑过于贪执、迷恋，如果能够不执著，那是大智慧。而布施济人则是基于慈悲之心。没有慈悲之心，就发不了入世度众生的大誓愿；而没有大智慧，即使发了誓愿也救不了众生，甚至会把自己淹没在滚滚红尘之中。大悲兼具大智，才是真正的大菩萨。

佛又叫了一声“须菩提”，也是提醒大家又有重要信息了。

佛说：大家要学做菩萨，就要向菩萨一样“不住于相”地布施，在布施的时候不被色、声、香、触、味、法所迷，不偏执“自我”的意念。

菩萨的修行，共有六度，虽然以般若为成佛的向导，但彼此之间又在不同的角度相互统摄。学习菩萨立誓成佛，就是学习如何舍弃“自我”去普度众生，本质上这是一种极大的布施行为，即以自己的所有给予众生，使对方脱离苦海。所以，在这里，布施就是统摄其他六度的关键。

布施有财施、法施、无畏施等不同类别，打个比方就是有钱施舍给别人钱，没钱就给别人鼓鼓劲，如果有“手艺”让人谋生就把“手艺”教给别人。菩萨不施舍物质财富，就像给一个人几条鱼活命，不如教给这人打鱼的技巧，菩萨所施舍给众生的是面对命运的勇气和去除烦恼、痛苦的妙法。但无论施舍什么，总得先自己有，才能给别人。而被布施所统摄的其他五度，它们的任务就是帮助“自我”渐趋完善，到达一定的境界才有能力度化众生。即其余五度做了布施的后援。但布施不是减少其余五度所累积的成果，而是把它拿出来和大家共享，得到福利的人越多，自己进步的速度越快。

虽然有这个好处，但布施的时候却不能想这个好处，更不能一副奸商的嘴脸，算计着投入和回报的比例，那所做的一切努力都会付诸东流。所谓“百花丛里过，片叶不沾身”。因为一旦有这些心念，就有了你、我的分别，同时，“自我”的私欲就会冒出来，接下来就会对“色、声、香、味、触、法”产生贪恋，烦恼、痛苦也将结伴而至。等于是“逆水行船，不进则退”。所以，做菩萨需有足够的境界，坦然拿出自己所有的一切来救度众生。否则，也不能称其为菩萨。

真正的菩萨在布施的时候能做到“不住于相”，但这些准备做菩萨的“善男信女”们，是否也能经得住色、声、香、味、触、法的诱惑？是否也能不执著布施之相呢？因此，佛祖当下讲的这个问题，等于给在座的每位都打了一剂预防针。

布施统摄六度

六波罗蜜统摄于布施，为菩萨度众生的根本。要救众生，不能不牺牲自己去利他，即布施。菩萨度众生，以戒、忍的精神，达到人与人间和乐安宁；又以戒、定、慧的教化，革新众生的思想意志，而使之归于中道。这些布施的内容，就是其他五种波罗蜜了。

布施统摄六度

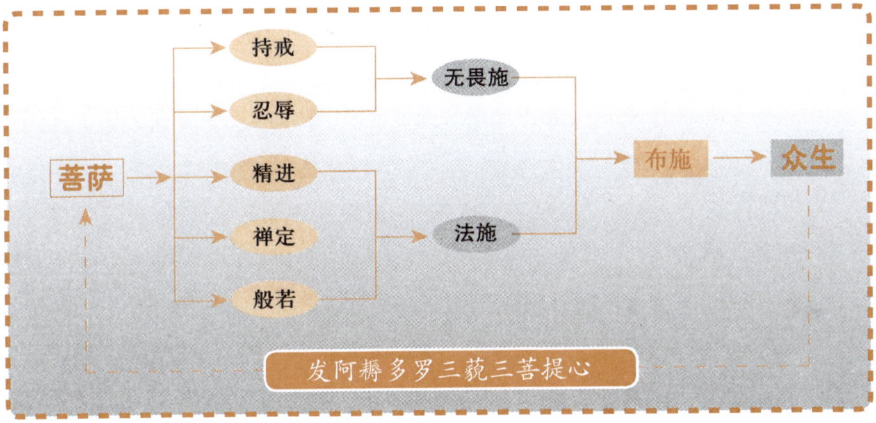

菩萨不住相布施

菩萨布施，不执著色、声、香、味、触、法的六尘境界。行布施，不住六尘，方名波罗蜜也。

- **色** 眼根所见者
- **声** 耳根所听者
- **香** 鼻根所嗅者
- **味** 舌根所尝者
- **触** 身根所接者
- **法** 意根对前五尘起的分别好恶

成佛的必由之路

做菩萨的窍门

8

无限广大的布施福德

像“东方虚空”一样不可思量

不住于相的布施，所获的福德，广大而不可思量！有相布施，所得功德有限度，无论多么大，总能以有限之数来衡量。但如果能以“不住相”的大智慧施行布施，把布施融进一切众生共同成佛的大事业，所得之福将无限而不可思量。

佛教育这些“准菩萨”们，要学会“不住于相”地去布施。可是并不是所有人都有菩萨一样的大智慧，所以，就会有人想，布施不就是为了得到福德吗？你让我“不住于相”，那岂不是什么也没得到吗？佛料到会有这样的疑问，于是向众人透露了一些因果福报，以打消大家的疑虑。

为什么菩萨的布施要“不住于相”呢？因为这样做有更大的福德报偿。虽然佛这样说与“不住相”有相悖的嫌疑，但对于还不是大菩萨的善男信女们来讲，却是美好的前景和信心的源泉。佛的进一步解释，化解了“住相”的嫌疑。佛说这种福德很大，大到你想都想不到的地步。因为布施不住相，受到恩惠的人也会把这种恩惠再传递出去，一传十，十传百，百传千，千传万……无限地往外传递，所以福德也随着无限地增大。如果你执著于我度化了十个人，那你的福德最多只有十个单位；如果你不执著了，你的态度也会影响到更多受众，有限就会立即被无限超越。所以，如果照着我说的施行，大家的福德是不会落空的，只会多得你数不过来，所以不要计较有限的利益。

为了更形象地说明不可执著，佛就举了“东方虚空”的例子。佛问须菩提，你能不能想象“东方虚空”是什么样子？须菩提说：不能。因为“虚空”是无法用有限的色、声、香、味、触等感官形象来理解的，也不能量出多长、多宽、多轻、多重，但它并非一无所有，而是广大得没有边际。不只是东方的“虚空”不能以有限来想象无限，南方、西方、北方以及上方、下方的“虚空”一样不能想象。如果你想象出来了具体的样子，那就是“住相”了。同样的道理，布施不住于相，所得的福报也是不能用有限的“相”来衡量的。你只有把这些没用的垃圾“相”清空，才能腾出心来接受最真、最大的福德，即成为超越三界六道的佛。

佛以“东方虚空”来比喻不住相布施的福德，一是诱导众生要坚定地走这条成佛之路，最终总能有超出你想象的果报；二是警戒众生，不要以眼前的利益得失，来衡量不住相布施的好处，那最终的福德就像“东方虚空”一样不可思量。

东方虚空不可思量

布施与福德

大乘菩萨道布施不住相，所施的救度就会以次幂的规模递增，相应的每个做菩萨的人都能拥有无限开放的大福德。

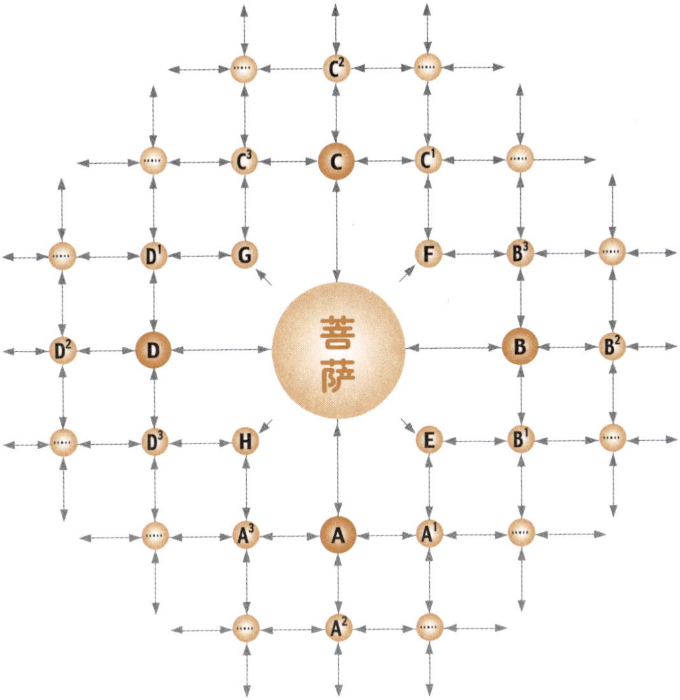

① 菩萨及其他个体周围的圆代表布施随缘而发，一律平等，而且仍然有无穷的可能。

② A、B、C、D、E、F、G、H代表直接受菩萨布施的众生个体，A^1、A^2、A^3、B^1、B^2、B^3、C^1、C^2、C^3、D^1、D^2、D^3等代表间接受菩萨布施的众生个体，一生二，二生三，三生万物，布施的福德将无限传递。

③ 双向箭头代表布施福德是双赢的，在利益他人的同时，自己也不知不觉获得了福报。

福德广大不可思量

虚空的比喻所偏重的是无法用有限的知觉衡量，世界之外还有世界，浩瀚宇宙不过是三千大千世界中的微尘而已，执著于眼皮底下的利益得失，便会失去获得真知的大好机会。

$$\frac{\text{福德}}{\text{（不住相）}} = \infty$$

9

求佛法与拜偶像

小议真佛不住于相

佛教最初是不崇拜偶像的，只是因为机缘的变化，偶像成了一种宣教手段。当佛法讲述进入高级阶段，这些手段已经不再需要，如果执著它们的话，反而阻碍了前进的步伐。

讲解完了菩萨修行、布施如何不能陷入色、声、香、味、触、法诸般虚像，佛紧接着提出了一个更为“骇人”的问题：可不可以凭借身相见到如来呢？这个问题的提出，使得不住于相的安心之术，升华到了真正平等不二的佛法本质。布施于众生的时候，不住众生相对于这批已证罗汉果位的大比丘们来说是可以理解的。但供养佛陀也是布施，所以按上述逻辑，布施于佛也应该不住佛的相。具体说来，就是不能把对真身如来的追求变成对色身虚像的崇拜。

佛的三身

在大乘佛法中有佛的三身的说法，即所谓法身佛、报身佛、应身佛（或化身佛）。这种说法，原是为了使广大信众更容易了解佛法内涵的一种方便法门。应身佛是为了度化有缘众生，从如来本体中显现出来的形色身相，通常佛经中说的佛有三十二相八十种好，指的就是应身佛的身相庄严。我们所处世界的释迦牟尼佛即是应身佛。报身佛是为应大菩萨们的机缘，在法身佛本体中显现出来，是具足万德庄严的身相，譬如西方极乐世界的阿弥陀佛就是报身佛。法身佛是指佛的本体或本性，即本经中所说的如来，它是无始无终、不生不灭、上下十方无处不在、没有具体形象的一种永恒存在，自然就没有身相。所以报身佛、应身佛都有身相，可是法身如来并无身相。

因此，如来是一种永恒的无限，是摆脱了烦恼无知所证得的一种纯明境界，超越了人们语言表述的范围，没有了具体可以形容的对象，所以无法去认识和把握。

能够学佛而不住佛相，这是很不容易的。佛对于诸大比丘而言是最值得尊敬信赖的。朝夕相处，言传身教，不但佛的庄严威仪时刻印存心间，而且佛的一举一动也都是模范榜样，对诸比丘来讲这是极为生动的身相。所以，作为应身佛的释迦牟尼会成为令人顶礼的偶像。但释迦牟尼佛却在有生之年极力地避免这种状况，所以他问须菩提说：须菩提啊！你以为你们目前所看到的佛的身相，是不生不灭遍一切处的佛的本性法身如来吗？

佛的三身

一切如来有三种身：一，应身；二，报身；三，法身。三身具足才能觉悟阿耨多罗三藐三菩提。

●法身佛

是我们的本来面目，是本来具有的，是如来，是清净的自性身。

●报身佛

是指以法身为因，经过修行而获得佛果位之身。报身佛表示证得了绝对真理获得了佛果显示了佛智慧的佛身。报身又分自受用报身及他受用报身，自受用报身无相，就是大菩萨也见不到；他受用报身，大菩萨可以见到，只是所见各有不同。

●应身佛

也称为应身，指佛为了救度一切众生，随应三界六道不同状况和需要而变现之身，即随缘教化，释迦牟尼佛即是应身佛，又称化身佛。应身又分为胜应身和劣应身，胜应身是应大菩萨们之机所显的化身，也叫大化身；而劣应身则是应小世界的众生所显的化身，也叫小化身。

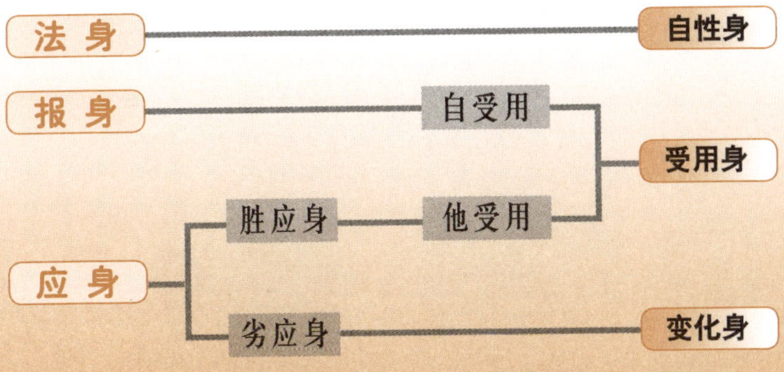

受到启发的须菩提即刻领悟到，所谓的身相不过是瞬间聚合的虚像而已，缘聚则生，缘尽则亡，自然不是法身如来。

佛是跳出三界、拥有最高智慧的大觉悟者，所以他口中的身相，和一般得道的罗汉、觉者还是有差别的。就像你在山中看山是横看成岭侧成峰，你所说的“山”局限于你的片面认识，而佛看山是全面、透彻的认识，他口中的“山”与你的认识是有很大差异的。所以，佛陀接着补充说明了两点。

凡所有相，皆是虚妄

身相只不过是一个名字，是因缘而生的虚像，这是对的。不仅如此，世界上所有的相都是这样，生生灭灭皆由因缘而定，都是流动的、变化的虚像。佛在这里讲的这个道理，在其他的佛法中也有印证，比如佛法常讲的四大皆空，就是说世间万物不过是地、火、水、风四种物质聚合而成，而在藏密中更发展成了地、火、水、风、空五大元素，佛的身相也是这些元素的聚合之相。这样的认识，同今天科学所说的量子理论是很接近的。

若见诸相非相，即见如来

从另一个角度讲，说身相不是法身如来，又并不完全对。因为众生所见到的佛的身相，是从如来法身中因和众生相应的缘而显现出来的相，所以如果明白了所有的相都是虚妄的真理，不要执著在任何相上，那众生所看到的佛身就是法身如来。譬如见波就是见水，就是见水分子，就是见原子，就是见世界构成的真理。不但佛的身相是这样，其他所有的一切相都是如此，若能透过所有的相见到本质，就是见到法身如来了。

关于身相，延伸出来的是一个很深的命题，须菩提都有些悟不透，更别说其余众生了。这也正是佛法深奥的一面，教人由平凡处体会奥妙，于无声处听惊雷。对修行者而言，这是对待万事万物的大智慧。

佛的色身相

佛的色身，也是由各种属性元素假合而成的相。 这一点与众生及万物是一致的。但佛的色身又应机缘变化，而显出与众不同的特点。这些特点都是为教化而服务的手段。

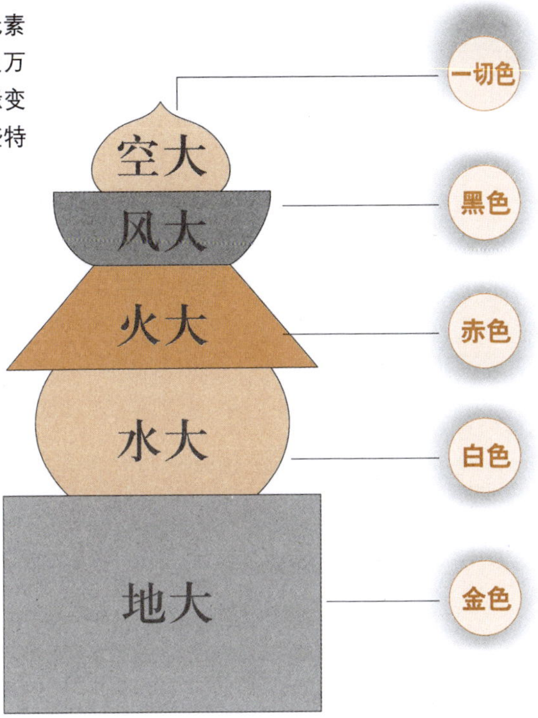

所有色身都是由五种功能聚合而成，根据不同的属性，可分为空大、风大、火大、水大、地大。佛身也具有五大，其外显色分别为一切色、黑色、赤色、白色、金色。

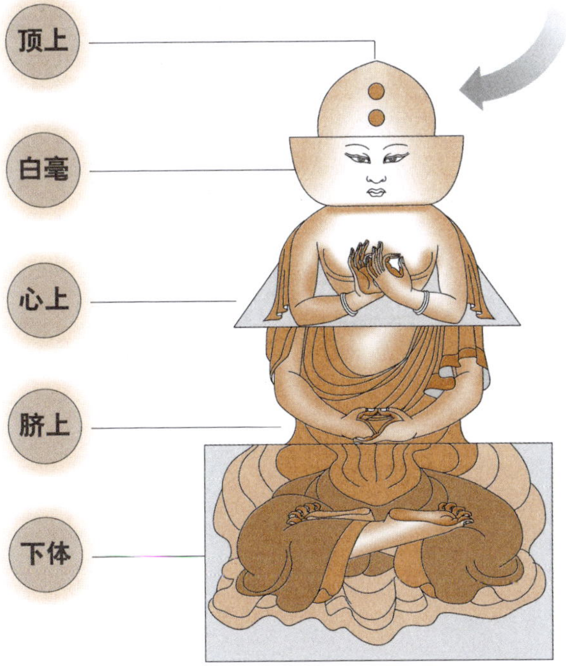

以大日如来的法身为例，其下体为大金刚轮，脐至心为水轮，胸为火轮，头为风轮，顶为空轮，分别具有地、水、火、风、空五大 属性，形成五轮塔。

成佛的资粮

10 福慧双修一举得

福慧双修正是修行菩萨道的正途。对于这些成了罗汉的大比丘们来说，他们现在还没有去福慧兼修。尽管罗汉也修慧，但不舍自我的智慧终究是小智慧，那最后也得不了大福德。所以，这里佛祖从发成佛之心要离四相，一直讲到布施不住于相，根本目的就是向弟子们宣示福慧双修才是成佛的大道。

菩萨的不住相布施是福慧双修，这里“不住相”是修慧，而“布施”则是修福。所以，佛强调菩萨的布施不住于相，就是强调一定要福慧双修，才能成佛。就像做生意要积累资本一样，福和慧就是成佛的资粮。

布施就是修福

什么是修福？修福是指通过做善事利益别人，而获得相应的福报。六度里面布施是利益他人的“先锋”，而持戒、忍辱、精进、禅定都要通过布施来利益众生，因此，布施是菩萨“修福”的最佳代表，即以自己的修行成果，救度天下众生成佛。

通过利益众生，自私自利的心念就少了，没了这些念头，烦恼也就不多了。佛法之根本，不就是使大家不再烦恼？所以，布施就是积累福德。

不住相是修慧

修福固然是成佛的资粮，但有了智慧布施才能发挥无穷的力量，会更多更广地利益众生。打个比方，闷头做小生意，资本只能一分一分地攒，而以智慧指挥资金做一定的投资，那回报会增长数百倍甚至更多。菩萨的智慧修行当然是般若，也就是本部经典的核心。怎么才算是有智慧呢？能够在滚滚红尘中救度众生而不迷失，就是大智慧。不住相也正是这个意思。菩萨布施是为度众生，能不住相而布施，才能真实、广泛地利济众生。否则，觉得我是大施主，他是被可怜的，我所施物如何如何，他应当怎样报答，或者未来可获得多少分的福报，看上去精明，其实是最愚蠢的做法。

福慧双修，功德无量

福慧双修正是修行菩萨道的高妙之处。对于这些成了罗汉的大比丘们来说，他们现在还没有福慧兼修。因此，古人作偈说：“修福不修慧，大象挂璎珞。修慧不修福，罗汉托空钵。”即单修一边，是成就不了大境界的。尽管罗汉也修慧，但不舍自我的智慧终究是小智慧，那最后也得不了大福德。佛的根本目的就是向弟子们宣示福慧双修才是成佛的大道。

福慧双修

修福与修慧

前世只修福不修慧的众生，所得只是痴福，今世托生做王宫的大象，一身的琉璃璎珞，挂满金银七宝，福固然是大的，终究是畜生道的痴福。

阿罗汉只修慧不修福，到外面托钵，也没有人供养他，没有福报，不能度众生。

退步原来是向前

尘世的诱惑，如水中倒影一般风光无限，唯有专注劳作才不会迷失。看似退步，实则是向前，在很多时候后退才是大智慧。

每个人的心中，都有清净的佛性，都有佛一样无量的智慧，修行就是要把它们启发出来。启发佛性的手段是要尽可能地缩小自己，放大胸襟，包容一切，尊重万物。不以自己为中心主宰，就是般若智慧；反之，则是作茧自缚。

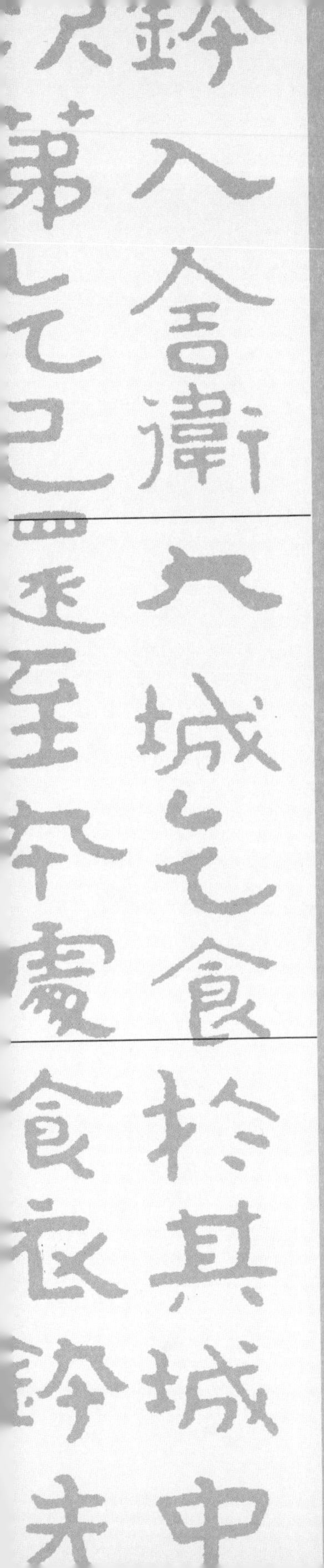

第4章

一念生信心

通往般若的门槛

本章图版目录

本章解经

须菩提白佛言：世尊！颇有众生，得闻如是言说章句，生实信不？

当时须菩提如此发问："未来世中，众生听到这样甚深的法门言说章句，能不能生起真实的信心？"

佛告须菩提：莫作是说。如来灭后，后五百岁，有持戒修福者，于此章句能生信心，以此为实。

世尊对须菩萨回答："你不要这么说，也不该有此怀疑。在如来灭度后五百年时，将有很多持清净戒律、修积福德的善男子善女子发心学菩萨行，于此般若章句，必定会生起深切的信心，确信只有此般若法门，方才是不二的解脱门，定能如实悟入深义。"

当知是人不于一佛二佛三四五佛而种善根，已于无量千万佛所种诸善根，闻是章句，乃至一念生净信者。

应当知道这些人之所以能信解悟甚深法门，不仅仅因为在一尊佛、二尊佛、三四五尊佛前种下的善根，而是因为在过去生中，已于无量千万佛前积集深厚的善根了！在过去生中，多见佛，多听法，常持戒，常修福，种得广大的善根，所以今生今世戒慧双修，才能一闻大法，就净信无疑，或一闻即悟得不坏净信。

须菩提！如来悉知悉见，是诸众生得如是无量福德。

须菩提！如来以智慧无一遗余皆能了知看见；众生能信悟甚深法门，能为诸佛所护持，这是怎样大的福德呀！

何以故？是诸众生无复我相、人相、众生相、寿者相；无法相，亦无非法相。

戒慧成就，久集善根者，为什么能得如来的护念，得无量福德呢？这是因为此类众生，已远离分别执著，不再有我相、人相、众生相、寿者相了，也不会有法相及非法相。

何以故？是诸众生若心取相，则为著我、人、众生、寿者。若取法相，即著我、人、众生、寿者。何以故？若取非法相，即著我、人、众生、寿者，是故不应取法，不应取非法。

为何会这样呢？因为诸众生如果执著心，即有我、人、众生、寿者的执著。如果执著任何名言法相，就是有我、人、众生、寿者的执著。什么缘故？如果执著一切法名相本性都是空，都是无有，取此非法之相也就是在执著我、人、众生、寿者相。所以既不应执著万法实有的相，也不应执著空无的法相。

以是义故，如来常说：汝等比丘，知我说法，如筏喻者，法尚应舍，何况非法。

还记得吗？我在《百喻经》中说："利用竹筏，即能由此岸到彼岸。而到了彼岸，竹筏当然要舍去了。同样，众生在生死海中，受种种苦迫，佛为了济度他们，说种种法门，以法去除我执，以空相破法执，使众生得脱生死而到达无余涅槃。这就如同横渡生死苦海，开始的时候需要种种法门，但渡过中流，就必须不执法非法相，才能出离生死，登上彼岸。就像船筏之喻一样，佛法尚且应该舍去，何况非法之法。"

须菩提！于意云何？如来得阿耨多罗三藐三菩提耶？如来有所说法耶？

佛问：须菩提！你是怎么想的？如来在菩提树下成道证悟，实有阿耨多罗三藐三菩提可证得吗？如来成道后，广说佛法，确有法可说吗？

须菩提言：如我解佛所说义，无有定法名阿耨多罗三藐三菩提，亦无有定法，如来可说。

须菩提回答："如佛所说，如我所解，是没有定性的阿耨多罗三藐三菩提为佛所证，也没有定性的法为如来所说。"

何以故？如来所说法，皆不可取、不可说、非法、非非法。

为什么在本来实相当中一法都不存在？因为一切诸法本性是大无为法，离一切所缘执著，但一切贤圣了知的无为法方面有差别。凡是心有所取，口有所说，一切都是自性空的，所以名为非法；一切非法的无为空寂，也还是不可取不可说，所以又说非非法。

所以者何？一切贤圣，皆以无为法而有差别。

为什么呢？佛的自证化他如此，明心菩提也如此，为了显明这点，所以说：一切贤圣皆以无为法而有差别。

须菩提！于意云何？若人满三千大千世界七宝以用布施，是人所得福德，宁为多不？须菩提言：甚多，世尊！何以故？是福德即非福德性，是故如来说福德多。

佛问须菩提说："假使有人以充满三千大千世界那么多的七宝，布施贫穷困苦的众生，你说这人所得的功德多不多？"须菩提回答说："多极了！世尊！因为所得福德，本体为空性，而非实有存在，可以随因缘增长变化的缘故，所以如来说此人所得福德多。"

若复有人，于此经中，受持乃至四句偈等，为他人说，其福胜彼。

佛又对须菩提说："假使另有人对于本经，不要说受持全部所得的功德，就是受持一个四句偈，或为他人说一个四句偈，所得的功德，也是超过那人的布施功德的。"

何以故？须菩提！一切诸佛，及诸佛阿耨多罗三藐三

菩提法，皆从此经出。须菩提！所谓佛法者，即非佛法。

为什么受持般若经为他人说有如此大的功德呢？须菩提，这是因为一切诸佛及诸佛所依靠成就无上正等正觉的法，都是从这部经的意义里产生的。须菩提！所谓的佛法，其本性并非实有，故非佛法。

信佛须正信

真实的信心源于正确知见

佛法真理并不是看得见、摸得着的，因为有限的感官思维触及不到，就不相信真理的存在，实在是很愚蠢的事。更何况佛法不是邪说，它来源于真知真见，只要智慧达到了相应的层次，就会生起真实的信仰。

须菩提在佛的引导下，又领悟了一层玄妙。可是一转念，他心里有了疑惑：我的悟性这么好，理解这样的佛法尚且费了一番周折，以其他众生的资质又怎么能够领受这些好处呢？既然悟不到佛法的深意，又如何会对这样的佛法生起真实的信心呢？

须菩提的疑惑不是没有道理，因为佛连续讲了几个振聋发聩的大命题，甚至天天给众人讲法释疑的释迦牟尼佛也是缘聚而生缘尽而灭的虚像，众人对这些观点，恐怕很难生起真实的信心。

须菩提担心这一点，于是就向佛祖提出来了。

佛祖很果断地截断须菩提的疑惑问话。为什么？因为在公开的法会上，这样的疑问越多，就越容易动摇众生的信心。佛很清楚后果，好不容易讲到这个程度，如果听讲的众生在这个时候望而却步，这大半天的功夫就白费了，再找这样的机缘就困难了。所以，佛呵斥这位比他还年长的弟子，不要这样讲话，这样的疑惑是轻视众生的佛性。言外之意就是众生平等，并不是只有你能了解这些佛法的玄妙。接着佛祖指出，不要说现在，即使到了佛圆寂后末法时代的“后五百年”，如果有累世持戒修福的修行者也能够领受这些佛法的好处，能够生起真实坚定的信心。

但是要注意，这短短几句话里，有两个关键词：

第一“正信”

即所谓真实正确的信仰，不是什么“迷信”“盲信”。正信来源于对高深道理的真正理解，并不因为他是谁说的，这也是“如来”这个词所体现的根本宗旨。

第二“持戒修福”

并不是所有人都会对深奥的佛法真心领悟，坚信无疑。持戒修福是达到这个“门槛”的基本条件，须菩提等利根之人都是前世种下过善根的，而普通的钝根之人只要不懈地坚持持戒修福，即使是在佛运衰微的时代，也会有产生正信的那一天。

正信的佛教

正信的检验

检验正信的三大标准：第一是永久性，第二是普遍性，第三是必然性。凡是对于一种道理或一桩事物信赖或产生信仰，都要经得起时代的考验，通得过环境的变迁，赢得实践的考查，才能达到新兴的境界。否则，它便是迷信而不是正信。

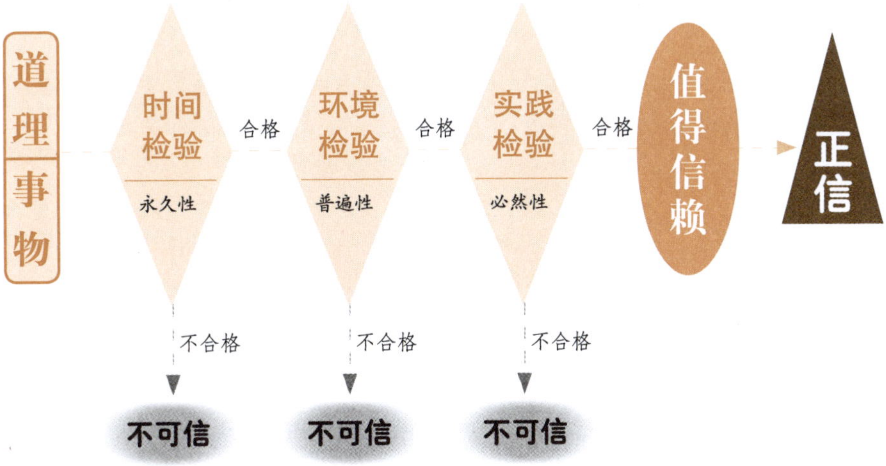

“金刚般若”检验报告

检验项目	信仰状态A	信仰状态B	结果
时间	佛在世	佛涅槃后第五个五百年	永久
环境	须菩提（利根人）	供养过千年佛的修行者（钝根人）	普遍
实践	当机顿悟	累世持戒修福（渐修）	必然

2

人人都是未来佛

众生佛性平等

每个人的心中，都有清净的佛性，都有佛一样无量的智慧，修行就是要把它们启发出来。启发佛性的手段是要尽可能地缩小自己，放大胸襟，包容一切，尊重万物。不以自己为中心主宰，就是般若智慧；反之，则是作茧自缚。

佛之所以大胆鼓励众生发心修佛，是因为佛作为大觉悟者，已经认识到了众生皆有佛性，在本质上，众生和佛一样纯洁无垢。这是大智慧的见地，是正知正见，所以能让人从心底真正地去信仰，而不是去迷信。

佛性是众生与生俱来的品质

佛性是人人本有的品质，佛性就是没有染欲的清净心，也就是人的本性、自性、觉性。按照佛经的描述，不仅人有，动物以及其他有情生命都有佛性。从佛的角度叫作佛性，而从凡夫角度来说应该叫本心。之所以众生不能成佛，是因为他们受了世间的爱欲、妄念等诸多诱惑，因而生起执著之心，污染了本来纯洁的佛性，遭到这些牵连，原本纯洁的心，就变成了种种的分别心，就产生了人我、是非、高低、爱恶等不平等，因而渐渐违背了本性。能够寻回本心，自性清净，就是启发佛性。

人人都有成佛的可能

我能修行，你也可以修行，释迦牟尼能成佛，你们大众也能成佛。修行就是去除妄念，发现本心的过程。如能发现本性的纯洁，就会再生万物平等的观念，就不会有我的、你的之分，如果能这样，就会产生如庄子所说“老吾老，以及人之老；幼吾幼，以及人之幼”的博爱，视众生的苦难为己身的苦难，以众生的幸福为自己的幸福，这就是大慈大悲的菩萨精神。以菩萨之心入世，就会处处解困济难，广施爱心。不管是倾家私财产赈灾；还是说法度人，指点人生迷津；或者是路见艰辛，举手相助，都是行善积德，朝着佛的目标前进。

所以，人人都有成佛的可能，人人都是未来佛。

认识到这一点，才是树立学佛“实信”的基础。佛不是“神明”，他也不会因为你去庙里烧了几炷高香，就保佑你升官发财、心想事成。但修佛就是修心，它所启发的无穷智慧，对修习者的益处是升官发财难以企及的，对有些人来说是福德，对有些人来说是清净，对有些人来说是活着的意义，对有些人来说则是终生的幸福。

平等的佛性

圣凡佛性无差别

在境界上，凡圣虽有不同，但在本质上，无论人还是畜生，佛性一律平等，所以，佛教不将佛陀当作造物主和唯一的神来崇拜，佛的本义只是“大觉悟者”。认清了这一点，就会明确修佛的真正意义。

平等与不等

人人都有平等的佛性，只要修行得当，不论根基深浅，都有成佛的机会。要有一个使自己不断向前的志愿，在任何情况下，不能放弃，终会有所成就。如果因为贪图享受，或是害怕穷苦、危险、困难等原因，而放弃自己的信念和志愿，即使有所积累，也会丧失殆尽。

3

五个五百年

佛运消长的历史观

佛在此提出一个概念，就是“后五百年”，这是佛教一种历史观。据《华严经》记载，佛陀入灭后二千五百年间，可区分为五个五百年，以表示佛教消长的趋势。

与五个五百年相对应的，还有“正、像、末”三时之说，即正法一千年，像法一千年，末法一万年。其中，前两个五百年为正法之时，第三、第四个五百年为像法之时，最后一个五百年又称“后五百年”，则为末法一万年的最初五百年。

正法时代

正法就像如来在世时一样的兴盛，这叫正法。

如来灭后第一个五百年，是“解脱坚固”时期，也叫“学慧坚固”时期。这个时代佛法兴盛，学佛的诸比丘，在这五百年里，不起杂念，专心悟道成佛，利益众生，得到解脱智慧的人很多。

第二个五百年，是“禅定坚固”时期。这五百年间，学佛的诸比丘，虽然解脱悟道的不及上个五百年，但了脱生死、求证永恒涅槃的决心还是很坚定的，所以这个时期的学佛气氛是大家都心无旁骛、深修禅定，因此有成果的修习者众多。

像法时代

过了一千年就是像法时代，这时佛法在世间还是很兴盛，看上去很像正法时代，但实质上又同正法时代有很大差异，所以叫像法时代。

第三个五百年，叫作“多闻坚固”时期，是说诸比丘在这五百年中，对于持戒、修定兴趣不大，只是推崇博学多闻，热心于典籍经卷和听闻佛法，这种热情持续不退，出现了很多讲法、注经的大法师。

第四个五百年，为“塔寺坚固”时期，指诸比丘在此五百年中，禅定修慧的不多，而大多数人更热衷于布施化缘、兴修塔寺，借此来广种福田。

末法时代

末法就是佛法垂末了，末法一万年，从第五个五百年到现在一直还是在末法时代。

第五个五百年，是“斗诤坚固”时期。诸比丘于此五百年中，不去持戒修福、增长智慧，就只知道互相攻伐，以自说为优、他说为劣，甚至相互妒忌、互为障碍，出家人在这上面的决心和精力也算得上是“坚固”了。

消长的佛法

佛运消长的分期

如来的法运一共有一万二千年，此后相当长的时间，佛法在此世界将会消失。如来灭度以后，正法一千年，像法一千年，末法一万年。以五百年为一个阶段，前两千五百年分为五个不同的佛运消长时期。

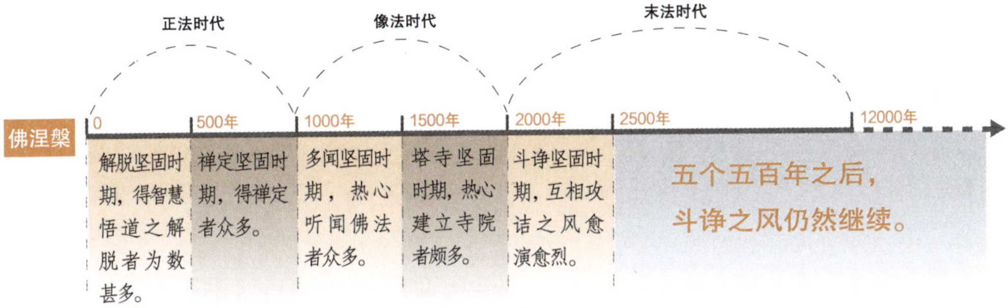

佛教的整体时间观

佛教以“劫”为基础，来说明世界生成与毁灭的过程。劫，指不能以通常之年月日时计算的极长时间，又称大时。

劫的基础单位是一小劫。人的寿命自十岁起，每过百年增一岁，至八万四千岁为增劫的极限；又自八万四千岁起，每过百年减一岁，至十岁为减劫的极限。这样一增一减，共计一千六百七十九万八千年，称为一小劫。

(84000-10)年
X 100
X 2
一小劫 = 16798000年

合二十小劫，共计三亿三千五百九十六万年，称为一中劫。

X 20
一中劫 = 335960000年

历成、住、坏、空四个中劫，为一大劫，一大劫共有十三亿四千三百八十四万年，为一世界由成到毁的年数。

X 4
一大劫 = 1343840000年

4

持戒与修福

生“实信”的基础

持戒能舍世间之欲，修福能舍一己之私，放下一切虚像，才能重新拥抱真理。所以，佛按照先后的逻辑，在一开场就先做了正规的示范，先在穿衣、持钵、次第乞食等行为中持戒修福，后由戒生定，再由定发慧，让众比丘在亲身实践中验证佛法，以生发信仰的真心。

佛所说的这部般若经典，虽然深奥难懂，但不是空对空的玄论。它的着手之处在日常修行，最基础的就是持戒和修福。持戒修福就是“诸恶莫作，众善奉行”，很容易下手，却难得坚持。但持戒修福是修行成佛的必经之路，也是对佛法生发真实信心的坚实基础。

● 持戒能破除恶念，定住心神，进而生发智慧

《楞严经》上讲“由戒生定，因定发慧”，就是指身不作恶才能心思清净。心如止水，清澈澄明，才能产生观照一切的智慧。持戒不仅是戒杀人、戒偷盗、戒奸淫等约束犯罪的戒律，严格修来是连蚂蚁都不能踩的，所谓“勿以恶小而为之”。佛陀在讲这段佛法之前，穿衣、持钵、次第乞食都是引导众生持戒，只有严格恪守了戒律，到后面禅定的时候，才能对佛法体会得更加真切，才能真正启发出般若智慧。

● 真正的修福是对因果报应的遵循和实践

修福同样是从身边做起，大到拯救世界，小到帮助盲人过街、给老弱病残孕让座，都是修福。佛带领众比丘化缘乞食，吃饭问题就成了一个“种福田”的善举，种福得福，真的那样做了，才明白佛法的高深。因此，修福也要“勿以善小而不为”。就算像苏轼、梁启超那样的大才，如果不修福不行善，到头来也只是局限于纸上空谈，不会对佛法有真实的信心，更看不透世间万物的种种假相，毕生都不得不在苦海沉浮。

总之，想要对深奥的般若佛法产生“实信”，必须要经历持戒与修福的历练，这也是学习佛法的因果逻辑。也就是说，不经历持戒与修福的基础，是无法修习般若的。若是违背因果逻辑，想跳开基础强而为之，那般若仿佛就是“空中楼阁”，一切都在虚无缥缈之中，更谈不到“实信”了。

但是，持戒与修福只是学佛悟道的入门基础，成就般若才是修佛的目的。有了前者的积累，精进所得的正信，才进入了般若修行之门；而在前者基础上成就般若智慧，才能大觉大悟，彻底断除烦恼。

成佛与持戒修福

戒、定、慧的因果

佛法修学总离不开戒、定、慧。不持戒，就会犯下罪业；缺乏定力，就会修道不成；没有智慧，便会愚痴无知。戒就是持戒、守法、守规矩、守世尊在一切经典里面的教训。修行最重要的就是定，定就是清净心。有定就有慧，慧就是能辨别是非、善恶；虽能够辨别，但又不起心动念。

布施修福

最平常的修福是布施，即以自己的所有，分施给别人。布施有三种：

布施

财施	即以财物去救济疾病贫苦的人	如向灾区捐款
法施	即以正法去劝人修善断恶	如以仁爱思想感化监狱中的罪犯
无畏施	即不顾虑自己的安危去解除别人的怖畏	如跳入洪水中救助落难者

一念生清净心

5

信心与顿悟

不解般若真理，单纯持戒修福是盲目的修行。对般若真理有了正确的认识，持戒修福的时候就不会住相，就会生起清净信心。只要一念生起了清净信心，就能获得那曾经供养、曾经侍候无量诸佛的善根。

佛祖教诲众生要生信心的一个观念就是，生起信心并非要程序式地历经千万亿年的“持戒修福”，如果有了机缘，得到了圣贤点化，或者从《金刚经》这样的佛法里得到启发，一念之间就可以生起清净信心，一下子就能超过曾经供养过千佛万佛的善根。

供养千万佛的善根

一大劫才出一千个佛，这个“持戒修福”的人供养过成千上万的佛，他坚持了不知多少大劫。亲近得多，听闻佛法也自然多，因此，他的善根就种得深厚，他才能积累起对高深般若之理的真实信心。但是，这个“持戒修福”的人既然过去累世持戒修福，亲近过那么多佛，为什么到末法时代还是苦恼的凡夫呢？问题出在他只知道“持戒修福”，不了解般若深理，他以“持戒修福”为全部，就好像只迷恋坐火车，而不管火车能把自己带去哪里一样。所以无论如何，他还是脱不了三界六道的烦恼。

清净信心

并不是所有人都要走那个供养过千万佛之人的弯路，有缘之人，听到佛所说的上述佛法真理，一念之间，就可能心空境寂，万虑消融，生起清净不染的信心。“实信”的概念可能会使众生偏重于“实有”，所以佛进一步用“清净心”来替代，脱去烦恼杂念，既不偏“有”，也不偏“无”，以清净无垢的纯粹之心面对佛法，才能与佛心心相印，了悟实相般若的理体。佛本来就与众生之心相通，只不过众生之心自己生出障碍，失去了与佛的联系。如今，能够一念之间，生起清净信心，其福德一下就能追上累世修福种善的修行者所得。

一念之间的觉悟叫顿悟，众生根基虽然不同，但本质是一样的，虽然没有在千万佛前种过善根，但也还是有机缘了解般若深理的。佛在法会上讲《金刚经》，就是个大好的机缘，如今听讲闻法的众生，得到了佛祖的教诲，一念之间就懂得了不住相的道理，这个福德也是无边无量的。

千佛的时间概念

贤劫千佛

过去的大劫叫庄严劫，现在的大劫叫贤劫，未来的大劫叫星宿劫。在贤劫中，有一千尊佛出世，多贤圣，故称为贤劫，又名善劫。在此劫中，自拘留孙佛，至楼至佛，是名贤劫千佛，本师释迦牟尼佛，为其中之第四尊佛。

- **过去庄严劫 千佛出世**
- **现在贤劫 千佛出世**
  - **成二十小劫**
    此劫是娑婆世界的生成期。空中布金色云，倾盆大雨，有大风起，吹水生沫，生出须弥山、七宝天宫、四大洲等，欲界各天依次形成，有情生命逐渐完备。这样经过二十小劫，娑婆世界形成，此劫称为成劫。
  - **住二十小劫**
    - 第一劫至第八劫：
      - 众生安住
        - 有色界天福尽者来生此界
        - 他方众生来生此界
      - 此八小劫中无佛出世
    - 第九劫：
      - 寿命减至六万岁，拘留孙佛出世
      - 寿命减至四万岁，拘那含牟尼佛出世
      - 寿命减至二万岁，迦叶佛出世
      - 寿命减至百岁，释迦牟尼佛出世
    - 第十劫：寿命减至八万岁，弥勒佛出世
    - 第十一劫至第十四劫：此四小劫中无佛出世
    - 第十五劫：此劫有九百九十四佛相继出世
    - 第十六劫、第十八劫、第十七劫、第十九劫：此四小劫中无佛出世
    - 第二十劫：此劫楼至佛出世
  - **坏二十小劫**
    此劫是娑婆世界的陨灭期。头十九小劫，有情生命界逐一灭绝，最后一小劫天崩地裂，整个物质世界不再有形。
  - **空二十小劫**
    毁灭之后的一片虚空死寂。持续二十小劫后将再有成、住、坏、空的往复循环。
- **未来星宿劫 千佛出世**

注

一小劫＝16798000年　中劫＝335960000年

一大劫＝1343840000年

6

大得无所得

般若性本空

大乘佛教不仅否定人我，而且也否定法我。五蕴诸法，只是有一个所指的名字，并没有实在性。般若本体是无形无声的“大空”，能够我空、法空、空空，才会见到那真正的如来。一念生起清净信心的人，能够三相并寂，自然就能得到真理的护佑，相应的结果也就是福德无量了。

无论是善根深厚的持戒修福者，还是一念之间生起清净信心者，为什么能够得到无量福德呢？佛祖接着自己的话，自问自答。因为这些众生，对佛法的领会已经到达了相当高的程度，已能无我相、人相、众生相、寿者相了，而且还没有法相及非法相。我、人等四相，合起来也叫“我相”，没有了这个“我相”，即离我相的执著而得我空。无法相，即离诸法的自性执而得法空。无非法相，即离我法二空的空相执而得空空。

我空

我空，又作人空。能够去除我执，即是我空。我执就是认为生命中有一个恒常不变的“我”，“我”是这个生命的主宰，执著于这个念头，就会生起无数的烦恼。其实“我”的概念是假借色、受、想、行、识聚合而成的虚像，没有自性，也没有本体。认清了这个问题，破除了我执，就是我空。罗汉、声闻、缘觉之圣人，就是破除我执，证悟了我空的境界。

法空

法空就是无法相。色、受、想、行、识五种蕴聚成相之力，就是法。法也是因缘所生，推求起来，幻化偶然，也没有自性，不是本质。所以，以这些因缘法相为根本的话就是法执。菩萨即是破除法执，证悟法空的境界。

空空

空空就是毕竟空。毕竟空也没有自性，它是对有而说空，若不说有时，空亦不可说，所以，它也没有真实性。佛是我空、法空都破除，这念心不住空、不住有，离开二边，常行中道，彻证本心本性，这种空就是本性本空、真空妙有的境界。

空掉了的是假相、是虚相，露出来的就是本性、真理。在这里“有”和“无”是统一的。所以重视“空”，目的在于揭示一切万有都是虚像，不是自性真理。宇宙的本体是实相，万物的本质是性空、毕竟空。所以不允许有任何的执著，一切执著都不符合般若自性本空的原理，有悖于世界的真相。

万物本空的智慧

般若无所得

佛法认为宇宙万事万物都是因缘和合而生，也就是“由缘而生”。任何事物，都是“缘生则生”，“缘阙则阙”，即产生该事物的条件(缘)具备了，该事物就产生而存在；条件不具备，就不可能产生而不存在。而一切万有之根源叫作真如，即指遍布于宇宙的真实本体。

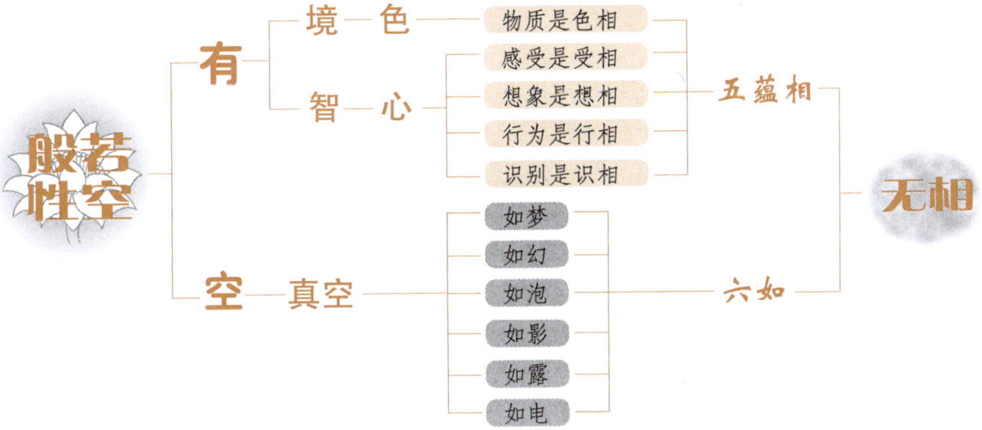

五蕴假合

蕴是积集的意思，五蕴就是色蕴、受蕴、想蕴、行蕴、识蕴。在此五蕴中，前一种属于物质，后四种属于精神，乃是构成人身的五种要素。

名词解释

色蕴 色就是一般所说的物质，是地、水、火、风四大所造。

受蕴 受就是感受，领纳为义，其中包括苦、乐、舍三受。

想蕴 想就是想象，于善恶憎爱等境界中，取种种相，作种种想。

识蕴 识就是了别的意思，由识去辨别所缘所对的境界。

行蕴 行就是行为或造作，由意念而行动去造作种种的善恶业。

7

登岸不需舟

不要迷信工具

道是方法，非究竟的目的所在，所以方法不是究竟皈依之处。诸比丘罗汉，虽然已经得道，从无边的烦恼之中解脱出来，但不能在此道上留恋。尘世、烦恼俱是五蕴合成，而成佛之法亦是因缘假相，缘尽了就该放弃，执著其中只会继续迷失方向。

一念生净信的众生，发了大心愿要度众生，执著于我为能度者，这就是我相，人为我所度者，这就是个人相；能度所度种种差别的相叫众生相。诸如这些执著，都叫作我执。把上面的我执四相空掉了，我、人、众生、寿者这四相没有了，就叫我空。但是破了我执，却又容易执著破我执的方法，取著法相，又成了法执，认为一切法都是真实可靠的。这些跟着佛修行了多年的大比丘们，已经能够断除自身的烦恼了，但还是不能舍弃佛说的无上妙法。

说法如“筏”

脱离苦海，斩断尘世烦恼，需要有正确的道路和方法。如来说法就是提供这样的道路和方法。这些“法”的功能是了断生死、得脱苦海，所以就像过河、过海要用的“筏”一样。“筏”就是船，用许多大竹竿或木材把它连贯起来，放在水里当作船，是过河用的工具。如来说法就如同“筏”能渡河，没有佛法做“筏”，就不能过烦恼河，渡生死海。为了要过烦恼河，渡生死海，就需要靠如来说的法门，就如过河需要靠筏一样。对修行者来说，要超尘出世，了断生死，如来说法是必需的。

相聚是缘

就如同筏子是竹竿捆连起来，说法也是因缘聚合，目的达到了，修行者与法的缘分也就尽了。道路和方法尽管重要，但那只是手段，不是目的。断了烦恼，了脱了生死，已经到达彼岸了，那个法就用不着了，就如乘筏渡河，到了岸，就不得不舍筏而登岸。否则，总抱着筏子不放，对登岸而言是没有任何意义的。因此，佛祖经常用筏子做比喻，说“过河需用船，登岸不需舟”。在到达目的地的时候，正道妙法都应该舍去，所以不应迷信任何的工具、手段。

总之，《金刚经》所说的关键就是如何舍“筏”的问题。佛以前所说的法能让众比丘得罗汉果，这固然是好法，但既然已经达到目的了，那些法也就没有意义了。同理，佛说的《金刚经》是成佛之法，当大彻大悟之后，对《金刚经》也就不要执著了。所以，修行不能停止在“法”上面不往前走。

渡河与筏

误区一：渡河不用筏

佛法被比喻为过河之“筏”，有烦恼就是你没过河！还没过河，你就把宝贵的筏扔掉，就过不了这波涛汹涌的大河。

误区二：到岸仍拽舟

从这边过到河的那边，需要渡船。但船不是目的，到了河的那边，船也就用不着了。所以到岸仍拽舟，只是徒给自己增添劳苦和烦累。

8

圣贤之别

一切无为与因果

一切的讲法，都是开启般若智慧的方便法门，与其给井底的青蛙讲解大千世界的绚丽多姿，不如帮它跳上来，让它自己直接去看、去听、去体验。越往上来，眼界就越开阔。

学大乘佛法的人，能破掉一切实相，但佛相、法相不容易破。前面已经澄清了佛的色身相与如来本真的差别，现在又来揭示所说的具体佛法并不能放之四海皆准，它同具体机缘相伴相生。浅显地说，就是听闻佛法也要具体问题具体分析，“尽信法，则不如无法”。

一切圣贤

一切圣贤就是大乘三贤十圣菩萨。因为道路、方法的机缘不同，修行者最后的果位才有了层次差异，但这些并不是最终的结果，大家的佛性是一样的，所以都还有成佛的机会。

所谓三贤者，即十住、十行、十回向的诸位菩萨，他们能断除一部分烦恼业惑，尚未达到十地的境界，所以只能称为三贤，或地前菩萨。

圣者，初地以上，乃至第十地之菩萨为十圣，故称为圣者，也叫地上菩萨。菩萨修行，证到十圣位，就能断一切业惑烦恼了。十地，包括欢喜地、离垢地、发光地、焰慧地、难胜地、现前地、远行地、不动地、善慧地、法云地。

无为法

无为，即无所作为，不要执著，一执著就变成“有为”了。无为法是相对于有为法而言的。

凡以“我”的意识对客观世界进行描述界定，并以此作为自己对这个世界实践的准则，这样的想法和做法就是有为法。但客观世界的本质毕竟是因缘假合，看似坚硬结实，实际如同梦幻泡影一样很容易消散。佛为了避免我们陷入虚幻之中迷失自性，最后告诉我们他什么法也没说，他所说的只是过河的筏子，到岸弃掉登陆才能继续前进。无为法就是不要执著于这个筏子，正如道教八仙过海，葫芦、蒲扇等物只是附了神通的载体而已，真正帮助他们渡海的，是他们所修炼的“神通”。

执著具体的佛法而强求“有为”，只是徒增烦恼。真正的佛法是帮人断除烦恼，脱离苦海的。因而，越是无为，烦恼铲除得就越多，所得果位也就越接近佛。

圣贤与无为法

由凡入圣的五十二阶位

菩萨由凡夫到成佛，一共要经过七个阶段，五十二个阶位。十信是凡位，也名外凡；十住、十行、十回向是贤位，即内凡三贤；十地、等觉、妙觉是圣位，妙觉之位即是成佛。

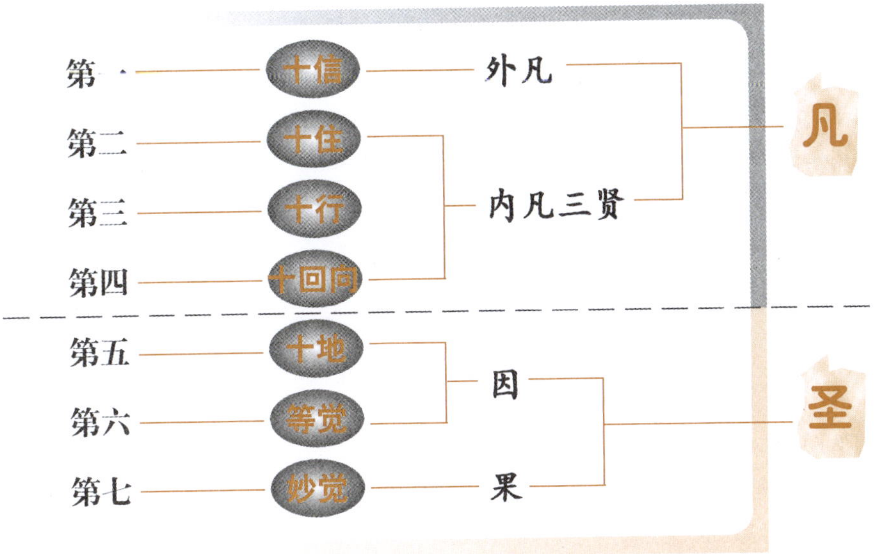

六无为法

大乘佛法有六种无为法，并非只有六种佛法，而是根据我空、法空，从法性本质上所区分的六种成就法的因缘。这六种法都是出世离尘所用，但从虚空到真如出离的程度不同，只有真如无为的法性是真正彻底的无为之法。

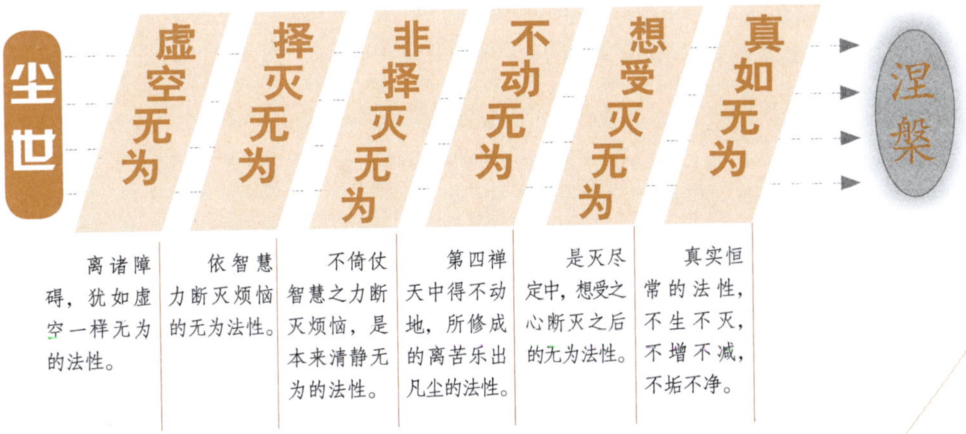

福德性本空

财施与法施的较量

财施的功德虽然很大，但与法布施相比还有较大的差别，法布施的功德更加圆满，更不可思议。如同“授人以鱼，不如授人以渔”。尤其是以传播这部《金刚经》来作为法布施，功德更是大得无法衡量。

佛在这里说，福德并不是一个可以计量的存在，拿盛满三千大千世界的七宝财富来布施，并不比以《金刚经》的四句偈帮助人断除烦恼的福德大，可见，对福德的衡量，并没有硬性的指标。但是，有一点可以明确，布施三千大千世界的七宝财富，福德肯定是很大的，而教人用《金刚经》里的佛理增长智慧，其福德更大。因为布施修福的目的是恢复本有的佛性，在这个意义上，以《金刚经》助人长智慧，断烦恼，当然比布施无量的财富要更彻底。

● 三千大千世界

在梵语中，“世界”一词原来含有时间与空间的双重意义，类似于现代科学所讲的四维空间。三千大千世界又称为“大千世界”或“三千世界”。根据佛教的说法，我们所在的“大千世界”称为“娑婆世界”，教主即释迦牟尼佛。以须弥山为中心，四面有四大部洲，有一个太阳，一个月亮，合起来为一个“小世界”，这是佛经上讲的这个世界最小的单位。合此“小世界”一千个，名为“小千世界”；再合此“小千世界”一千个，名为“中千世界”；再合此“中千世界”一千个，名为“大千世界”。为什么“大千世界”前面要再加个“三千”呢？这是因为此“大千世界”有三个叠数，成自小千、中千、大千故称为“三千大千世界”。

● 七宝

大乘《般若经》所说的七宝是金、银、琉璃、珊瑚、琥珀、砗磲、玛瑙。在佛教典籍里，七宝一般指珍贵稀有的宝物，也指代财富。

● 四句偈

偈，偈陀的简称，以韵文成颂的意思，通常以四句为一偈，故称为四句偈。在《金刚经》全文中，虽然多次提到四句偈，但并未确指哪一个四句偈。有解经者说，四句偈是指“一切有为法，如梦幻泡影，如露亦如电，应作如是观”。又有人说，是指“若以色见我，以音声求我，是人行邪道，不能见如来”。还有人在《佛说大乘金刚经论》中找到四句偈的确指：一曰空身，二曰空心，三曰空性，四曰空法。但无论指哪一个，都是说的《金刚经》般若性空的主旨。

大千世界

须弥山、日月、四大部洲以及天界是一个小世界，这样的一千个世界称为一个小千世界，这样一千个小千世界算一个中千世界，一千个中千世界组成一个大千世界。

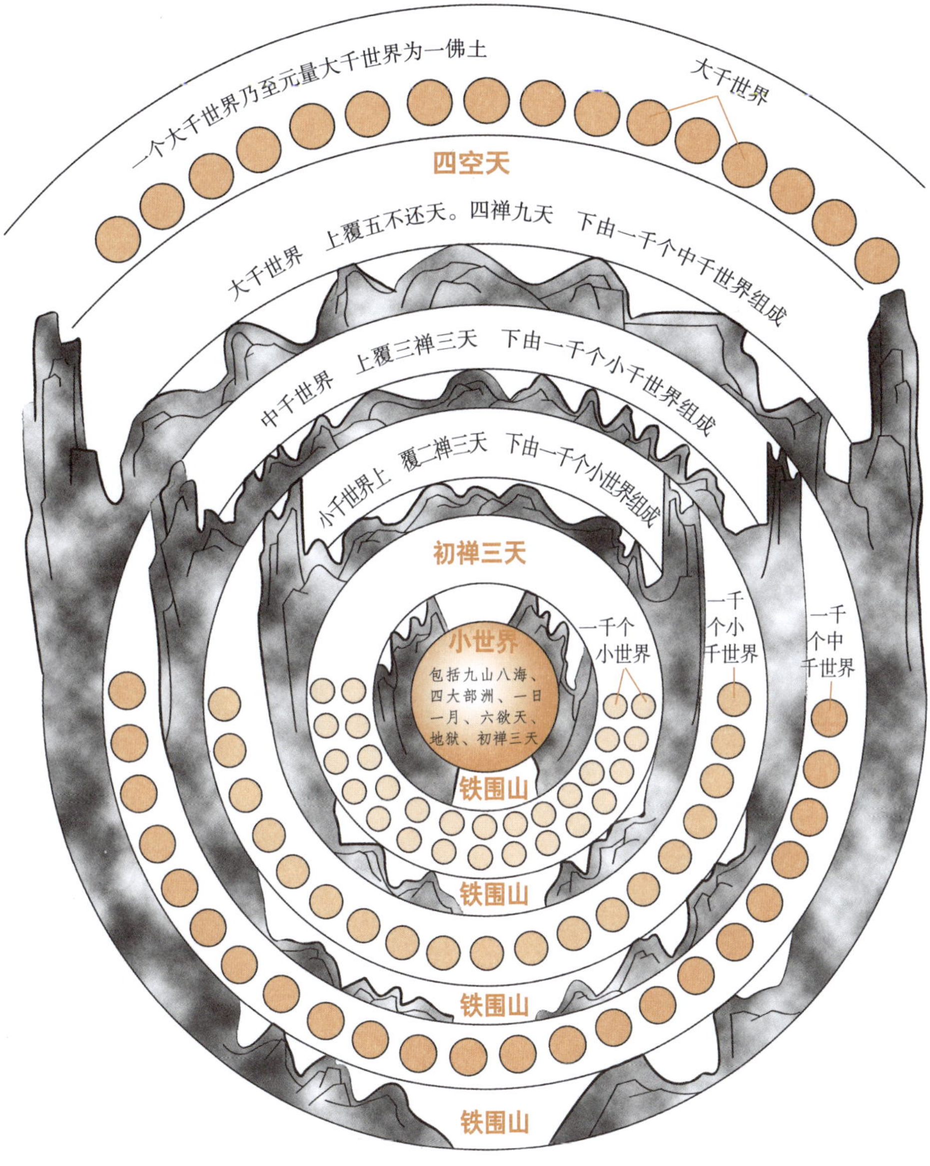

每一个小世界、小千世界、中千世界、大千世界外围都有铁围山包围。

10

般若与方便

一切诸佛皆从此经出

这部《金刚经》，它不是文字相，它是文字般若，是方便法门。般若是诸佛之母，方便是佛父，所以，一切诸佛皆从《金刚经》里生出来，一切诸佛所得的无上正等正觉之法也是从《金刚经》里生出来的。

传播《金刚经》的福德大得过布施三千大千世界的七宝之财，为什么一部并不长的佛经，会这么了不起？佛自问自答说：这是因为一切诸佛及成就诸佛无上正等正觉的法，都是从这部经中产生的。因为《金刚经》核心是般若，显现的属性却是易读易懂的方便。般若空性智被喻为“佛母”，是成佛之必需；方便被喻为“佛父”，是决定生出佛陀的关键。

般若是诸佛之母

佛说一切诸佛皆从此经出，就像说世间孩子来源于母亲一样，所以《金刚经》也被称为诸佛之母。之所以如此，是因为《金刚经》的本质是文字般若，所包含的般若性空智慧，是成佛的根本。般若智慧实质上是大乘佛教所倡导的特殊的认知方式和思维方式，它要彻底地超越世俗的经验，否定或摆脱世俗的认识，从而认定尘世的感知都是虚幻不实的。只有把握“般若性空”之理，才能抛弃世俗的妄见妄念、妄想执著，才能证悟无上正等正觉。

能从《金刚经》里悟到法身佛，见到法身佛，由悟道进修到证道、成道，亲自证得成佛，这尊佛从《金刚经》里生出来的，《金刚经》就是这尊佛的母亲。

方便是成佛的关键

般若空性是成佛的必需，但并不决定生出佛境，而方便才是决定性的一方。由方便与般若空性结合而产生的，才是佛。因此，方便被喻为“佛父”，就像世间生孩子，不能只有母没有父一样。方便是因势利导，教人很方便地领受佛法。如果只有性空的深理，没有深入浅出的讲说，众生也不能因听闻四句偈而悟道，更不能成佛。所以，一切佛从此经出，也是说一切众生成佛离不开此种方便之门。

既然成佛离不开方便，也就是离不开因势利导的偶然性因素，所以佛法都只不过是因缘际会的临时产物，并非固定不变的存在。可能此佛法对孙悟空是好佛法，但对猪悟能、沙悟净或许就是白纸一张，那么后者要想成佛还得依靠其他的佛法。两者都是成佛之法，但都不是唯一。

成佛的因缘

般若佛母

般若佛母是藏传佛教对大乘佛法中“般若是三世诸佛之母”的神格化，是众多般若经典的主尊，也可以说是空性的本尊。这里所说的“佛母”，并非说它是诸佛的血缘生母，而是指般若空性的大智慧，是成佛的必需。从这个意义上讲，《金刚经》里包含着般若佛母。

般若佛母身具金刚（金刚杵）、般若（自性）、波罗蜜（禅定），这种因缘象征与《金刚般若波罗蜜经》是一致的。

成佛因缘的比喻

般若是佛母，是必需；方便是佛父，是关键。两者在《金刚经》中完美结合，一切诸佛才皆从此经出。

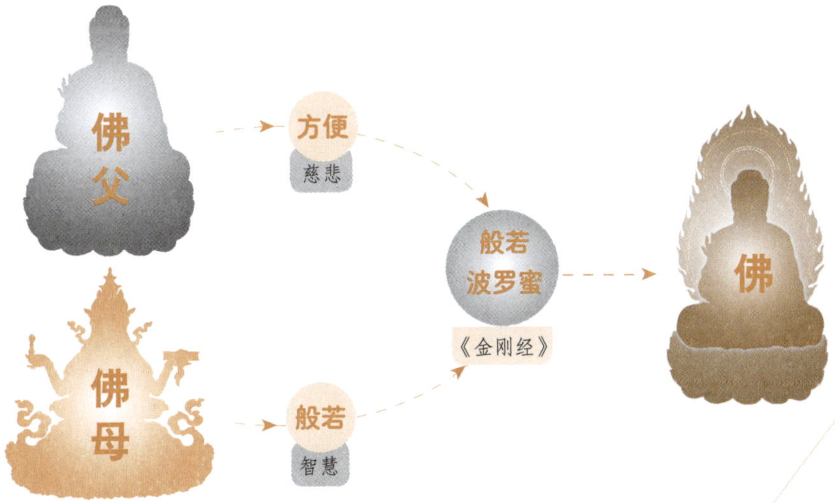

得罗汉果，不住罗汉果位之相；被古佛授记成佛也不住授记之相；同样，菩萨入凡尘度众生，也是心越清净，智慧和神通就越增长，一定不要掉进色、声、香、味、触、法的陷阱中而不能自拔。修行的关键全在一颗“清净心”。

第5章

打破砂锅问到底

理解才能真信仰

本章图版目录

本章解经

须菩提！于意云何？须陀洹能作是念：我得须陀洹果不？须菩提言：不也，世尊！何以故？须陀洹名为入流，而无所入，不入色声香味触法，是名须陀洹。

佛说："须菩提，你是怎么想的？你的心中有什么看法或观点？你认为得到须陀洹圣果的人，他会不会生起名相执著的意念：'我已经得到小乘见道果位—预流果（须陀洹）了'？"须菩提回答说："不会的，世尊。为什么不会有执著？因为须陀洹之名，即是已远离凡夫境界，入圣者出世之流，不为色、声、香、味、触、法六尘所转，证悟对五欲六尘无有执著的境界，所以才称为须陀洹。"

须菩提！于意云何？斯陀含能作是念：我得斯陀含果不？须菩提言：不也，世尊！何以故？斯陀含名一往来，而实无往来，是名斯陀含。

佛又问："那么，证得二果的斯陀含，他会自念我能得斯陀含果吗？"须菩提回答："不会，世尊。因为斯陀含的意义是一往来——简称一来。证得二果的圣者，断欲界修所断惑六品，还有下三品，还需一往天上、一来人间受生，方得究竟。但在圣者的感觉中，没有数量可说，没有动相可说。圣者通达我法毕竟空，所以不但不会起实有自我的意念，就是自己的来去活动，也是了不可得。但以胜义谛实相而言，二果的圣者已证得无来无去的智慧，无所往来，所以称作斯陀含。"

须菩提！于意云何？阿那含能作是念：我得阿那含果不？须菩提言：不也，世尊！何以故？阿那含名为不来，而实无不来，是故名阿那含。

佛接着又问："须菩提，你是怎么想的，证了三果的阿那含会不会有这样的执著'我已得到阿那含果'？"

须菩提回答说："不会的，世尊！什么原因？因为阿那含虽不再来欲界受生，但没有真实的不来者，是我空；没有真实的不来法，是法空。阿那含深入法性，不但不著来相，也不著不来相。一般以为来去是动的，没有来去，那即是不来（不去）的静止了。而在实相当中，阿那含并无来与不来的分别妄想，所以称为不来果。"

须菩提！于意云何？阿罗汉能作是念，我得阿罗汉道不？须菩提言：不也，世尊！何以故？实无有法名阿罗汉。世尊！若阿罗汉作是念：我得阿罗汉道，即为著我、人、众生、寿者。

佛又问："已证极果的阿罗汉，会自以为我得阿罗汉道吗？"须菩提回答："不会这么想。为什么无有执著呢？如果阿罗汉生起自己是阿罗汉的执著，实际就是在执著我相、人相、众生相、寿者相。"

世尊！佛说我得无诤三昧，人中最为第一，是第一离欲阿罗汉。

"世尊不是说我在诸大弟子之中，所得的无诤三昧最为第一吗？不也说我是离欲第一（诸烦恼）的大阿罗汉吗？"

世尊！我不作是念：我是离欲阿罗汉。世尊！我若作是念：我得阿罗汉道，世尊则不说须菩提是乐阿兰那行者！

"世尊这样称叹，可是我从没有这样想：我是离欲的大阿罗汉，我能得无诤三昧。假使我这样随相记着，那就在我见、法见、非法见的生死界中，佛也就不会说我是一个好乐修习阿兰那行的人了。"

以须菩提实无所行，而名须菩提是乐阿兰那行。

"反之，因为不执著实有无诤三昧可得可修，世尊才称叹我行阿兰那行呢！"

佛告须菩提：于意云何？如来昔在然灯佛所，于法有

所得不？不也，世尊！如来在然灯佛所，于法实无所得。

佛又问须菩提说："我，如来从前在修菩萨行时，在然灯佛的法会中，有没有实在的法可得？"须菩提回答："没有的。世尊。世尊如来虽得了法，实亦无所得，以本来诸法性空，以得此无所得。实生灭不可得，不生不灭等也不可得，所谓般若将入毕竟空，绝诸戏论，如以为有法可传可得，那便落于魔道，而不是证于圣性了。"

须菩提！于意云何？菩萨庄严佛土不？不也，世尊！何以故？庄严佛土者，即非庄严，是名庄严。

如来以庄严佛土问须菩提："菩萨发心庄严佛土，究竟有佛土的庄严吗？"须菩提回答："世尊，有真实的佛土可庄严，也没有真实的能庄严法。因为，佛土与佛土庄严，如幻如化，不过随顺世俗，称之为庄严而已，菩萨庄严的佛土不存在。什么缘故？因为所谓庄严佛土，非胜义中存在实有的庄严，而是名言中安立为庄严。"

是故，须菩提！诸菩萨摩诃萨应如是生清净心，不应住色生心，不应住声香味触法生心，应无所住而生其心。

佛告诉须菩提的就是以上所说的庄严。凡是修大乘行的菩萨，都应生清净心，既不应该对美丽的色相生执著心，也不应该于声、香、味、触、法生执著心，色、声、香、味、触、法都如幻如化，没有真实的自性可得。所以，应不住（着相）一切法，应该于无任何所缘执著的境界而生起离一切边执的清净心。

须菩提！譬如有人，身如须弥山王，于意云何？是身为大不？须菩提言：甚大，世尊！何以故？佛说非身，是名大身。

"须菩提，菩萨的法性生身，如须弥山王（小世界的中央，出海四万二千由旬，七宝所成），那样的高大又庄严，你以为大不大呢？"

须菩提说："当然大得很！为什么呢？因众生取相执著，胜义中诸法皆是空性，佛说的并不是实有的身体，只是名言中的大身。"

须菩提！如恒河中所有沙数，如是沙等恒河，于意云何？是诸恒河沙宁为多不？须菩提言：甚多，世尊！但诸恒河尚多无数，何况其沙。

佛问：“须菩提，像恒河中所有沙子数量那么多的恒河，如果每粒就是一条恒河，这么多恒河中的沙数，算不算多呢？”须菩提答道：“非常多，世尊。仅仅这些恒河已经多得不可计数了，何况是恒河之中沙子的数量，这当然多极了！”

须菩提！我今实言告汝：若有善男子、善女人，以七宝满尔所恒河沙数三千大千世界，以用布施，得福多不？须菩提言：甚多，世尊！

佛说：“须菩提！我老实告诉你，你不要以为稀奇。如果有善男女，用人世间最贵重的七宝，装满如恒河沙数一般多的三千大千世界，然后都拿来布施，你想这个大好人，得福多不多？”须菩提说：“多极了！世尊。”

佛告须菩提：若善男子、善女人，于此经中，乃至受持四句偈等，为他人说，而此福德，胜前福德。

佛郑重地告诉须菩提：“假如有个人对于这般若金刚经的内容能完全解了，哪怕受持四句偈，并为人宣说，那么这人所得的福德，胜过前七宝布施者的福德。”

复次，须菩提！随说是经，乃至四句偈等，当知此处，一切世间天、人、阿修罗，皆应供养，如佛塔庙，何况有人尽能受持读诵。

佛又接着说：“须菩提，再次告诉你，这个金刚经，乃至金刚经里面的四句偈等，只要有这个经摆在那里，或者经里的四句偈放在那里，那么不管天、鬼、神、阿修罗等，都要磕头膜拜，理应当供养，如同佛的塔庙，更何况是能受持读诵般若经典的人。”

须菩提！当知是人成就最上第一稀有之法，若是经典所在之处，则为有佛，若尊重弟子。

“须菩提，应当知道此人成就的是最无上的稀有法要，而且哪里有此经典，哪里就有佛陀，理应受到弟子们的尊重。”

尔时，须菩提白佛言：世尊！当何名此经，我等云何奉持？佛告须菩提：是经名为《金刚般若波罗蜜》，以是名字，汝当奉持。所以者何？须菩提！佛说般若波罗蜜，即非般若波罗蜜，是名般若波罗蜜。

如来讲说完毕，须菩提起来问道：“世尊，这部经应当叫什么名称？我们以及未来世界的有缘者应怎样去信受奉持呢？”佛告诉菩提说：“你可以把这一次的对话记下来，这一本经，叫作《金刚般若波罗蜜》，你就用这个名字来奉持。为什么要用此名呢？须菩提你要知道，佛陀所说的般若波罗蜜，并不是实有的般若波罗蜜，只是名为般若波罗蜜。”

须菩提！于意云何？如来有所说法不？须菩提白佛言：世尊！如来无所说。

“须菩提，我问你：我所说金刚般若法门，到底有法可说吗？”须菩提如实回答：“依我所理解的，如来是无法可说的；你并没有说过法，没有传过法。什么都不是语言可说的，何况离相的金刚般若？”

须菩提！于意云何？三千大千世界所有微尘是为多不？须菩提言：甚多，世尊！

佛又问：“须菩提，你怎么看，这个三千大千世界，这个物质的宇宙内，所有的微尘算起来多不多？”须菩提回答：“很多，世尊。”

须菩提！诸微尘，如来说非微尘，是名微尘。如来说世界，非世界，是名世界。

佛于是说：“这一切微尘，我说并非存在，即非微尘，只是名字上假立的微尘。如来说世界，也并非实有世界，只是幻化的世界，故而立名为世界。”

须菩提！于意云何？可以三十二相见如来不？不也，世尊！不可以三十二相得见如来，何以故？如来说三十二相，即是非相，是名三十二相。

佛又问："须菩提，你认为怎样？能不能以三十二相八十种好这样的观念来看佛？"须菩提回答："不可以，世尊。不可以以三十二相见如来。为什么？因为如来所说三十二相，没有自相可得，不过如幻如化的庄严身相，名为三十二相罢了。"

须菩提！若有善男子、善女人，以恒河沙等身命布施；若复有人，于此经中，乃至受持四句偈等，为他人说，其福甚多。

于是佛说："须菩提，假如这个世界上，有善男子善女子，拿恒河沙那么多的身命来布施，这个功德要比把充满宇宙的财富拿来布施还要大。但是，仍然比不上受持与讲说般若，因为这是思想的文化的布施，能拯救堕落的人格，引导锢蔽者的智慧，使他趋向光明，得到解脱。所以，能够受持懂得金刚经四句偈语，能够自度度他，自悟悟他，要远比身命布施的功德多很多。"

尔时，须菩提闻说是经，深解义趣，涕泪悲泣，而白佛言：稀有，世尊！佛说如是甚深经典，我从昔来所得慧眼，未曾得闻如是之经。

须菩提听了佛说般若成就法门，深刻理解到般若法门的义趣，无限地感激，不自觉地涕泪悲泣起来。他向佛说："稀有！稀有！世尊！如来所说的甚深微妙法门，我从过去所得慧眼以来，从未曾听说过这样甚深的法门。这次竟然听到了，是多么的欣幸！"

世尊！若复有人得闻是经，信心清净，则生实相，当知是人，成就第一稀有功德。

"世尊，假如有一个人，听到这个金刚般若波罗蜜经，听到佛说的如何以智慧来自度、成佛的这个法门，能离一切妄相清净信心，而生实相，这是极为难得的！是成就第一稀有功德的！"

世尊！是实相者，即是非相，是故如来说名实相。世尊！我今得闻如是经典，信解受持不足为难，若当来世，后五百岁，其有众生，得闻是经，信解受持，是人则为第一稀有。

“世尊，所谓这个实相啊，即是非相。所以，不住一切相，无我相，无人相，无众生相，无寿者相等等，都不住相。若见诸相非相，即见如来。”须菩提又说：“世尊，像我们有佛亲自指导，能亲耳听到佛深妙的经典，而信解受持，还不算难。后五百岁，有人在末法时代，如果能听此经而信解受持般若深法，才真是难中之难！才是第一稀有啊！”

何以故？此人无我相、无人相、无众生相、无寿者相。所以者何？我相即是非相，人相、众生相、寿者相即是非相。何以故？离一切诸相，则名诸佛。

“为什么这么说？因为，在佛及大弟子们都不在世的时代，这人已达没有我相、人相、众生相、寿者相等四相取执的境地了。这是什么理由？因为所谓我相，本来是非相，是假相，而人相、众生相、寿者相也都是假相。所以此身非真我，不要认假为真了。为什么呢？因为这个实相的境界就是离一切诸相，一切相皆不着。所以，能离四相，能离法相与非法相，能离虚妄颠倒的诸相。总之，只有离开了一切相方才是佛，才是真正的佛。”

佛告须菩提：如是！如是！若复有人得闻是经，不惊、不怖、不畏，当知是人甚为稀有。何以故？须菩提！如来说第一波罗蜜，即非第一波罗蜜，是名第一波罗蜜。

须菩提赞叹佛法及信解者，非常合理，因此佛为之印证，佛高兴地说：“是的！是的！你讲得很对，就是这样。未来五百年中，假使有人听到金刚经的道理，而没有被吓住，能做到不惊、不怖、不畏，那么这个人就是个非常稀有的人。为什么这么说？须菩提，我们知道无住、无相、无愿，这是大乘的心印。第一波罗蜜是大智慧成就，大彻大悟，成佛，也就是般若实相。而般若实相本来无住，本来无相，本来无愿。所以如来所说的第一波罗蜜，即是无可取、无可说，也即是第一不可得，所以说第一波罗蜜，实际上并非实有的第一波罗蜜，只是名言假立的第一波罗蜜。”

须菩提！忍辱波罗蜜，如来说非忍辱波罗蜜，是名忍辱波罗蜜。何以故？须菩提！如我昔为歌利王割截身体，我于尔时，无我相、无人相、无众生相、无寿者相。

“忍辱波罗蜜，如来说并非实有的忍辱波罗蜜，只是名言假立的忍辱波罗蜜。为什么呢？须菩提！比如我从前被歌利王割截身体时，我没有我等四相。”

何以故？我于往昔节节支解时，若有我相、人相、众生相、寿者相，应生嗔恨。

“假使执有我等四相，就要起极大的嗔恨心；即使无力反抗，也必怨恨在心，这即不能忍辱了。”

须菩提！又念过去于五百世作忍辱仙人，于尔所世，无我相、无人相、无众生相、无寿者相。

“由此，可证明当时没有我等四相；无我，所以能大悲，能大忍！已断除我相、人相、众生相、寿者相执著。”

是故，须菩提！菩萨应离一切相，发阿耨多罗三藐三菩提心，不应住色生心，不应住声香味触法生心，应生无所住心。

“所以，须菩提，菩萨应远离一切诸相，而发起求大彻大悟菩提之心。不应执著色法生心，不应执著声、香、味、触、法生心，不应执著任何法生起真实无伪的胜义菩提心，应一切无所住而生大菩提心。”

若心有住则为非住。是故佛说菩萨心不应住色布施。须菩提！菩萨为利益一切众生故，应如是布施。

“假使发心的人，心有所住，就不能安住于阿耨多罗三藐三菩提心。所以佛在经中说：‘发无上正等正觉心的菩萨，不应住色等相而布施。’须菩提，菩萨为利益众生，应该这样布施。”

如来说一切诸相，即是非相。又说一切众生，即非众生。

佛又接着说："如来说的一切相，即是非相。说的一切众生，即非众生。通达非相非众生，所以能布施，所以能忍辱。"

须菩提！如来是真语者、实语者、如语者、不诳语者、不异语者。须菩提！如来所得法，此法无实无虚。

"须菩提，佛说法是真实的，如来的语言可断除一切过失，是什么样子就说什么样子。因为如来是真语者，实语者，如语者，不诳语者，不异语者。所以，须菩提，如来所得的法，既不是实有的也不是虚无的。"

须菩提！若菩萨心住于法而行布施，如人入暗，则无所见。若菩萨心不住法而行布施，如人有目，日光明照，见种种色。

"须菩提，如果菩萨心住于法而行布施，就如人走入无光的黑暗，一切都不能见，自然也得不到任何功德。反之，菩萨心不住法而行布施，那就如明目之人，在日光朗照的地方，能看见种种的形色。"

须菩提！当来之世，若有善男子、善女人，能于此经受持读诵，则为如来以佛智慧，悉知是人，悉见是人，皆得成就无量无边功德。

"须菩提，如果在未来的世界中，有善男子善女子，能受持诵读这部般若妙典，如来将以无边智慧，完全了解他、看见他。能常受如来的护持，因此此人将获得不可衡量无边无际的功德。"

须菩提！若有善男子、善女人，初日分以恒河沙等身布施，中日分复以恒河沙等身布施，后日分亦以恒河沙等身布施，如是无量百千万亿劫以身布施。

佛又说："须菩提，如果世间有一些善男子善女子在早晨以恒河沙数这么多的身命作为布施，中午也以恒河沙数这么多的身命作为布施，下午也是这样布施，这样在无量百千万亿劫中做这样的布施。"

若复有人，闻此经典，信心不逆，其福胜彼，何况书写、受持、读诵、为人解说。

"如果有人听闻这部般若经典，而生起不退的信心，那么他的功德已经远远胜过前述以身布施的功德，何况更进一步书写、受持、诵读、为人解说，这功德更是无法衡量。"

须菩提！以要言之，是经有不可思议、不可称量、无边功德。如来为发大乘者说，为发最上乘者说。

"须菩提，总而言之，本经有不可思议、不可称量的无边功德。此经是如来对真正已发大乘菩提心、行最胜大乘道者而说的。"

若有人能受持读诵，广为人说，如来悉知是人，悉见是人，皆得成就不可量、不可称、无有边、不可思议功德。如是人等，则为荷担如来阿耨多罗三藐三菩提。

"如果有人能受持读诵并为人宣说，如来以慧眼全部知晓、彻见这样的人，此人将获得不可称量、无有边际、不可思议的殊胜功德。这样的人，他有责任感，将担当无上圆满正等觉的事业。"

何以故？须菩提！若乐小法者，著我见、人见、众生见、寿者见，则于此经，不能听受读诵、为人解说。

"为什么呢？须菩提，如果是喜欢小乘之法的人，就会执著于我见、人见、众生见、寿者见，对于这部般若经典所讲的真义，不能听受，没有办法读诵，更不会弘扬，为人解说。"

须菩提！在在处处，若有此经，一切世间天、人、阿修罗，所应供养；当知此处则为是塔，皆应恭敬，作礼围绕，以诸华香而散其处。

“须菩提，不管在任何地方，只要有此般若经在，一切天、人、阿修罗应予供养；因为，此经所在的地方，即等于佛塔的所在，大家自然都应该供养，应该恭敬、顶礼，乃至以各种烧香散华的方式供养它。”

复次，须菩提！若善男子、善女人，受持读诵此经，若为人轻贱，是人先世罪业，应堕恶道，以今世人轻贱故，先世罪业则为消灭，当得阿耨多罗三藐三菩提。

佛又对须菩提说：“善男善女受持、读诵本经，如果被人轻视小看，这表明此人前世所造的罪业今生本应堕恶道，因为今世被人轻视，前世罪业将灭尽，很快会修得无上圆满正等觉。”

须菩提！我念过去无量阿僧祇劫，于然灯佛前，得值八百四千万亿那由他诸佛，悉皆供养承事，无空过者。

“须菩提，我追溯过去无量无数劫前，在然灯佛之前，曾遇八百四千万亿那由他佛，我对他们都是一一承事供养，没有错过一个。”

若复有人，于后末世，能受持读诵此经，所得功德，于我所供养诸佛功德，百分不及一，千万亿分，乃至算数譬喻所不能及。

“所以，在末法时代，在未来如果有人能够受持读诵这部经典，他所得的功德，与我过去所敬奉诸佛的功德比较，我比不上他的百分之一、千万亿分之一，甚至不能用数字来比喻。”

须菩提！若善男子、善女人，于后末世，有受持读诵此

经，所得功德，我若具说者，或有人闻，心则狂乱，狐疑不信。须菩提！当知是经义不可思议，果报亦不可思议。

“须菩提，如果善男善女在后来世，读诵和受持此经，所得功德将不可思议。我如果详尽地说出持经功德，会有人不能接受，心意狂乱怀疑，不相信甚至诽谤。但是，须菩提，你应当明白，这部经典的内容道理不可思议，能够受持信奉的人所得到的因果报应也不可思议。”

1

小乘四圣果

修行当中的舍与得

一切法都是因缘生灭，世间的一切都在因果之中，修行成佛也不离因果，所以果位也是不可以执著不放的存在。得四圣果者，断除烦恼证果，只是自己觉悟。舍弃这些私有的成就，将会换来无边无量的大福德。

佛陀为了要把降伏妄心之法推广开来，便提起了声闻阶段四果之位。须菩提这些大比丘们早已经历过声闻乘，因此举四圣果来详解，众比丘都有切身的体会。

佛陀为教化众生，依众生根基不同，将佛法分为五种佛法，依此五种法门，可以运载众生从生死此岸渡至涅槃彼岸。此五种佛法分别是人乘、天乘、声闻乘、缘觉乘、菩萨乘。其中人、天二乘为世间佛法，是由凡入圣的初级佛法；而声闻、缘觉、菩萨三种佛法是出世之法，指超出三界、永离生死之究竟学问。

声闻乘又称小乘，以苦、集、灭、道四谛法门为乘，揭示人生成灭规律的真相，运载众生超越三界，至有余涅槃而成阿罗汉。声闻乘中因为根器与因缘的不同，修行者先后可以得到四种果位，即须陀洹果、斯陀含果、阿那含果、阿罗汉果。

初果须陀洹

须陀洹意为“入流”，即初入圣人之流。凡夫流转生死，无穷无际，不能脱离，所以才叫凡夫。圣人已经解脱生死，所以才叫圣人。佛教所讲的圣人是能了生脱死，出三界，才能叫作圣人。

但是初果还未出三界，初果只是把三界以内的见思二惑的见惑断掉了而已。即是说，刚刚踏入社会，在学问上、观念上都没有问题，但要在实践当中学习的还有很多。得初果的修行者，只是明白了不住色、声、香、味、触的道理，真要是遇到了色、声、香、味、触的虚相，还是会忍不住执恋其中。由于这个原因，起码要经历七番生死，才能真正了脱生死。

二果斯陀含

斯陀含，翻译为“一来”，即修到此果位者，人间九品思惑断了六品，剩下三品，待死后生到天上去做一世天人，再生到我们这个世界经历一番生死，便彻底断了思惑，不再来欲界受生死之苦了。见惑易断，思惑难了，二果所断的是思维意识上的执著，不仅知道不能被五尘所迷，在遇到

五乘佛法

佛法教育系统

乘，指道、船、车，有运载的意思。佛法可以运载众生从生死此岸到涅槃彼岸，所以将佛法譬喻为“乘”。所谓五乘，是指人乘、天乘、声闻乘、缘觉乘、菩萨乘。

五戒十善是凡夫入圣所修的入门佛法，也是后面三种出世佛法的基础；修四圣谛和十二因缘是为了了脱生死、超越轮回，同样它们也是菩萨乘成佛悟道的必经之路；而六波罗蜜，只有菩萨发心成佛才能修行，其他四乘皆不能共修。

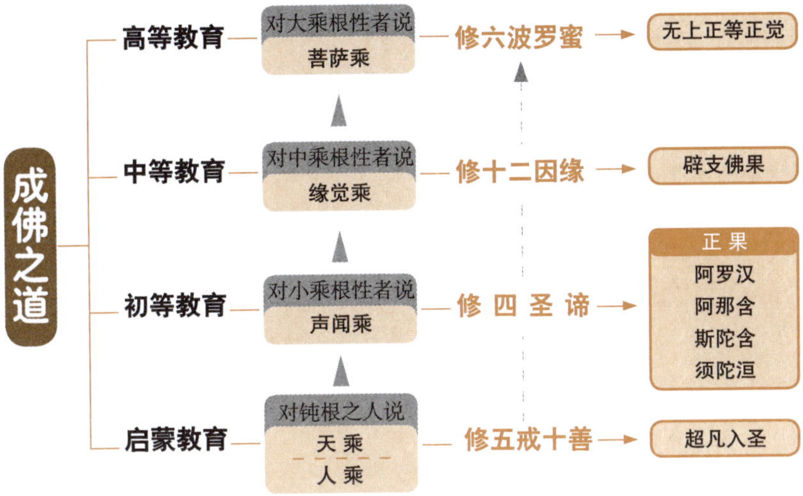

声闻乘

佛陀在鹿野苑说四谛法，因为憍陈如等五比丘是由听佛说四谛法的声音而悟道的，所以此悟道之法叫作“声闻”。后凡属修四谛法门而悟道的，总称为“声闻乘”。

诱惑的时候，心中要真正不起贪爱妄念。

剩下三品思惑未断，就是斯陀含。若是断尽了思惑，就超越欲界，得到阿那含了。

三果阿那含

阿那含，翻译为“无还”或者“不来”，是说修到此果位者，不再生于欲界。凡是修到此果位的圣人，断尽了欲界的见、思惑，已拥有了“无我”的智慧。他没有欲界烦恼，不可能再来欲界受生死，未来当生于色界无色界，所以叫作不来。虽然叫作不来，但究其根本并没有来与不来的分别。

阿那含是从初果、二果，进步至三果。欲界的烦恼断了，但还有色界、无色界的烦恼困惑，所以得三果的圣人，仍然需要继续修行。

四果阿罗汉

阿罗汉，翻成汉语有三层意思，分别是杀贼、应供、无生。杀贼是譬喻，烦恼会害我们的法身慧命，等于贼一样，把烦恼断尽了，就像把贼除灭了一样。阿罗汉能断除色界的贪、嗔、痴、慢、疑五种烦恼，所以叫作杀贼，意即杀烦恼贼的意思。无生，了脱三界以内的生死，有生才有死，无生自然无死。阿罗汉杀尽了一切烦恼贼，不再有生死业报，是应当受人天供养的圣者。应供，是说他把三界的见思烦恼断尽了，成了四果圣人，应受人天供养，给众生种福田。

阿罗汉是在佛住世，有佛法的时候，听闻佛法而悟道的，有些甚至只听闻一句佛法就觉悟，故称为声闻。阿罗汉是声闻乘的最高果位。由于已断烦恼和证得涅槃，在修道上已无可修学，故阿罗汉也称为无学圣人。阿罗汉烦恼已断，不再来受生死，已经达到涅槃的境界，他们三界内烦恼固然已断，但无明惑还没有消尽，所以还不是究竟无余的涅槃。无名之惑断尽，就是成佛了。

四果是众比丘修过的境界，所以须菩提知道证了四果，一定是断了我执；既然断除了我执，绝对没有我等四相；没有我等四相，是不能有执著之念的。连我都空了，又是谁在作是念呢？得果不是贪得，而是解脱，就像热气球，包袱卸得越干净，上升得就越高，所以应该将四果的因缘虚相都卸掉，这样才能在成佛的道路上继续前行。

三惑——修行道上的障碍

见思惑

见思惑是凡夫解脱的障碍，在三惑中最粗重。声闻乘能够断此惑，凡夫断了此惑，即能证得阿罗汉果，出离三界。

见思惑是见惑和思惑的统称，见惑是知见上的迷惑错误，思惑是思想上的迷惑错误，如贪、嗔、痴、慢、疑等五烦恼。是由凡夫到圣人的初级障碍。

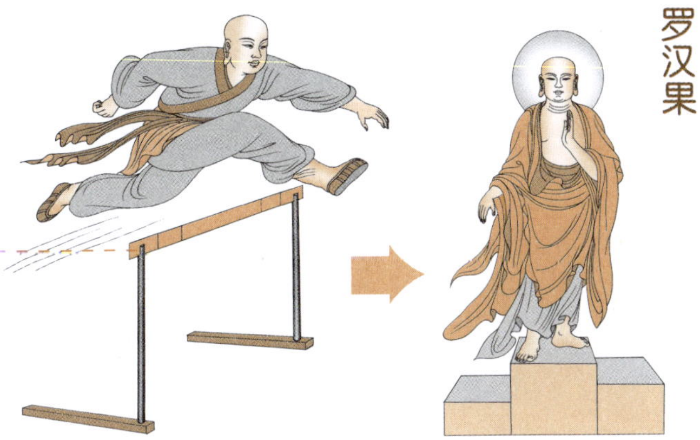

尘沙惑

尘沙惑是罗汉果位之后，学做菩萨化度众生的障碍，如果不通达如尘如沙的无量法门，则不能完成教化众生的事业，故名尘沙惑。

无明惑

无明惑亦称根本无明，是菩萨成佛的最后障碍，在三惑中是最轻微的，断尽即成佛。

须菩提的“果”位

离欲第一阿罗汉

阿罗汉跳出了三界，不再有欲界、色界和无色界的染爱了，所以是离欲。过去佛的弟子中，用功好的，佛都赞叹，佛弟子中有很多特殊的第一。须菩提在修过声闻乘之后，淡薄不争名利，佛祖曾经赞叹过他即是离欲第一阿罗汉。

佛的十大弟子中各有特点，阿罗汉虽然都已跳出三界，但他们的证悟和境界却有所不同。而关于须菩提，佛经中记载说是解空第一，而在《金刚经》中他也是离欲第一。因此，须菩提常被称为离欲第一阿罗汉。

什么是“无诤三昧”

无诤，就是不分别的意思。三昧又名三摩提，或三摩地，梵语。翻译为正定的意思，就是说离诸邪乱、摄心不散。合而言之，就是无分别心达到了离诸邪乱、摄心不散的境界。

冲突、对立、不和平就是诤。诤有见诤和爱诤，见诤是因为各自执著自己的观点而发生冲突，爱诤则是物质、情感等切身利益的冲突，这都是人类最大的烦恼。出家修道之人没有爱诤，但是有见诤，大家在一起，我说《金刚经》是经中之王，他说真正的经王是《法华经》，观点一下子就发生了冲突，为了一个虚名开始争执，这就是见诤了。

离欲第一阿罗汉

阿罗汉有三种功德：杀贼、应供、无生。也就是说阿罗汉杀尽烦恼之贼，永入涅槃不再受生死果报，应受天上人间的供养。所以阿罗汉跳出了三界，不再受欲界、色界、无色界所有烦恼的困扰。

须菩提由于通达空性，所以能随顺世间，行大忍辱，对任何人，都能做到无恼无诤。他也由此成为众比丘的表率，被众人推崇。有起妒忌心者，背地里对须菩提冷嘲热讽，须菩提不仅不恼，反而劝阻为他鸣不平的众人说，辩白和争论，就是有胜负心，这与诸法性空、无高下分别的真理有违。佛祖对须菩提的境界很是欣赏，称赞他已证得“无诤三昧”，而且比诸比丘的成就都高，是离欲第一阿罗汉。

须菩提却不觉得自己是什么离欲第一阿罗汉，因为若是他有此念，心中就有了高低上下的分别，那他就不是离欲第一阿罗汉了。也正因为如此，佛才对他高度评价。得阿罗汉果时懂得不执著，在学习做菩萨度众生时，道理也是一样，你度众生一住相，就产生了妄心。

离欲阿罗汉

诤的根源

不和，佛典称之为诤。诤，见于语言文字，见于行动，而实际深刻地存于内心。诤又分为见诤和爱诤。这二者是五蕴假合的产物，“受”产生爱诤，“想”产生见诤，所以称受和想为“诤根”。

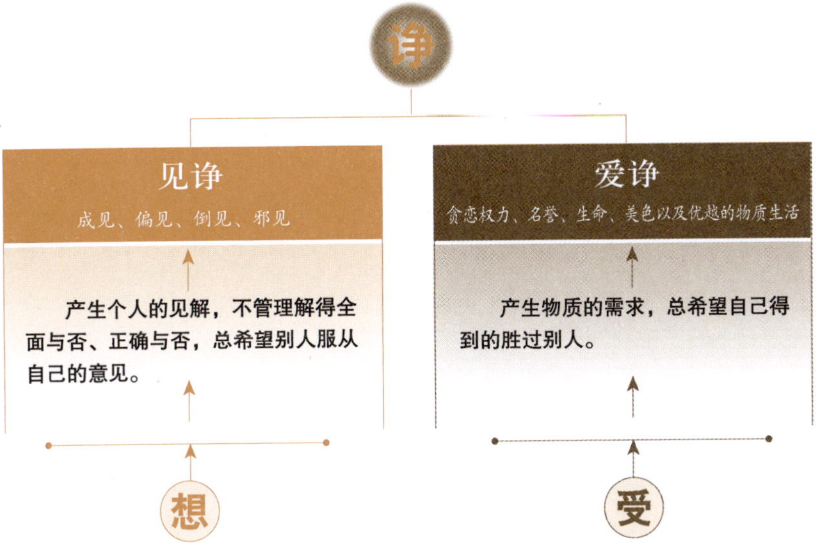

阿罗汉的功德

阿罗汉简称罗汉。有杀贼、无生、应供的意思，是佛陀得道弟子修证最高的果位。罗汉身心六根清净，无明烦恼已断（杀贼）；已了脱生死，证入涅槃（无生）；堪受诸人天尊敬供养（应供）。在寿命没有结束前，仍在世间修行，并随缘教化度众，死后就不再回三界六道了。

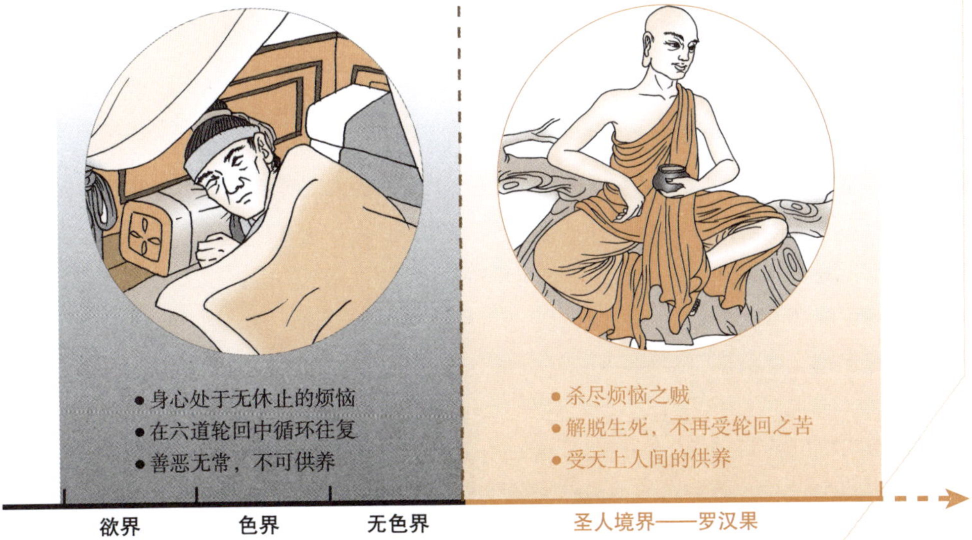

庄严净土

心净才是真清净

佛之所以为佛，是因为自性清净。佛土之所以庄严，也是因为清净无垢。佛、菩萨因为清净才是佛、菩萨，凡夫执著于表面的假相，那便生生世世都在苦海里挣扎，永远也解脱不开命运烦扰。

佛在拿须菩提的经历作了一番解说之后，便拿自己现身说法了。

然灯佛授记

按照释迦佛自己的说法，他在过去跟你我一样，是个摆不脱命运困扰的凡夫，在三界六道里流转生死。他后来发了菩提心，开始上求佛道下化众生，依著他所发的菩提大愿，建立大行，用功修行了二大阿僧祇劫（一阿僧祇劫≈ 13 亿年），到了第二个大阿僧祇劫满的时候，遇到然灯佛给他授成佛之记，修到第三大阿僧祇劫即成佛。据《百业经》等多部典籍记载，释迦佛在因行中第二阿僧祇劫届满时，刚好然灯佛出世，释迦佛买了五茎莲花去供佛，又以头发铺地给佛走路，然灯佛了解了他的修行，知道了他的大愿，于是为他授记。授记，记名的意思，佛对发大心的众生预先记名，过了多少年代，在某处某国之中，成什么佛。

释迦牟尼佛谈到这件事情，是想向众人来证明在接受然灯佛授记的时候，并没有执著在然灯佛的授记上，这个证明的过程，当然是由须菩提配合完成的。因为须菩提解空第一，他彻悟了我空、法空之理，所以他知道释迦佛之所以成佛，并不是因为然灯佛授记而得到了真法，而是佛自己扫清了障碍，没有了执著之心，才被然灯佛认可。

庄严净土

庄严，庄美威严，也有装饰的意思。佛经中庄严一方面指代菩萨眼中的十方世界无量无边，不可穷尽；另一方面指诸佛净土的最无上庄严。净土，是指圣人所住的国土，因这种国土没有烦恼、欲望的垢染，所以叫作净土。也有前人附会说，净土之内纯以金刚制成，里面间错布满宝物，一片庄严的氛围。

但真正的庄严净土没有一个可以具体描述的样子，因为所有的相都是因缘假合，是不真实的存在。要是凭空想象出一个样子来，说那就是庄严佛土，那就没有庄严可言了。因为庄严是绝对的清净，绝对的空，绝对不是能想象的。

其实佛住在每个人的本性之中，心地清净无垢即是佛土。因此，真正的庄严净土是心空，一念不生的清净之心才是净土。

过去之佛

然灯佛授记

在过去无量劫前，然灯佛住世时，有一位善慧童子，皈依于佛，并买得五茎莲花，以供养佛。时然灯佛为这名童子授记说：“将来成佛，号释迦牟尼。”有一天，善慧童子见然灯佛来，因地浊湿，善慧便将己身所穿的鹿皮衣，铺在地上，又将头上的头发，再铺上去，待佛走过。于是然灯佛更授记善慧说：“将来在娑婆世界做佛，度诸众生。”此童子便出家修菩萨行，就是后来的释迦牟尼佛。

坚三世佛

过去佛是指过去成佛并已经灭度的佛，现在佛是指现在已经成了佛并且住世说法的佛，未来佛是指已经受了佛记，在未来将成为佛的佛。

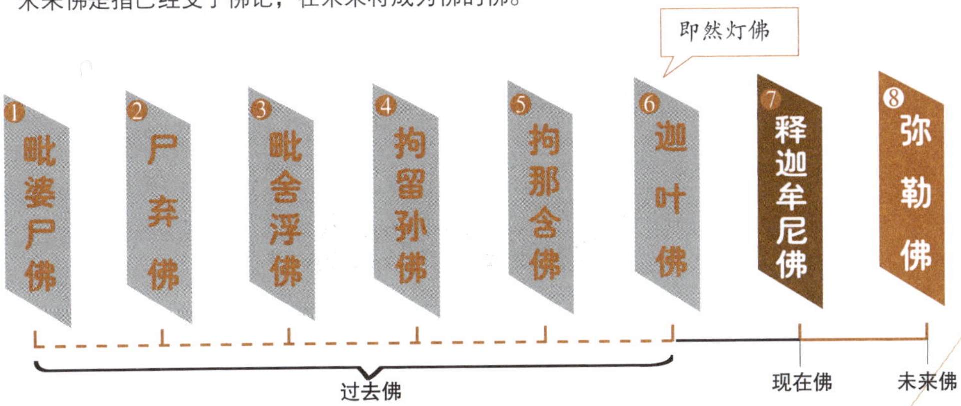

三世诸佛

三世，也叫三际。原本的意义是指时间上的过去、现在、未来。但现在三世佛一般有两种说法，一种是依原意按时划分，称为竖三世佛；第二种按地域划分势力范围，称为横三世佛。

过去世界然灯佛

西方极乐世界的阿弥陀佛

释迦牟尼佛

东方净琉璃世界的药师佛

横三世佛

横三世佛，指西方阿弥陀佛、东方药师佛与释迦牟尼佛。

未来世界弥勒佛

竖三世佛

竖三世佛，过去世界的然灯上古佛，加上现在世界的释迦佛（原名乔达摩悉达多）以及未来世界的弥勒佛。

净土庄严相

净土差别相

净土是理想的世界，是全人类对于理想世界的企求。尽管大乘佛法认为净土是心的清净，没有具体的形象，但是众生还是依据各自的自然环境，对净土有一番描述。图为其中一种净土相。

净土的种类

佛法中的“净土”，是在佛、菩萨、声闻（缘觉）三乘圣贤清净的身口意三业感召之下的神圣庄严的国土；而与之相对的“秽土”则是在凡俗众生所造烦恼恶业感召之下的五浊恶世。净土可分为五乘共土、三乘共土和大乘不共土。

五乘共土	第一类是五乘共土，也叫凡圣同居土。所谓“五乘”包括佛、菩萨、声闻、天、人，五乘共土是凡人与圣人共同居住的国土。正如我们当下所处的娑婆世界。
三乘共土	第二类是三乘共土，是只有圣贤居住的清净国土，没有凡夫。如兜率内院的弥勒净土。
大乘不共土	第三类是大乘不共土，是只有大乘的信徒、学大乘的人才可往生的净土。如西方弥陀净土、东方药师净土等。

4

清净才是道

心无所住而生清净

发心要离相，修行要无住，心无所住才能不被凡尘蒙蔽，清净无垢。修行不是一劳永逸的事，一发心一生都要去清净自性、无念无得，这样才能由浅入深接近佛的所在。

心地清净方为道，修行的关键全在一颗“清净心”。得罗汉果，不住罗汉果位之相；被古佛授记成佛也不住授记之相。同样，菩萨入凡尘度众生，也是心越清净，智慧和神通就越增长，一定不要掉进色、声、香、味、触、法的陷阱中而不能自拔。修行的层次全在心地“清净”的程度。

什么是“清净心”

佛讲的清净心，就是无执著的心；有执著即被染污，心无执著才能清净。清净心人人都有，生来就是清净无垢，离一切之妄念染污，所以也叫自性清净心。以清净心修佛法，才能得般若实相，也即得无上正等正觉的大智慧。因此，清净心是般若之本。

清净心不是一个光圈，也不是一朵莲花，它是能够观照自我的一种空灵。如果勉强说是镜子的话，也是一面空镜子。因为第一层的清净是它照见周围全是虚相，把所有能见之相全都空掉了；但进一步它自己也是不实的存在，周围空了之后，它也会现出空的原形，这是一面能照见自己的镜子。

怎样才能生“清净心”

佛说“应无所住而生其心”。无住，是不执著。离相，是不为宇宙万象万法所惑，能持清净本性，超脱于其上而不执著，所以离相仍是无住。这句话回答了须菩提一开始的提问“云何应住，云何降伏其心”，所以是贯通《金刚经》全经的“经眼”。据《坛经》中六祖亲口说，听到这句就开悟了。

佛强调：无所住的是色、声、香、味、触、法六尘。而事实上，六尘并不能涵摄宇宙十方三界森罗万相，何以像六祖惠能听到它之后能够瞬间开悟，彻悟宇宙至理而见本性呢？

般若智慧因为性空而通达一切，“刹那见终古，微尘藏大千”，类似于中国原生的“一叶落知天下秋”的道理。般若智慧所见，宇宙间的一切万象万法，由各种因缘假合而生，由各种因缘流转而变化，由各种因缘瓦解而熄灭。人处在这样的宇宙之中，若能保持清净纯明的本心，不迷恋色、声、香、味、触、法的假合之相，那万事万物的生灭幻化之理同样也会尽收眼底。

清净心是般若之本

心在佛法里的意义

《金刚经》主要是讲怎样通过修行“自性清净心”，达到“无上正等正觉之心”的道理。心在佛法里有肉团心、识心、思量心、缘虑心、清净心、佛心六种意义。

心

肉团心	识心	思量心	缘虑心	清净心	佛心
指肉体之心，即心脏。	意识。佛教认为耳、目、鼻、舌、身、意为“六根”，六根产生的感觉意识为六识，除此之外，还有末那识、阿赖耶识，共“八识”。	人的一般思考能力。	识别佛法真相与因缘假相的能力，又称“了别心”。	无念无得的自性清净心。	无上正等正觉之心。

三棱镜的比喻

清净心有般若智慧，能透视世间万物，乃知一切生灭现象及其主体都是因缘假合。就像白光从三棱镜中透射，会分解为七色光带，反之七色光带射过三棱镜也会被聚合成白光。

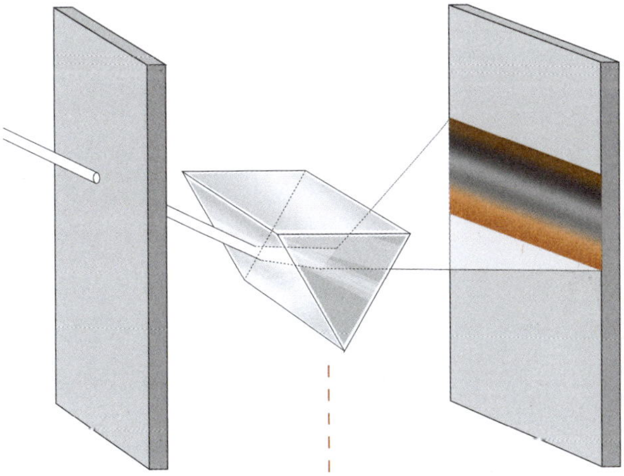

三棱镜 = 清净心

5

身如须弥山王

修果不住果

无论是声闻乘的四果，然灯佛授记，还是菩萨的庄严净土，都表达了同一个意思，即不仅仅离相修因，修得果报也要心无所住。如果果报的身相像须弥山王那么大，终究还是有限的数目。一旦心念不贪恋表面的大小，那获得的将是大得无法衡量的法身。

佛更进一步为我们作解释，不能留恋果报之相。阿罗汉如此，大菩萨如此，那成了佛又如何呢？成佛也不住，成佛证得报身也不可贪执。

● 须弥山王

梵语“须弥”，翻成汉语为“妙高”，它是四宝所成因此为“妙”，出水八万四千由旬（印度古代计长度的单位）所以为“高”，高出了七金山为“王”。须弥山，是古代印度神话里的名山，后来成为佛教世界的中心神山。相传这座山山顶上住着帝释天，四面的山腰处分别为四天王天，四周围有七香海、七金山。第七金山外有铁围山所围绕的咸海，咸海的四周有四大部洲，而中国在佛教世界中所处的地域，属于南赡部洲。印证到现实物质世界，须弥山地位相当于地球上的喜马拉雅山。但喜马拉雅山也不过是一段时间内地壳演变的产物，而宇宙中，像这样的大山也还有无数个，须弥山王就是其中最大的，所以称为“王”。这是比喻佛的报身。据佛在《无量寿经》中对阿难等人的描述，佛在很多细节上都用须弥山做参照，如“眉间白毫，右旋宛转，如五须弥山。佛眼如四大海水，青白分明。身诸毛孔，演出光明，如须弥山”。光一根毫毛，就有五座须弥山长，可见佛的身相多大，真的不可思议。

● 法身无相

佛在这里说了一个譬喻，是说有一个人，他的身体像须弥山王那么高。你说这个人的身体算是大还是不大呢？其实须菩提也知道佛所问的用意，是要破除诸比丘以及众生对大果报的执恋。

相对于正常的状况而言，须弥山那样的大身量当然很大，但是在般若智慧照射下，一切的身相大小都不是实有的，小至蝼蚁大到天王，众生不同的身体，都是因缘合成的假相。真正的如来法身是清净无相的存在，所以即使得到了须弥山王一般的大报身也不要抱住不放，如若不然，你那个大报身就不是大报身了，你所证的清净法身就有问题了。

须弥山与小世界

小世界南北剖立面示意图

小世界下起风、水、金、地四轮，上至初禅三天。其中包括九山八海、四大部洲、一日一月、欲界六天、无量地狱、鬼神，是为一小世界。

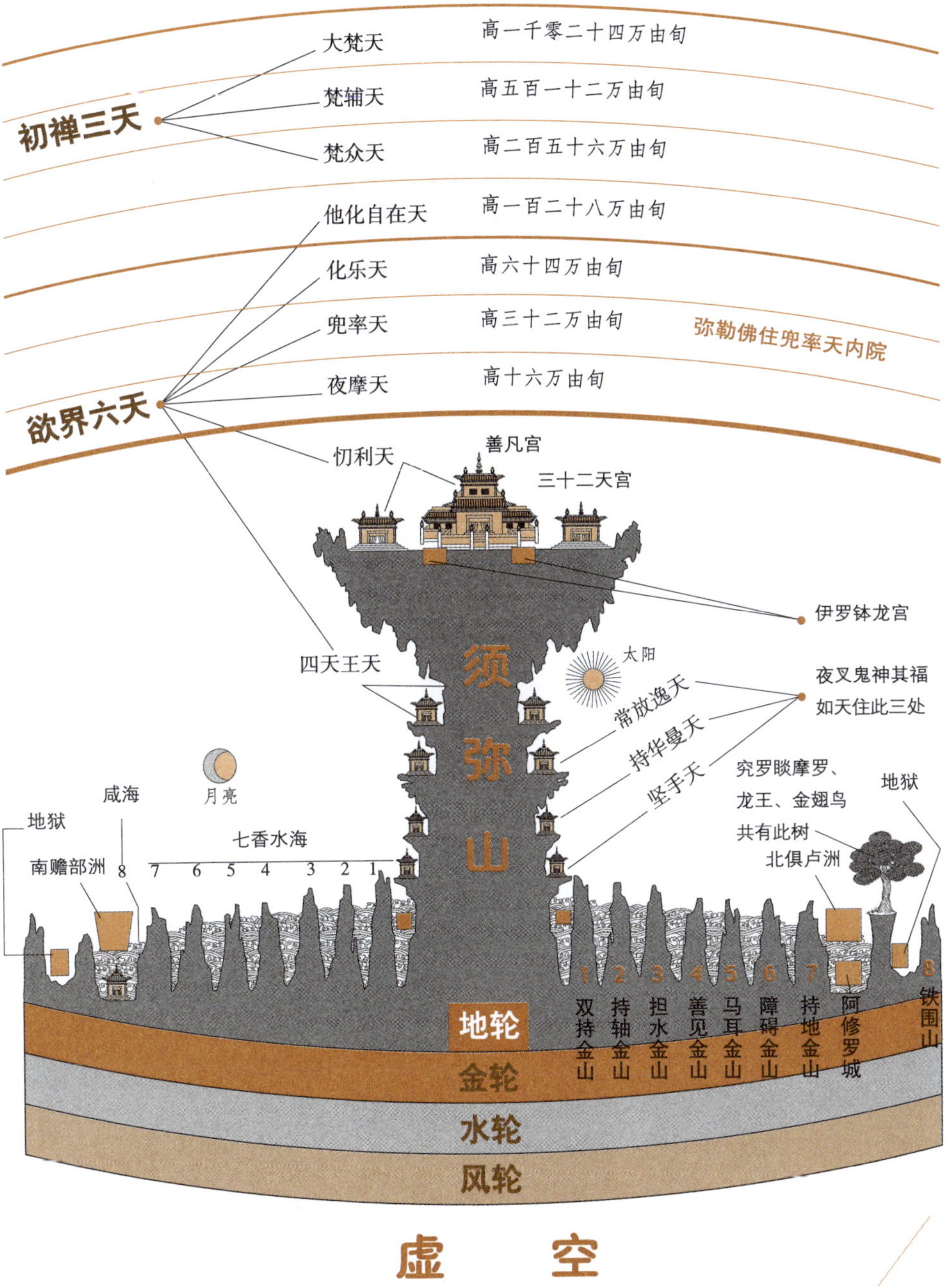

6

多少是多

福德的再次考量

受持《金刚经》，或为他人解说《金刚经》，既可以清净自性，可以成佛；又可以引导别人修行佛道，让一切众生了断烦恼、生死，由凡入圣，证得般若智慧。这种无尽无漏的福德，就不能用数来计算了，如恒河之沙，不可限量。

佛陀讲完了不住果报，很自然地又用了一番比喻，把受持、传布《金刚经》的福德考量了一番。

恒河之沙

恒河是印度的一条大河，也是亚洲的大河流之一，最宽的地方有二十公里。恒河上游在西藏，其源头是一个形似大象的山口，从大象口中吐出股股清泉，中途汇集百川，经过印度、孟加拉国进入印度洋。因为它的水源很高，从雪山流下来，就像从天上下来一样，所以恒河的原意为“天堂来”，这与我们中国赞誉黄河之水天上来的意思是一样的。释迦牟尼佛时常在恒河两岸说法，每逢讲到数字大的时候，就用恒河沙来做譬喻，而且印度的恒河沙很细，就像面粉一样难以一颗一颗地悉数。当然，佛口中的恒河也不仅仅单指地球上这一条，宇宙中有成千上万无法计量的恒河，那其中河沙的数量就可想而知了。

法施的福德

佛先同须菩提讨论了恒河之沙的问题，见到机缘成熟，就郑重地问须菩提：若有善男子善女人，以一粒沙当作一个三千大千世界，用充满如恒河沙数那么多的三千大千世界的七宝布施，这个善男子善女人，他所得的福德多不多呢？须菩提说：那当然很多了。但佛紧接着又说：假使有善男子、善女人，受持读诵这本《金刚经》，甚至于只受持一小段经文，或又为他人解说，那么这个人所得的福德，远胜过前面以充满恒河沙数那么多三千大千世界七宝布施的那个人所得的福德。

受持、传布《金刚经》自然就是法布施了，前面以三千大千世界为喻，现在又更深一层，以恒河沙数的三千大千世界为喻说明法布施的福德非常大。即使以再多的七宝布施所得的福德，终究会有享尽的一天，这是属于有漏的福德相。而《金刚经》教人“清净不住”，以这样的金刚般若传布，势必会断尽烦恼，证得无上正等正觉，这是无漏的大福德，是远比布施有漏的福德相胜过太多了。

无尽无漏的福德

福德的较量

财施是有漏福德，法施是无漏福德。财施授人以鱼，无论多少，毕竟有限；而法施授人以渔，了法于心，受益无穷。

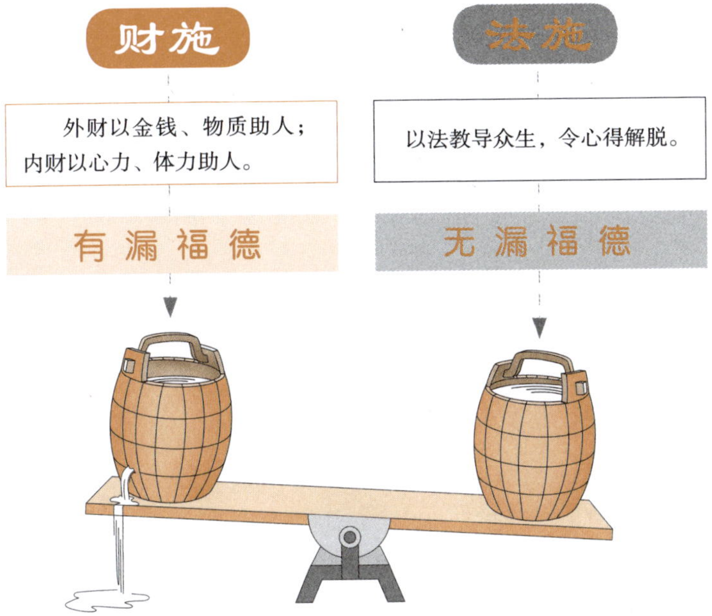

佛陀说法与恒河

佛陀一生说法的主要地区在恒河流域，恒河支流众多，而佛度化众生的脚步也踏遍恒河两岸，每每感受到细如面粉的恒河之沙，佛总会以智慧加以善巧的比喻，来形容数量庞大难以计算。

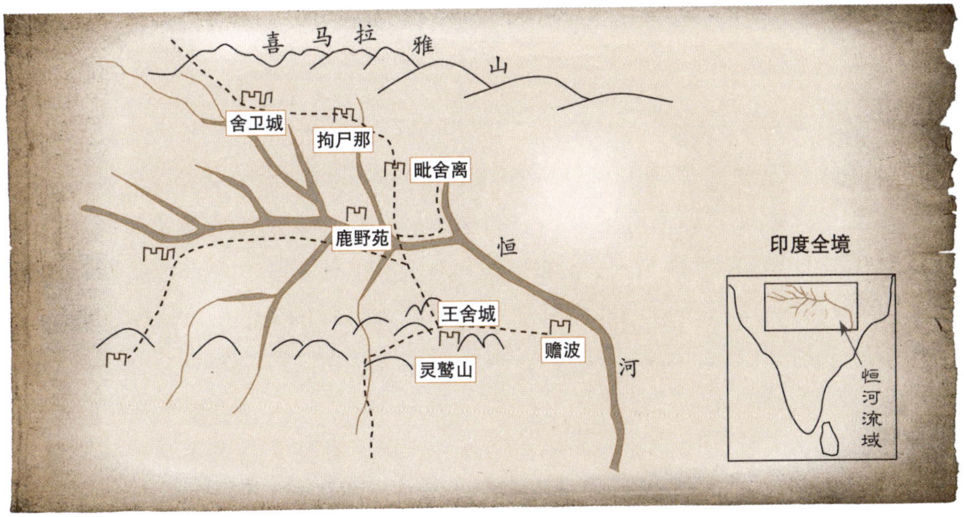

7

持经即是求佛

《金刚经》的地位

佛告诉须菩提等人，如果能随缘读诵、解说《金刚经》，甚至只演说金刚经里的四句偈，不管你是得道高僧还是凡夫俗子，你在哪里传布《金刚经》，哪里就应该被一切善道众生恭敬礼拜，就像对着佛塔佛庙那样虔诚。

讲经就是代佛宣扬佛法。经是记载佛亲口所宣的法，因此见法即是见佛，所以一切善道众生对传布《金刚经》的人和处所要恭敬供养，就像到庙里去拜佛一样。

说经的法缘

说经要有四种缘：随说之人，随说之义，随说之经，随说之处。

随说之人，讲经说法一定要有主动发心的人，不管你是出家人也好，在家人也好，凡夫也好，得道的圣人也好，只要你能发心去读诵、受持，为他人解说《金刚经》，你会因为这部第一奥义的佛法而福报无量。

随说之义，只要你不违背《金刚经》的正确法义来解说，不管你说的是深是浅，或是采用什么形式，只要按照经中的正确佛法去为他人解说，无量的福报自然会加之于身。

随说之经，不死板地因循说经的顺序，你从前往后说或是从后往前说，甚至单挑出四句来说都可以，只要是《金刚经》，不规定是哪段哪节，只要说的是此经，缘分就有了。

随说之处，讲经说法并非一定要在高台上，也不一定要在大庙里，只要客观条件允许，即使是在田间地头、路边广场都可以，讲经的福报则不会有丝毫减损。

供养之礼

佛教所说的供养有十种，即香、花、灯、涂、果、茶、食、宝、珠、衣物的奉养。供养不规定多少，能够布施多少出来全凭力所能及，但是供养一定要恭敬虔诚，否则毫无意义，更谈不上福报了。供养的所在一般非庙即塔，因为塔是供养佛舍利的地方，庙是供养佛像的地方。佛教在印度有庙就有塔，塔庙是不分的，塔和庙对印度来说是一个概念。佛教传到了中国之后，塔和庙就分开了。

佛讲要恭敬供养，并非是迷信盲从，而是要建立在对《金刚经》正信的基础上。

正信生恭敬

《金刚经》的法缘

《金刚经》法缘

- **随说之人**——讲经说法一定要有主动发心的人。
- **随说之义**——不拘形式，只要不曲解经义。
- **随说之经**——不拘顺序，只要说此经的内容。
- **随说之处**——不拘地点，只要能说经。

供养《金刚经》之礼

供养，又称供施、供给、作供、打供，是以香花饮食等十种物品供养佛、法、僧三宝以及师长、先祖、父母、亡者等。不同的供养方法所采用的供品有所不同。佛说一切佛皆从《金刚经》里出，所以供养《金刚经》的礼仪如同供佛。

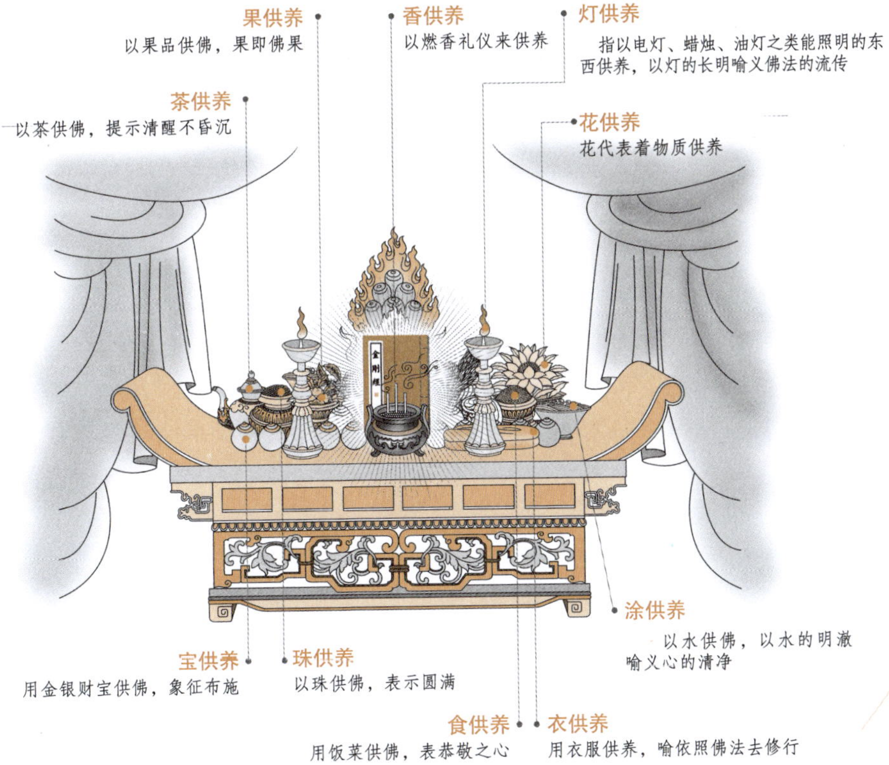

8

“金刚”最如意

经名中的缘由

有了如同金刚一般坚固猛利的般若智慧，才能够到达解脱、自在的彼岸。因为“金刚”最锋利，也最坚固，能坏一切物。般若智慧也是如此，它像金刚破坏铁石一样，能断除一切烦恼，能破一切无明之惑。

所有解释《金刚经》的注疏，都喜欢一开始就剖析经名。但是佛祖正式提到本经的名字，是在这个阶段。

须菩提问了两个问题：第一，这部经叫什么名字？第二，我们如何信受奉持？佛祖把这两个问题合而为一了，他说这部经叫作《金刚般若波罗蜜经》，这个名字就是一个修行妙法，依此信受奉持就没错。这又是佛祖的一个智慧，单叫人看了名字，想起名字，就能够生发智慧，进行修证。

此经最是方便

般若和方便是《金刚经》中不可分割的整体：般若是成佛之母，方便是成佛之父。没有般若，方便就失去了原则目标；而没有方便，般若就无法破壳而出。全经讲的是如何了脱生死，修证到不生不灭的彼岸。能够让我们到彼岸的工具是般若智慧。围绕般若，经文先说般若的无穷妙用，以“离相伏心”之道，令凡夫众生破除对四相的执迷，树立修行佛法的正知正见；再用“无住生心”之法，令诸菩萨布施之心归于清净无相，而行六度以利众生；最后推释般若本体性空，因此众生佛性无论圣凡都一律平等，然后劝令一切有情众生发无上菩提心，走六度万行路，而得到大彻大悟的觉悟之果。整个《金刚经》深入浅出，说法灵活善巧，让受众乐于接受，这就是佛法所讲的方便，也可以说，方便是深奥佛法与尘俗世间的联系纽带。

坚利如同金刚

金刚是最坚最利之物，般若本体性空，最是坚固不破，方便最是善巧，无疑就像金刚一样无往不利，两者的因缘由此而来。金刚宝贝在佛经里的用处都是降魔伏妖，而《金刚经》却是降伏心魔的慧剑。佛祖说出此名，一语双关，因为金刚能断，所以如何信受、奉行此经的答案就是：像使用金刚一样，拿它做降伏一切心魔、断除所有烦恼的法宝。所以，只要按照《金刚般若波罗蜜经》这个名字去信受、奉行，就能断除一切的烦恼，就能到达菩提彼岸。

般若与方便

因为全部《金刚经》就是“文字般若”；你的心只要依着这文字所现的般若妙慧，而去起智慧观照，这就是“观照般若”；你所观照的理境，就是“实相般若”。“三般若”当下在一念中，同时现起，如如不二，这就是“金刚般若波罗蜜”。因此只要你能由“文字般若”而去起“观照般若”，再由“观照般若”去证入“实相般若”，一证入“实相般若”，就是究竟到达彼岸了。这个彼岸就如同金刚坚利的般若智慧，你的心一入了这个般若智慧里面，就能够很自在地断除一切烦恼。

9

得意而忘名

名相非真相

说法只是一个语言之相，所以法的名字只是暂时所起的假相而已。说法的假相，应机而生，缘尽即灭，只不过是临时的一个工具而已，生生灭灭都是因缘决定，没有自我主宰。听经闻法，学习的是法中所含的妙理，而不是要你执著这个说法的相。

虽然要按照经名的启示，由文字上的方便法门去观照自心，再由清净的自心去体悟真理，但是经名只是一个名相而已。同样，虚心听经闻法是一时的需要，为听法而听法并不是学佛的根本目的。

一切“假有”

大乘佛法认为，世界上一切生灭现象和生生灭灭的主体，都是由“因缘”造成的，离开了“因缘”，就体现不出真理的所在。凡是由因缘所生的法，虽然叫作“有”，但这是一种没有自我主宰的存在，不真实的“有”，故被称为“假有”。如来说法，是应机而说，听众是什么样的根机，如来就说什么样的法。所以并没有一个固定的法可说。须菩提是本次说法的当机者，对此深有体会，所以他很肯定地说：“世尊！如来无所说。”因此在真实处上看，说法只是一个假名而已。

虽然说法之相，是缘起、暂有的假相，但并不会妨碍如来教化手段的有效性。既然产生了现象，就是佛法与众生的机遇。暂时也好，缘分也罢，总之众生能够因此得到教化，证悟现象背后的真理，就是此经最大的方便。

万法本空

既然一切现象皆是因缘所生，那么三千大千世界和一粒微尘，都是不真实的存在，只有去除这个“假有”，才能得到真的本质；相对于“有”，本质只好叫作“空”了。基于此，世间万事万物在本质上都是平等的。同样，所有法的本质也都是“空”。对于“空”的认识，只能通过对世俗中的一切“有”的彻底否定来获得，所以微尘不是微尘，世界也没有世界。同样道理，说法的本质是“空”，而“空”只有在对说法本身的彻底否定中才能体现出来。当然，法的“空”也不能离开说法去获取，因为“空”正是通过说法的不真实性得以体现的，所以要通过“无住”“无得”“无相”“无生”等手段去伪存真。

如来说法只不过让众生登乘公共的法船，渡过无边的苦海，然后回归解脱、自在的清净彼岸。得其奥义而舍其名相，这正是如来所教的“到岸不需舟”的智慧。

缘起与性空

同所有的感知存在一样，《金刚经》也是因缘假合的不实之相。因此，可以把这个经名看作一个好方法，但不能以此为真理。

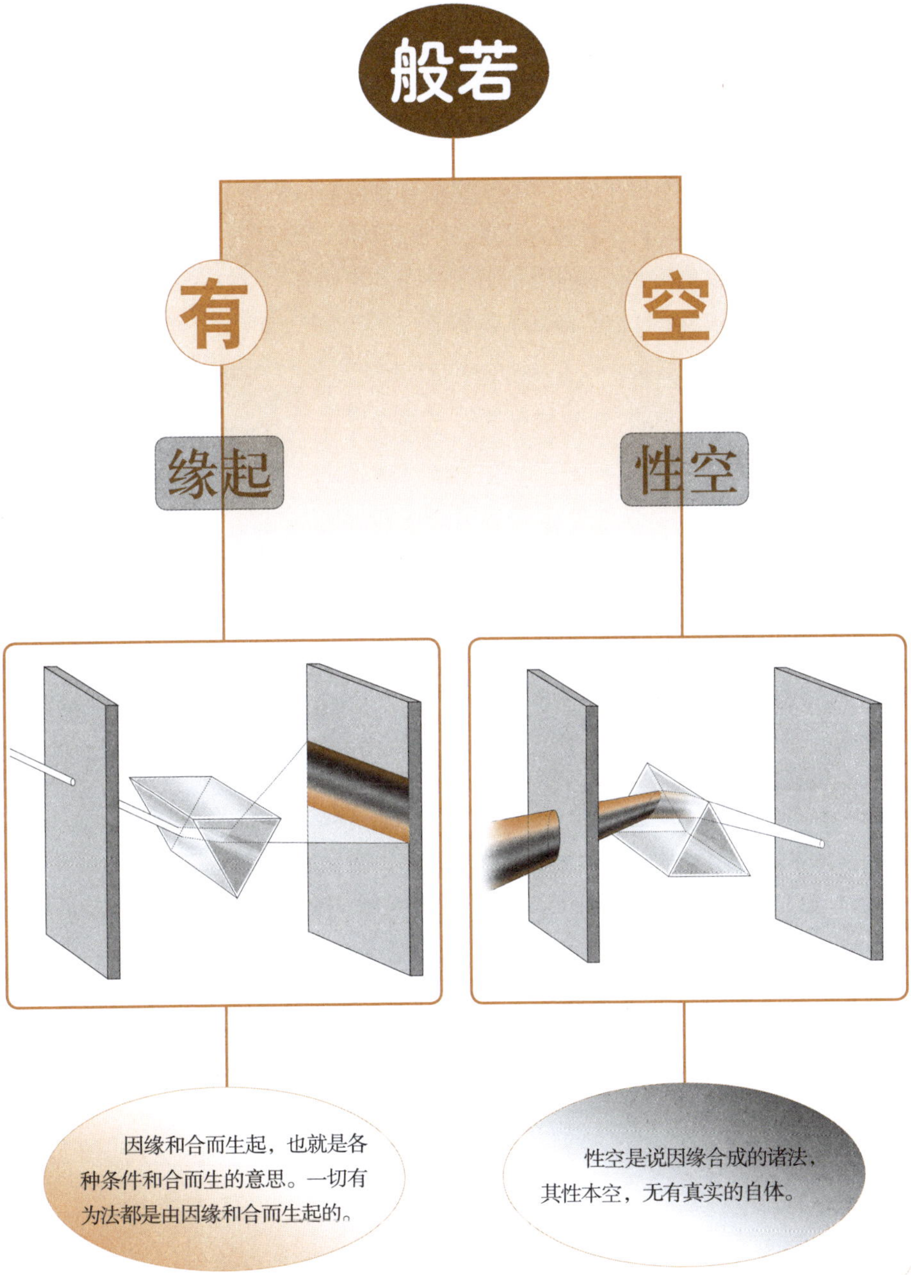

10

法身与报身

如来的三十二相

佛陀自性具足，兼法、报、化三身，其中化身和报身是色身。释迦牟尼佛是殊胜化身，具足三十二相，然而具此色身之相并非是真正的佛法本质。三十二相是佛入世结缘而显现的不同状貌，自然也是假相，并不是真正的法身如来。

世间万物的色身名相，就如同这微尘和大千世界一样，都是虚妄不实的虚相，唯一的真实是如来佛性。佛由此进一步启发须菩提：那么，你对佛本身的所谓“三十二相”怎么看呢？须菩提一通百通，当然明白“三十二相”也是为了引度众生而出现的因缘假相，终究不是如来真谛。所以，这段问答的本义还是要让众生领悟，任何有相都不是如来，即使佛修来的报身之相也是同样。

报身、法身本是一身

报身不是真相，报身是假有，但假有不是没有。就比方说，人生是本空，身体只是一副臭皮囊，但是如果不吃不喝，就会饿就会渴。身相假有并不是没有，它是法身联系世俗因缘世界的媒介而已。

法身如来是永恒的、真实的，但又表现为相对于感知存在的一种“空性”，这种“空性”对没有觉悟的众生而言，是看不见、摸不着又不容易想得通的，所以法身如来要让众生了解真理、亲近真理、相信真理，就必须采取众生习惯的沟通方式，即以因缘聚合的身相、说法来吸引众生、联系众生。所以，身相同说法的功能一样，也是手段；但是没有这种手段，法身真相就同众生失去了联系。

三十二相的离与不离

离相才能见如来。同前面离相的道理一样，三十二相只是因缘智慧，是工具，到了目的地赶紧跳上岸，才能真正到彼岸。如来是“空性”，你证到了如来也就融为了“空性”的一分子，这时候再执意找那个三十二相，就等于累赘了，一累赘就又坠入了烦恼。

可是过河的时候，还是离不开船的，所以，还没有到彼岸的时候必须要借助三十二相的智慧身，它是帮助成佛的媒介，没有媒介，就没办法联系到如来。就像古时候娶媳妇或找婆家，必须借助媒人，通过媒人那张巧嘴可以使双方结合，媒人与婚姻在本质上是一体的。但入洞房的时候就用不到媒人了。三十二相同如来的关系就是这样，既是如来的产物，同如来是统一的，但又不是如来真谛。

如来三十二相

三十二相是如来的应化身相，具此三十二相，表示法身众德圆满，为人天共同的尊者，得道圣贤之王。

11

慧眼识真经

第一稀有

佛祖此次般若讲说的标准很高，没有根基的听众乍听起来，可能像掉进了云雾里；即使有根基的听众，也要几经证释，才能逐渐领悟此“金刚般若”的微妙法门。所以，它的对象是那些上上根的听众，是正准备发无上菩提心、具有慧眼的大阿罗汉。

须菩提的眼泪

一般认为，须菩提原是流转三界的生死凡夫，现在能遇见佛，感受到佛的大慈大悲，法门特别殊胜，内心感动不已，所以才涕泪悲泣。但往深处探究，须菩提这样一个久经历练、年高德劭的长老，能够当众流眼泪，至少还应该有两条愿意：

第一，因为他是解空第一，常禅定静虑，内心纯洁剔透，所以当他感受到佛陀的深恩，感慨于这部经典的义理微妙，又庆幸自己的机缘，忍不住内心喜极而泣，这是真情的流露。《入中论》云：“若异生位闻空性，内心数数发欢喜，由喜引生泪流注，周身汗毛自动竖。”须菩提是上上根性，解空最是擅长，所以听闻“性空”般若自然会有如此强烈的反应。

第二，虽然庆幸自己今日有法缘，能够听到并了悟这样了不起的般若义理，但想到三界中还有无数众生，为剪不断的烦恼所束缚，在无边的苦海中沉浮，生死轮回没有尽头，故生起了菩萨一般的慈悲之心而无声落泪。

慧眼功德

慧眼，即“知实相慧”，此慧能彻见诸法的如实相，所以名慧眼。凡夫肉眼只能看见色法，而圣者的慧眼却能看见众生的心，辨别法与非法。须菩提早在听佛说《阿含经》时就证得罗汉果位，具有了慧眼，但在今天听佛说《金刚经》之前，他从来都没听闻过如此义趣甚深的经典。

一方面，从佛的教育逻辑上来说，须菩提修证声闻乘的阶段，层次不够，确实不能讲说这样的法，所以他没听过。《宣说二谛经》中说：声闻所证空性像牛蹄印迹中的水，菩萨所证的空性则像大海之水一般广大。二者不在一个层次上。

另一方面，很多后世大德认为，须菩提得罗汉果已久，又是解空的高手，即便是佛法高深，也不至于惊讶到这个程度。所以，有猜测说，须菩提表现得这样激动，是为了配合佛讲课的效果，让那些根性迟钝一点的听众受到感染，即使当时不能顿悟，也会记忆深刻，日后详参。

菩萨的真心

慈悲喜舍——四无量心

四无量心是指菩萨普度众生所应具备的四种精神——慈、悲、喜、舍，就是以无量的与乐心、拔苦心、欢喜心和包容心来广度一切有情众生。无量既指没有边际，也指没有人我的领域。须菩提有感而泣，是他所具有的菩萨无量心的显现。

慈是愿人得乐的意思。修行慈无量心，就不但只求自己得到快乐，还要帮助身边的人，乃至十方世界一切众生，都要得到快乐。这不仅要去想，还要脚踏实地地修行实践，尽自己最大的力量去利益众生。

悲是一种悲怜他人受苦的同情心。修行悲无量心，要常怀悲心，忍一切辱；见一切众生受苦，等同身受，要尽全力救拔，令其得脱。所谓“我不入地狱，谁入地狱”。

喜是欢喜，眼看别人能够离苦得乐，顿生一种无限喜悦的心情。修行喜无量心，见人得乐不但不能生嫉妒，而要像自己得乐一样由衷地生欢喜之心，即使是敌人，能有欢乐的事，也同样表示无量欢喜。

舍是舍掉一种分别执著的观念。修行舍无量心，要舍弃内在种种心境、外在种种物质，对众生怨亲平等，不起爱憎。舍无量心可以帮助我们去除偏爱和执著的功德心。

慧眼照见众生平等

慧眼里没有众生相，所照见的是五蕴皆空，一切众生平等。众生平等是发无量心的基础，只有平等，慈悲才能清净无染，不偏堕一方；只有平等，喜舍也才能没有分别，通达无我。

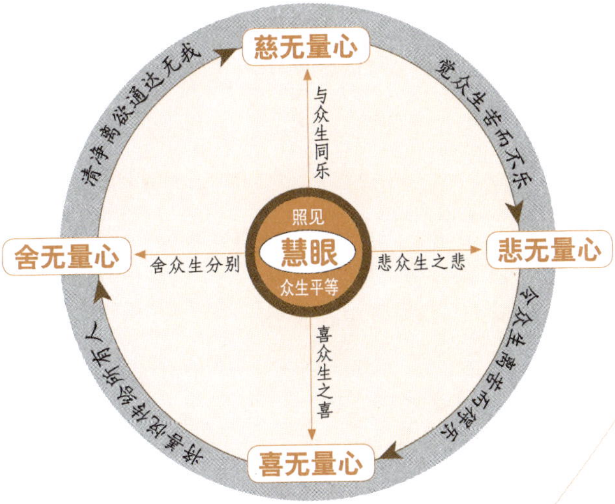

12

清净是道

信心与功德

不仅是须菩提可以得到觉悟与解脱，所有的众生，只要能够领会《金刚经》的真正含义，生出清净的正信，便能够见到真理如来，自然能够成就第一稀有的功德，那是成佛的觉悟。

须菩提在佛的跟前聆听这部《金刚经》，由于佛很懂得文字般若，讲说征引特别善巧，能令听经的众生生起欢喜之心，引发众生的大智慧，所以接受起来极为方便。由于这个机缘，以须菩提的悟性便很容易相信，又能立即明白其中的道理，受持起来没有太多的困难。但若后世有人间接听了这深妙法门，能离一切妄相而信心清净，进而顿悟般若实相，这将是极为难得的稀有功德了！

信心清净是悟道之源

从信仰角度来讲，信心必须是正信，才能清净悟道。正信就是说要把道理彻底了解了，才来信仰，才来学佛。如果道理不透，盲目地去信仰，盲目地去礼拜，那仍然是迷信的范畴。佛法的正信，一定要先懂得道理了，再由理论入手修持。正信是要相信一切众生都有佛性，都是未来佛。这个佛性就是实相，众生本有的自性，只是被凡尘俗念蒙住，所以大家就成了凡夫。所以，清净的意思就是要把凡尘妄念清除干净，显出自在的佛性。

前文讲“由戒生定，由定启慧”，定就是“静虑禅定”，即要求在信心清净的状态下观照自心，证悟般若实相。这个信心一清净，“实相般若”就会显现出来，即所谓信圆果满。由听闻佛法，到信心清净，再到“即生实相”，整个过程也就是由文字般若起观照般若，再由观照般若证实相。简而言之，就是先闻慧，后思慧，再修慧。

第一稀有功德

功德，功是指善行，德是指善心。此处的功德是指用功修行所得的般若智慧成就，先听佛法，而后信心清净，再依文解义，证悟般若实相。

这功德不是普通的功德，它是“第一稀有”的功德，之所以“稀有”，是因为能生“实相”。实相，就是真实之相，也叫佛性、法性、真如、法身、真谛等，是离一切相的真如妙性，是真空理体之相，不是虚妄之相，是不生不灭、不变不坏的唯一真实。所以，能在听闻此经后信心清净，而由此证悟实相，这个功德确实是第一稀有。

稀有的功德

清净信心是功德之母

从听经闻法，一念之间生起清净信心，进而证悟般若实相，成就稀有的大功德，这是修佛的逻辑次序。听经是闻慧，属于文字般若；信心清净是思慧，属于观照般若；大功德是证得般若实相，是修慧，当然就是实相般若。

文字只是一种方便，离开了清净信心的作用力，文字毫无意义可言。

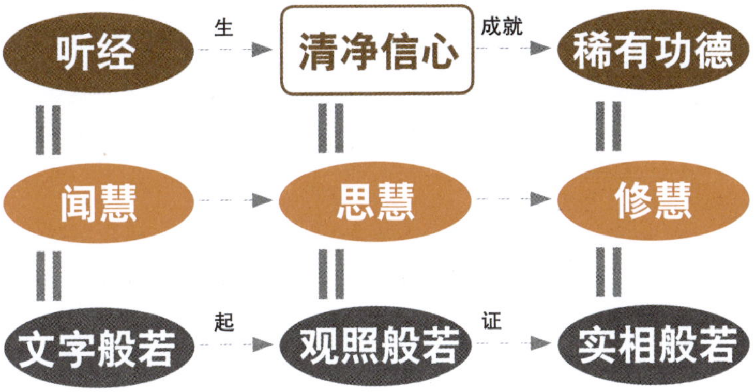

功德与福德

福德与功德不同，外修事功的有漏善是福德，内证佛性无漏智才是功德，福德功德具修具足，才是出离生死苦海乃至成佛作祖之道。

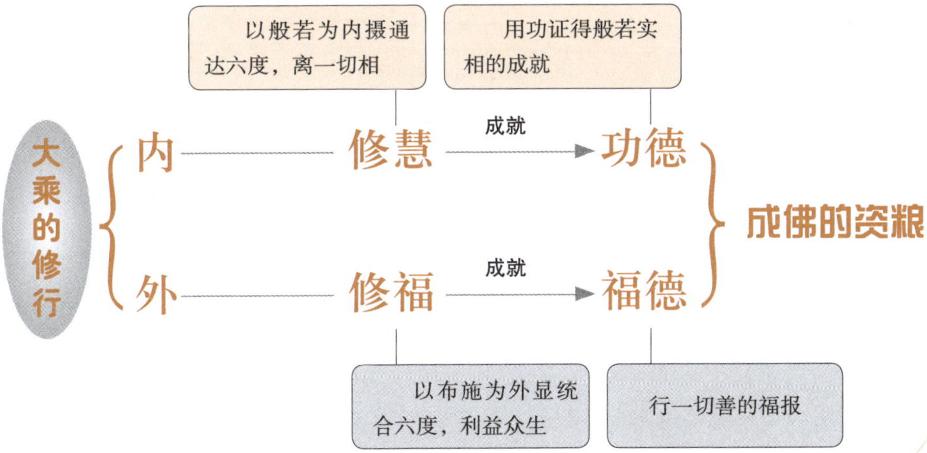

13

第一稀有之人

由六祖惠能说起

须菩提因为在现场，而被佛祖耳提面命，能够信解受持不足为奇。难能可贵的是那些没有亲耳听过佛祖亲说的人，而且在五百年后，甚至更多年后，他们能够因这部经典而信心清净，证悟般若实相，那才是真正稀有的人。

释迦牟尼在世时，修行人得果现象较多，闻法即证果的现象比比皆是。须菩提是佛身边解空第一的杰出弟子，无论从根机、时代哪方面考虑，他能听闻空性法门并不算真正难得、稀有。称得上是稀有功德的，当属后世众生仅凭间接听闻，在时空发生了很大变迁的环境中，仍然能够一念之间信心清净，进而悟道得果。禅宗的六祖惠能悟道，应该是一个很好的例子。

惠能初闻《金刚经》

六祖惠能原是岭南一个樵夫，因为在街边员外家窗下卖柴，听到屋主人念《金刚经》，立时被吸引住了，听到经文“应无所住而生其心”时，恍然惊觉，刹那间开启了智慧，感到对世间之事明白了许多。一念之间内心清净，便有了成佛悟道的心。从他后来见五祖时所说的话，就知道惠能此时显然已开了智慧，只是没有大彻大悟而已（见《六祖坛经·行由品》）。

六祖悟道

惠能后来得到那个诵经员外的资助，辞别老母，千里迢迢地来到蕲州黄梅县东禅寺，参见五祖。等他见了五祖，五祖一看他就说：“一个獦獠，你也来学佛呀！”（“獦獠”当时是对南方少数民族的蔑称）六祖当时就回答了：“人分南北，佛性岂分南北？”五祖已深信这位边远山区的年轻人有大善根，于是就安排他去舂米、做杂事。过了八个月，五祖要传法退居了，就让门人各作一偈，以表自己在修证上的见地，五祖最终认为惠能的偈子最好，就将衣钵暗地里传给了他。传法时，五祖又为惠能再讲《金刚经》，惠能再次听到“应无所住而生其心”时，心中豁然开朗，大彻大悟。（见《六祖坛经·行由品》）

六祖惠能在卖柴听经之前并没有接触过这部经，而且据说他并不十分识字，若不是真心地观照，又如何能领悟这部经典的精深微妙？所以，头一次听闻《金刚经》就能开悟，而且得道之后毕生都在传布般若真理，惠能不愧是佛祖所预言的真正稀有的人。

六祖惠能的稀有

六祖悟道弘法大事记

公元638年 唐贞观十二年，惠能生于岭南新州。

公元661年 唐龙朔元年，惠能于街市听闻《金刚经》开悟；同年，惠能赴黄梅向五祖弘忍求法。八个月后，五祖向惠能秘传衣钵，令其出外躲避。

公元667年 唐乾封二年，惠能至曹溪。后遁于猎人队伍。

公元676年 唐仪凤元年，惠能在广州论解"风动、幡动"；同年，惠能当众示六祖衣钵，剃度出家。

公元677年 唐仪凤二年，惠能率众至韶州，正式开坛说法。

公元713年 唐开元二年，惠能卒于新州国恩寺。

1. 惠能于街市听闻《金刚经》，至"应无所住而生其心"时，生起清净正信，恍然开悟。
2. 惠能初见五祖，言说："人有南北，佛性本无南北"，显出已经开悟。
3. 八个月后，惠能作偈"菩提本无树，明镜亦非台。本来无一物，何处惹尘埃"。
4. 五祖半夜引惠能至密室，亲自为其讲说《金刚经》，再至"应无所住而生其心"时，惠能豁然开朗。五祖遂传其衣钵。

六祖悟道

常人悟道，往往是先入佛门亲近佛法，再渐次悟道。而六祖惠能善根深厚，在街市上第一次听人读诵《金刚经》，就立即生清净信心，悟到了众生佛性平等的道理；而后千里迢迢从广东赴湖北找五祖求佛法。六祖修行的次序是先闻经悟佛道，再入佛门求佛法。

常人悟道的过程： **入佛门** → **悟佛道**

六祖悟道的过程： **悟佛道** → **入佛门**

惠能在街市听人诵《金刚经》，一刹那心生清净，就立即悟道了。

惠能入佛门求法，五祖试其根机，问：一个蛮子来学佛做什么？惠能反语：人分南北，佛性岂分南北？

14

第一波罗蜜

般若最殊胜

佛说般若波罗蜜为第一波罗蜜，是指由“般若波罗蜜”来引导其他五波罗蜜的修证，使之成为无漏的成佛之因，这样的“波罗蜜”就叫作“第一波罗蜜”。

波罗蜜是究竟圆满到彼岸的意思。六波罗蜜，本没有顺序，每一个都是第一。但要想究竟圆满，必须要靠般若波罗蜜的引导。

般若是成佛之因

般若波罗蜜称为第一波罗蜜者，是因般若为诸佛法之母的缘故。在般若来讲，佛法本身可说是一无所有，没有一点东西。佛法不但一无所有，没有一点东西，就连这“一无所有”也“一无所有”，等于是否定的否定，按照逻辑那就成了“无所不有”了。按照般若发心，就会明白万事万物皆是因缘和合而成，所以诸法也都是五蕴假合，没有自性；按照般若修行，亦可知真相本无相，彼岸是不生不灭、不垢不净的存在。修习波罗蜜的人，若不修习般若，往前找不到因，不明白为什么要修行；往后看不到果，不知道修行的目的何在。不明因果，就无法究竟。所以，没有般若的五度，就像没有眼睛的手足，到不了彼岸，也得不到佛果。

般若统摄六度

般若作为六度的引导，修行是就要把握无所有、无所取、无所得、无所生的原则，布施、持戒、忍辱、精进、禅定都要无相、不取相、不住相，这就是菩萨所要做的离一切相而后度众生。这样一来，布施就是般若，般若就是忍辱，忍辱就是持戒，持戒就是禅定，禅定也是精进，六波罗蜜通达如一，就像一艘功能齐全的大船，力量往一处使，即达彼岸。这才是佛法。反之，若是有所执著，布施便不是般若，般若也不是禅定，禅定也不是忍辱，忍辱也不是持戒，彼此之间相互冲突，不能相容。所有的法就都不是佛法了。

第一波罗蜜的本义，是以般若统摄六度，在离一切相的原则下通达如一。第一波罗蜜最终也不过是个虚假的名词，同所有相一样，都不可以去执著。因为这个名词，只是个指向标，就像路标指示“此处右转是花园”，你若是傻傻地站在路标前头，想在路标上看出花来，那是永远不可能的。

般若统摄六度

般若与六波罗蜜

般若统摄下，大乘修行者悟到一切法都没有自性，于是六度万行都不执著于各自的相，彼此通达，你中有我，我中有你，没有高低贵贱。

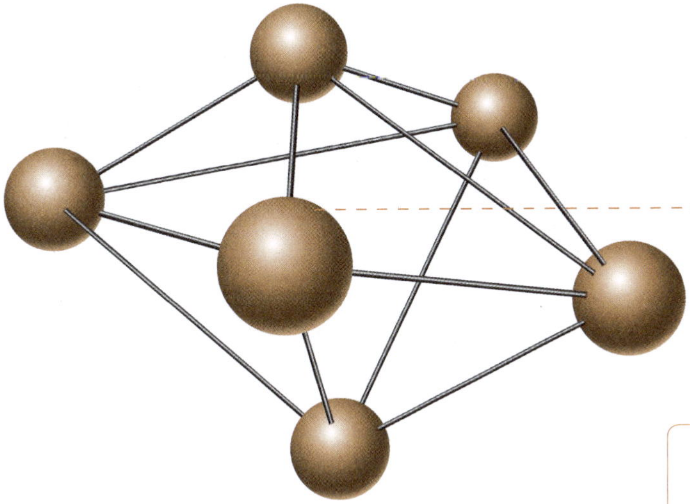

在日常分工中，根据机缘的不同，六度轮换做主角。讲到究竟解脱的稀有功德，如果没有般若引导，众波罗蜜的努力就毫无意义，所以今天的第一波罗蜜，就是般若。

六波罗蜜是一个整体，虽分工不同，但相互联系紧密不可分割。般若是六波罗蜜的一分子，它统摄众波罗蜜的大乘修行方向，但离开其他五波罗蜜，般若也就不是波罗蜜了。

般若波罗蜜

般若如船，能将众生从生死的此岸，度到不生不灭的涅槃彼岸。

般若

- **生空智** 观察一切众生都无实在的我体的智慧，即我空。
- **法空智** 观一切法都是缘起性空的智慧，即法空。
- **一切智智** 一切智中之智，亦即佛智，即如来。

→ **度愚痴**

15

功德再次较量

身布施与法布施

受持《金刚经》，或为他人解说《金刚经》，既可以清净自性，可以成佛；又可以引导别人修行佛道，让一切众生了断烦恼、生死，由凡入圣，证得般若智慧，这种无尽无漏的福德，就不能用数目字来计算了，如恒河之沙，不可限量。

前面已经比较过财布施与法布施的功德了，佛陀不厌其烦地又一次提起，是有他的用意的。因为财布施不只是金银珠宝等身外之物，还包括头眼、皮骨、牙发、唇舌、手足、脑髓等我们身体上的东西，以及我们的体力、智力等与身体相关的能力。前者叫作外财，后者叫作内财。前面无论三千大千世界的七宝之富，还是像恒河里的沙子那么多的三千大千世界的七宝财富，都只是外财。现在要比较的，则是传布《金刚经》的法施和与身体息息相关的内财布施，后者也叫身布施。

身布施的功德

身体布施与一般的财施不同，它有无量无边的功德，除了超凡入圣的得地菩萨外，普通凡夫是不能实践身体布施的，所以身布施的功德非常殊胜。由于一地以上菩萨，入世度众生会有千百万的化身，所以身布施的布施之身也是千百万，这样的大功德对凡夫来讲，是很难超越的。何况无数劫中，每个白天都在以恒河之沙那么多的身体布施，那功德更是不得了。

不退的信心

尽管菩萨在无量百千万亿劫中一日三时做身布施，其功德无量无边不可思议，但如果有人听闻《金刚经》生起不退信心，这样的功德已胜过菩萨无边无量的身布施功德了，更何况以各种各样的形式传布《金刚经》，其功德更是无法衡量了。按理说，一个凡夫单凭听闻《金刚经》，生起一个不退信心，其功德就胜过入了圣位的菩萨身体布施的无边无量功德，这很难让人信服。但是，上上根器的听众，听经的过程中能够“信心清净，即生实相”，一念生起的般若智慧，可以使信心像如来一般坚定不退，获得比菩萨身布施更为殊胜的功德。

一般来讲，凡夫的不退信心是在现世不退，转世之后退不退就难以确定了。而菩萨的信心功德不但今生不退，生生世世都不会退转。所以，《金刚经》所成就的功德，是不能以常理来思量的。

身布施的功德

印度的白昼

中国分一天为十二时，印度分为六时，日三时，夜三时。白天的三时：约十点钟以前为初日分，十点到下午两点为中日分，两点钟以后是后日分。

初日分 约上午十点钟以前的白昼

中日分 十点钟到下午两点钟的白昼

后日分 下午两点钟以后的白昼

身布施在布施中的位置

- **布施**
  - **财施**
    - **普通布施**：指将至少一把茶叶、一碗白饭以上的财物施舍给其他众生。
    - **广大布施**：将自己拥有的骏马、豪宅及儿女等自己最珍爱之人以及珍贵稀有之物施予他人。
    - **极大布施**：布施自己的身体、生命及肢体等。
  - **法施**：为他人灌顶、传法、念传承等，想方设法令他人能够走正道、修善法。
  - **无畏施**：对于无有救护者的众生，作为他们的救护者，对无有亲友者做其亲友等，令众生感到有依靠，不再因弱小孤单而畏惧。

菩萨的分工

菩萨还没有像佛一样圆满具足，所以只能从自己最擅长的入手，所以菩萨是有分工的。中国佛教最有名的四大菩萨就有四种不同的分工，这四位菩萨的分工，可以用四个字来概括：悲、智，行、愿。菩萨无论分工如何，均以普度众生同登彼岸为宗旨，使众生对大乘菩萨之道充满信仰。

“悲”的主持者就是闻名遐迩的观世音菩萨。大凡信佛的人，遇到苦恼，危险，灾难，便会口中念念有词——“观音菩萨保佑！”，观音就会闻声而至。所以观音像是急救人员。还有求子、求财、求福等事情也找观音，看来悲业所辖的范围都是与现世利益息息相关的。

观世音菩萨

“智”的主持者是文殊菩萨。跟着文殊菩萨修行，智慧增长特别快。文殊菩萨顶结五髻，以表大日之五智，手持剑，以表智慧之利剑；驾狮子，以表智慧之威猛。

文殊菩萨

普贤菩萨

“行”的主持者是普贤菩萨。普贤菩萨的坐骑是象，印度的象如同沙漠中的骆驼，背负一切重担，替人类做最劳累的工作，行菩萨道乃是为众生挑起他们的苦难。

地藏菩萨

“愿”的主持者是地藏菩萨。地藏的意思是“安忍不动如大地，静虑深密如秘藏”，据说他就是阎罗的化身，曾扬言“地狱未空，誓不成佛”。他度众生是从最苦难的地方下手。

凡夫、小乘、大乘事业之比较

凡夫追求的是功成名就的世俗价值，即使再辉煌的事业也如黄粱一梦一样，是一场空；而小乘看透了世俗名利，转而修行自我的解脱，但因只顾自己，所以还是小事业；而大乘菩萨之业，致力于众生的解脱。

凡夫的事业	小乘之业	大乘菩萨业
积极入世	出离世间	以出世心入世
追求功成名就 实现个人价值	以个人解脱为目的 实现“我空”	以助众生脱苦海为己任 实现“我空”“法空”
以“自我”为中心摆不脱“我执”的烦恼	以个人的解脱为究竟而不求进步，因“法执”而蒙蔽了大智慧	以悲智六度为工具，度众生离苦得乐，在利益众生的同时，自己也逐渐地究竟成佛

二执与二空

	我	法
凡夫	●	●
小乘圣人	○	●
大乘菩萨	○	○

●执著 ○不执著

❶ 凡夫既有我执，又有法执，无法脱离六道轮回。

❷ 小乘圣人认识到色身乃五蕴假合而成，证到我空。但仍执著于法的实有，还有法执。

❸ 大乘菩萨不仅我空，而且证行法空。即认识到万法皆是因缘而生，其本质是空，并没有自性。

17

忍辱波罗蜜

坚定离相则能安忍

忍辱是修行的难点，所谓忍辱，就是要经得起一切侮辱，对一切侮辱，无论多大，都能一心正受。凡夫众生执著假合的五蕴为“我”，当“我”受到威胁伤害时，忍不住就会生起嗔恨。

忍辱，也叫作安忍。忍，浅白讲就是忍耐，令心安稳，能够忍受外在侮辱、恼害等，包括忍受身心的苦恼、苦痛。佛法特别重视忍辱，尤其大乘菩萨道，把忍辱当作菩萨必须修行的六度之一。

安忍最难

菩萨以布施波罗蜜彰显入世度众生的精神，但布施的时候，“我”与“众生”的因缘之相千姿百态，有欢迎、拥护，也有排斥、抵制，甚至是辱骂、嫉妒、殴打，总之极有可能让人产生怨恨。因为作为具体的个人，都会执著“我”，即有个自尊心，如此一来，尊严变得比生命都重要了，即所谓“士可杀不可辱”。

正因为难以忍受，所以大乘佛法要求修行者，要经得起一切侮辱，对任何的侮辱，都能一心正受。具体在实践上，就是以般若智慧作为引导，离相度众生，无我相，无人相，无众生相，无寿者相，一切相都不挂心，那所受的侮辱就是虚妄不实的假相，也就无所谓愤怒和报复的对象了。否则，即使强行忍耐，也会生愤怒憎恨之心，这样在度众生的时候就有我、人、众生以及寿者相了，那就不是菩萨的行为了。

忍辱仙的榜样

据说，释迦牟尼在前世做忍辱仙人时，在深山修忍辱行，当时的国王是歌利王。一天，歌利王带了好多的妃子眷属，到山中去打猎。玩乐累了，歌利王就在林子里睡着了。妃子宫女们乘机到处游荡，看到忍辱仙人独自修行，就被吸引了过去，并请他讲法。歌利王醒来，循声找到了忍辱仙人跟前，看到自己的宫妃们正围着一个陌生男人，歌利王这时难免不生起怒火，于是把忍辱仙人的身体一块块地割了下来，先割掉他的耳朵、鼻子，接着割截四肢。而且他边割边羞辱仙人：我这样对你看你还能不能忍？这个忍辱仙人尽管遭受到如此残酷的凌虐，但因为他是修忍辱行的，自始至终没有喊疼，心里头也没有怨恨。为了向歌利王证明没有怨恨之心，忍辱仙人让自己的身体立即复原了。

忍一切难忍之辱

忍辱波罗蜜

忍辱
- 【生忍】忍受众生的种种加害而不起愤恨嗔怒之心。
- 【法忍】忍受寒热风雨饥渴老病等自然规律的祸害而不愤怒。
- 【无生法忍】安住于无生的法理而不动心。

→ 度嗔恚

忍辱的功德

忍辱的功德
- **能忍所骂** 虽被人叱骂，而能忍受不加报复。
- **能忍所打** 虽被人捶打，而能忍受不加报复。
- **能忍所恼** 虽被人恼害，而能忍受不加报复。
- **能忍所嗔** 虽被人嗔呵，而能忍受不加报复。
- **八法不动** 不为世间利、衰、毁、誉、称、讥、苦、乐等八法所动。
- **烦恼不染** 菩萨得“集因缘平等智力”，故一切烦恼皆不能染。

忍辱仙受歌利王之辱

18

菩萨的境界

离一切相

如果菩萨真想助众生脱苦离难，那就不应该有我相、人相、众生相、寿者相。有了“相”的概念，就有了分别心，这既帮助不了众生，更对自己的修行无益。因为心中一起“相”，自己也就不是菩萨了。

佛祖向听众阐明：作为菩萨，应该离一切相状，发无有任何执著的菩提心；不住一切相，修没有任何六境执著的菩提心。佛祖举自己昔日修安忍波罗蜜的例子，就是把自己离相修忍辱而得到成就的经验拿出来分享；作为后学弟子，众比丘及所有发心修无上菩提的众生，也都应该离一切相，不住一切相。没有任何执著的菩提心才是真实的菩提心，发菩提心和修菩提心都不住相，才是真正的菩萨所为。

● 发心要离相

发心，就是树立修行的信念，菩萨要有成就无上正等正觉的最高信念，即要有成佛的信念。前面讲过菩萨发心成佛、度众生，要离四相，其实本质上就是要离一切相。因为，佛反复地强调：凡所有相，皆是虚妄。很多人想成佛的目的是想得到神通，这其实是对“相”的最大执著，因为佛的神通只是在教化众生时随机的一种手段而已，也是假相，并不是如来真谛。所以，发心离一切相，才能有真成就。

● 修心不住相

修心更不能住相。菩萨度是在红尘中普度众生，处处充满了色、声、香、味、触、法的诱惑，修行者要不住六境，无论命运如何变幻，都能不断地清净自心。修行不是一蹴而就的事，即使有了些许成就，也还要不断“净心”，以求更上一层楼。

● 度众生不住相

菩萨修行不光是只为自己，只为自己解脱的叫作“自了汉”，是独轮小车，是“小乘”，转来转去，仍然没有离开“我”相，还是有“我”与“他人”“众生”的分别心，还是忧心自己的生死大事，即摆不脱“寿者相”。

众生都是未来佛，菩萨所进行的一切布施，是为了让众生都认识自己的佛性，而发心修佛。但布施一定要离一切相，才能无我、无人、无众生、无生死，如果执著这些，那就背离了众生佛性平等的原则。所以，不加分别地对待一切众生，就像对待大海中的每一朵浪花一样。

四门离相

综合显宗各宗教义，菩萨的修行大致分为四个阶段，以四门表示即为发心门、福德门、智慧门、精进门，每个门又包含不同的阶位。只有四门都不住相，才能最终成佛。

精进门，又叫涅槃门

是菩萨进入最终涅槃的门户，居北方。这个阶段不住相，就可以成佛了。

发心门

即立誓成佛的阶段，如日出在东方，故以东门为发心门。发心不住相，方可进阶到修行门。

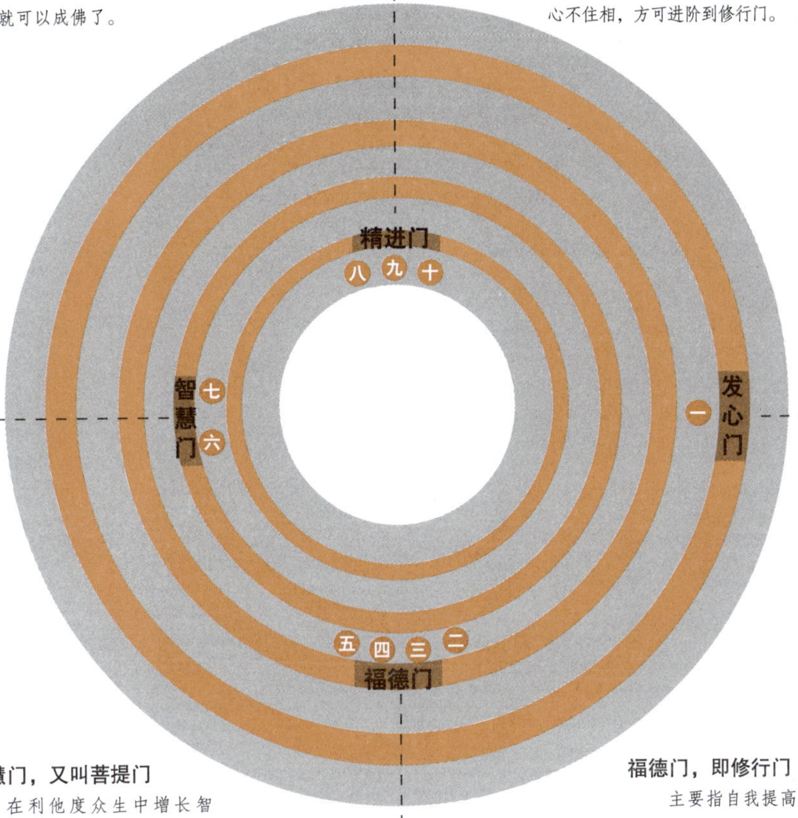

智慧门，又叫菩提门

在利他度众生中增长智慧，在四门中居西。度众生不住相，才能到涅槃门。

福德门，即修行门

主要指自我提高，广修福报的阶段，是南门。修行不住相，才能进阶到菩提门。

四门 也是十地菩萨所修的阶段，每个阶段的离相，都会升到更高的阶位。

一 初地菩萨	二 二地菩萨	三 三地菩萨	四 四地菩萨
五 五地菩萨	六 六地菩萨	七 七地菩萨	八 八地菩萨
九 九地菩萨	十 十地菩萨		

19

如来的信誓
一定是真话

佛陀断除了沟通的语障，是值得信任的讲真话的人。因为佛陀的贪嗔痴烦恼皆已断尽无余，不存在说妄语的因。而且，从成佛到涅槃期间，世尊没有说过任何欺骗众生的语言，他所说的法都在不同的层次上利益众生。

根基不同的众生，对如此深奥的佛法难免起疑心，佛陀的话到底是真还是假？鉴于这种情况，佛当众承诺：所说的一切法，都是依法真义所说，是真实不虚的。无论如来的说法怎样随机变化，众生都可以安心地相信，因为如来所说出的言语是真实不虚妄的。

● 佛境凌绝顶

按照佛法所讲，如来是在整个世界唯一说话真实的人。尘世间的诚实者，因为还没有断除语言的障碍，所以他在方便时为达到目的也可能会说一些不真实的语言，但佛断除了语障，他的语言究竟圆满。针对众生不同的根机，佛会以不同的形式讲说不同的内容，比如初次说法为五比丘说“四谛”，而这次法会上又讲了连须菩提等人都没听过的“金刚般若”，虽然境界大不相同，却都是成佛所必须要走的路。

佛与众生境界不同，以登山做比喻，佛已经到了最高峰，所以站得高，看得远。众生成佛路上的一切艰难困苦，都在佛的眼中；一切通往山顶的道路，佛也看得清楚。所以，对还在苦海中沉浮的众生来说，佛的话就是灯塔，是众生不迷失的可靠保证。

● 真理不实不虚

佛陀发信誓的目的，是劝人对《金刚经》信受奉行，但又怕众生执著这个誓言，以为佛所说的法就是真理。所以，佛紧接着告诉众人，真理是无所谓实，也无所谓虚的，是一种“空性”的存在。一般人认为不虚则应是实有，不实亦应是虚无，实际并非如此。真理借助一切法、一切相，可以指引人们脱苦离难，所以它是存在的，是不虚。但可以摸得到、看得见的、听得着的相、法又不是真理本身，甚至它的大小、冷热等属性都无法用仪器测量出来，所以没有所谓的实在。

菩萨入世行布施，应该依着真理的不实不虚，不住一切相，也不住一切空，才能利益众生；否则就像进了没有光线的黑屋子一样，不要说帮助别人，恐怕自己都寸步难行。

佛的语言

佛言如灯塔

佛语是世界上唯一的真理，佛陀一瞬间对万事万物通达无碍，能够对不同众生宣说不同的法语。佛所说的法暂时或究竟都在利益众生，帮助他们获得解脱，就像黑夜里的灯塔，指引着迷途的航船；循着佛法前行，就能究竟解脱到彼岸。

真理与虚实

真理	不实	不住有	不固守实有的形态
	不虚	不住空	不随因缘流转而损害自性

20

火种的力量

佛法复兴的希望

《金刚经》是火种，它能够点燃所有有根器者的佛性，借助今天的传播途径，会有越来越多的大根器者，对此经生起清净信心，投入到行六度普济天下的光辉事业中。或许经过努力，在末法时代之后，会迎来佛法的伟大复兴。

佛一再强调《金刚经》的稀有珍贵，是因为《金刚经》还肩负着一个重要使命，即佛法的传承兴旺。就像科幻电影中，当一个星球上的高等智能生物逃不过大灾难的时候，他们会把自己物种的某种 DNA 或者能够继承他们生命的重要东西，很宝贝地密封起来，发射出去，等那个宝贝一遇到合适的环境，就会自动开启，自我繁衍，或许又会开拓出一片新的天地。佛已经预见到他死后若干年中，佛法将一点一点地衰落下去，但他老人家寄希望于《金刚经》，他毕生所讲的核心经典，希望这枚火种，能在末法时代，在关键的时候，重新燃起人们对佛法的希望，创造另一个佛法兴盛的时代。

因此，佛告诉众生，一定要恭敬讲说《金刚经》的所在，就像对待佛塔一样，要拿香火、鲜花在四处供养。

清净罪业

佛教里有很多消业障的方法，《金刚经》消业是其中最重要的一种。佛法讲凡事都有因果，如果受他人批评、侮辱，或者有灾难、不如愿等，这些都是以前所造的恶业。不懂《金刚经》中的道理，可能就会怨天尤人，不仅消除不了罪业，反而会继续堕落。但如果受持诵读《金刚经》，懂得了般若的深理，懂得了忍辱，那么别人的侮辱轻慢，恰恰是你最好的修行对象。这样实践下来，所得的功德会抵消之前的业障，甚至能除尽烦恼，生清净之心，再接下来就快成佛了。

功德比佛祖还大

佛向须菩提回忆起在遇到然灯佛之前，就已经遇到过去八百四千万亿亿的佛，凡是有缘的，都没有错过，都亲自供养过、亲近过。这样他才种下了大善根，才会被然灯佛授记。这是多么大的功德！可是因缘是不一样的，如果后末世，有发菩提心者，信解、受持、诵读、讲解《金刚经》，那功德不知要比佛前世供养诸佛的功德大多少倍。这并不是佛有意夸大，因为后世能接下《金刚经》这枚火种的人，担负的责任实在太大了，以至于佛祖反复称颂。

希望与责任

八大灵塔

佛陀住世时，曾对弟子称扬八大灵塔，说明如果有人发大信心，修建八大灵塔，承事供养，这个人可得广大利益，获大果报，善名美誉留传后世。

后人果然按照佛的嘱咐，分别在与佛关系密切的圣迹上修建了八座大塔，称为八大灵塔。

名称	地点	纪念意义
迦毗罗	迦毗罗卫城蓝毗尼园	佛陀降生之地
摩揭陀	摩揭陀国尼连禅河边	佛陀成道处
波罗奈	迦尸国波罗奈城鹿野苑	佛陀初转法轮处
舍　卫	舍卫国祇树给孤独园	佛陀现大神通处
曲　女	桑伽尸国曲女城	佛陀从忉利天说法，下降于此
王　舍	王舍城	佛陀于此处说法度生
广　严	广严城	佛陀于此处思考肉身寿命的长短
拘尸那	拘尸那城娑罗林内	佛陀入涅槃处

恶道与善道

六道之中，人道、天道、修罗道是三善道，而地狱道、饿鬼道、畜生道是三恶道。其中地狱众生要受沸水、炭火的煎熬，也叫火途；饿鬼众生要受刀杖驱逼、屠杀之苦，也叫刀途；而畜生道众生弱肉强食，相互残杀，也叫血途。

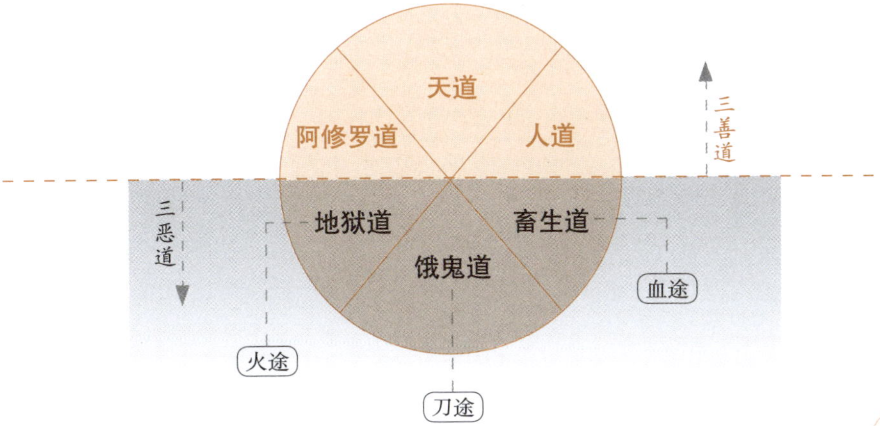

通达无我，不住于相，福德就无边无量；反之执著我、法，住于相，福德就非常有限。因为众生都有佛心，执著了自我，本来的佛心就迷失了，这样修行、求佛，是不会有什么大成就的。清净自心，佛性就显露出来了，这样去布施、忍辱修一切善法，就会有无量的果报。

第6章

通达才能无漏

修行的真谛

本章图版目录

本章解经

尔时，须菩提白佛言：世尊！善男子、善女人，发阿耨多罗三藐三菩提心，云何应住？云何降伏其心？

此时，须菩提在佛前陈述："世尊，世间行持大乘佛法的善男子善女子，已发非常殊胜的无上正等觉菩提心，然后他（她）们应以怎样的方法安住所缘，又以何方法继续修持菩提心，以何方法调伏自心？"

佛告须菩提：善男子、善女人，发阿耨多罗三藐三菩提心者，当生如是心，我应灭度一切众生。灭度一切众生已，而无有一众生实灭度者。

佛告诉须菩提："善男子善女子，发无上正等正觉菩提心应该如此这般，首先发菩提心：我应灭度世俗中一切众生，灭度一切众生之后，而事实上，没有一个众生是自己灭度的。能灭度者与所灭度的众生都不存在。"

何以故？须菩提！若菩萨有我相、人相、众生相、寿者相，则非菩萨。所以者何？须菩提！实无有法发阿耨多罗三藐三菩提心者。

"为什么？须菩提，如果菩萨有我相、人相、众生相、寿者相，就不是真正的菩萨。原因是什么？须菩提，实际上，没有法是发无上正等正觉菩提心的。"

须菩提！于意云何？如来于然灯佛所，有法得阿耨多罗三藐三菩提不？

佛问："须菩提，你是怎么想的？释迦牟尼佛在然灯佛前有没有获得无上正等正觉之法？"

不也，世尊！如我解佛所说义，佛于然灯佛所，无有法得阿耨多罗三藐三菩提。

须菩提回答："没有，世尊。根据我对佛所说深意的理解，您在然灯佛面前没有成就无上圆满正等正觉之法。"

佛言：如是！如是！须菩提！实无有法如来得阿耨多罗三藐三菩提。须菩提！若有法如来得阿耨多罗三藐三菩提者，然灯佛则不与我授记：汝于来世，当得作佛，号释迦牟尼。

佛称赞道："是的！非常对！非常对！须菩提！实相中如来没有法得到无上圆满正等正觉。须菩提，如果有得到殊胜正等正觉菩提心，那我就是有我所执了，然灯佛也就根本不会给我授记：'你于来世，当会成就佛果，名号为释迦牟尼。'"

以实无有法得阿耨多罗三藐三菩提，是故然灯佛与我授记，作是言：汝于来世，当得作佛，号释迦牟尼。

"正因为万法无一法实有存在来得到无止圆满正等正觉，所以然灯佛方给我授记：'你于来世，定当作佛，名号为释迦牟尼。'"

何以故？如来者，即诸法如义。若有人言：如来得阿耨多罗三藐三菩提。

"为什么呢？如来者即是诸法的本义，真正证悟了真如称为如来。就像世间有人说：'如来已经获得无上圆满正等正觉之果位。'"

须菩提！实无有法，佛得阿耨多罗三藐三菩提。须菩提！如来所得阿耨多罗三藐三菩提，于是中无实无虚。

“须菩提，在实相上，佛从未得到实有之法，也从未获得圆满正等正觉之果位。须菩提，如来所得的无上正等正觉果位，实际上非空非有，即空即有。”

是故如来说一切法皆是佛法。须菩提！所言一切法者，即非一切法，是故名一切法。须菩提！譬如人身长大。

“所以如来说：一切法皆是佛法。须菩提，所以说一切法，实际上并非实有法，只是名称上叫作法。须菩提，就好像人身体成长。”

须菩提言：世尊！如来说人身长大，则为非大身，是名大身。

须菩提说：“世尊，如来所言人身体长大，在实际并不是大身，而是在名言中称作大身。”

须菩提！菩萨亦如是。若作是言：我当灭度无量众生，则不名菩萨。何以故？须菩提！无有法名为菩萨。是故佛说：一切法无我、无人、无众生、无寿者。

“须菩提，同样，菩萨也是这样，如果有些菩萨说：‘我要灭度天下一切众生’，这就不是真正的菩萨。为什么呢？须菩提，因为有相状执著即不是菩萨，在实相中不执任何法方才叫作真实的菩萨。所以佛说：证悟一切法实相时无我、无人、无众生、无寿者，即远离一切相。”

须菩提！若菩萨作是言：我当庄严佛土，是不名菩萨。

“须菩提，如果发菩提心的菩萨认为：我应当庄严佛土。那么他就不是真正的菩萨。”

何以故？如来说庄严佛土者，即非庄严，是名庄严。须菩提！若菩萨通达无我法者，如来说名真是菩萨。

“为什么？要知如来所说的庄严佛土，本无实性的庄严佛土可得，只是缘起名称上的庄严。须菩提，如果菩萨通达了无我无法，证悟诸法空性之义，那么如来说，这就是真正的菩萨了。”

须菩提！于意云何？如来有肉眼不？如是，世尊！如来有肉眼。

佛问道：“须菩提！你怎么想的，如来具足肉眼功德吗？”须菩提答：“是的，世尊，如来具足肉眼功德。”

须菩提！于意云何？如来有天眼不？如是，世尊！如来有天眼。

佛又问：“须菩提，你怎么想的，如来具足天眼功德吗？”须菩提答：“是的，世尊，如来具足天眼功德。”

须菩提！于意云何？如来有慧眼不？如是，世尊！如来有慧眼。

佛又问：“须菩提，你怎么想的，如来具足慧眼功德吗？”须菩提答：“是的，世尊，如来具足慧眼功德。”

须菩提！于意云何？如来有法眼不？如是，世尊！如来有法眼。

佛又问：“须菩提，你怎么想的，如来具足法眼功德吗？”须菩提答：“是的，世尊，如来具足法眼功德。”

须菩提！于意云何？如来有佛眼不？如是，世尊！如来有佛眼。

世尊又问："须菩提，你怎么想的，如来具足佛眼功德吗？"须菩提答："是的，世尊，如来具足佛眼功德。"

须菩提！于意云何？如恒河中所有沙，佛说是沙不？如是，世尊！如来说是沙。

佛又提问："须菩提，你心里是怎么认为的呢？就像恒河中所有的沙数，佛陀是否会说是沙呢？"须菩提回答："是这样的，世尊，如来说是沙。"

须菩提！于意云何？如一恒河中所有沙，有如是沙等恒河，是诸恒河所有沙数佛世界，如是，宁为多不？甚多，世尊！

佛问道："须菩提，你心里怎么想？如果有如同一条恒河中所有沙的数目那么多的恒河，那么如同这些河中的沙粒数一样多的佛国世界，这么多的数，是不是很多呢？"须菩提答："非常多，世尊！"

佛告须菩提：尔所国土中，所有众生，若干种心，如来悉知。何以故？如来说诸心皆为非心，是名为心。所以者何？须菩提！过去心不可得，现在心不可得，未来心不可得。

佛告诉须菩提："这么多不可思议的众多国土中，所有众生各自不同的种姓、根基及他们的性情差别，如来无不知晓，如实照见。为什么如来能完全通达每个众生心呢？因为一切众生心在实相中非真正的心，仅仅是名称上称之为心。为什么呢？须菩提，因为在本性上，过去的心无法可得，现在的心无法可得，未来的心也无法可得。"

须菩提！于意云何？若有人满三千大千世界七宝，以用布施，是人以是因缘，得福多不？如是，世尊！此人以

是因缘，得福甚多。

“须菩提，你是怎样想的？如果有人用盛满三千大千世界的七宝做布施，这个人因此所得的福德，多不多？”须菩提答：“很多，世尊！此人因布施所得的福德多极了！”

须菩提！若福德有实，如来不说得福德多；以福德无故，如来说得福德多。

佛随即说：“须菩提，你应该明白，如果福德实有存在，如来则不说这样得到的福德多，因为福德本来不实，所以如来在诸经中广说布施功德之大。”

须菩提！于意云何？佛可以具足色身见不？不也，世尊！如来不应以具足色身见。何以故？如来说具足色身，即非具足色身，是名具足色身。

佛问：“须菩提，你怎样认为？可以从色身的具足中，正见如来吗？”须菩提答：“不能，世尊。不能以见佛色身得见如来。为什么呢？因为如来在经中说：具足色身并非具足色身，即非具足身相，只是名称而已。”

须菩提！于意云何？如来可以具足诸相见不？不也，世尊！如来不应以具足诸相见。何以故？如来说诸相具足，即非具足，是名诸相具足。

佛问：“须菩提，你怎样认为？可以从诸相的具足中，正见如来吗？”须菩提答：“不能，世尊。如来不能以具足妙相的外相而见。为什么呢？所谓的诸相具足，实相中并不成立，只是名称中安立为诸相具足。”

须菩提！汝勿谓如来作是念：我当有所说法。莫作是念，何以故？若人言如来有所说法，即为谤佛，不能解我

所说故。须菩提！说法者，无法可说，是名说法。

佛对须菩提说："须菩提，你不要以为如来会这样想：'我当为众生说种种的法。'不要认为如来会这样想，为什么呢？如果世人认为如来说过法，那就不是知佛赞佛，反而是谤佛了，这是不能理解我所说佛法之秘缘故。须菩提，所谓的说法者，实际上，没有任何可说之法，只是名称上假立为说法而已。"

尔时，慧命须菩提白佛言：世尊！颇有众生，于未来世，闻说是法，生信心不？佛言：须菩提！彼非众生，非不众生。何以故？须菩提！众生众生者，如来说非众生，是名众生。

此时，须菩提于佛前请问："世尊！未来末法五百年，有许多众生在听闻这部经书时，是否会生起极大信心获得功德？"佛回答："须菩提，众生的本性不可得，本来就没有众生，只是在世俗中可以有如幻如梦的所化众生。为什么呢？须菩提，因因缘所生的众生，如来说过并非众生，乃是名称上称之为众生。"

须菩提白佛言：世尊！佛得阿耨多罗三藐三菩提，为无所得耶？佛言：如是！如是！须菩提！我于阿耨多罗三藐三菩提，乃至无有少法可得，是名阿耨多罗三藐三菩提。

须菩提对佛说："世尊，佛得无上正等正觉果位，于实相中实无有所得吗？"佛说："是的，是的，须菩提。我于无上圆满正等正觉果位，在实相中少有法乃至无法可得，只在名称上叫作无上正等正觉果位。"

复次，须菩提！是法平等，无有高下，是名阿耨多罗三藐三菩提。

佛又说："其次，须菩提，一切法平等，没有高下，所以称之为无上正等正觉果位。"

以无我、无人、无众生、无寿者，修一切善法，即得

阿耨多罗三藐三菩提。

“若远离我、人、众生、寿者等一切执著，修持一切善法，即可获得无上圆满正等正觉的佛果。”

须菩提！所言善法者，如来说即非善法，是名善法。

“须菩提！所谓的善法，如来说不是善法，只是名称上称为善法。”

须菩提！若三千大千世界中，所有诸须弥山王，如是等七宝聚，有人持用布施。

“须菩提，如果聚集整个三千大千世界中所有像须弥山一样大的金银等七宝供养布施众生，功德不可思议，无法言喻。”

若人以此《般若波罗蜜经》，乃至四句偈等，受持、读诵、为他人说，于前福德百分不及一，百千万亿分，乃至算数譬喻所不能及。

“然而，如果有人以《金刚般若波罗蜜经》，哪怕仅仅受持其中四句偈，受持、读诵、为他人宣讲，就会远远超过前面的功德。以七宝布施的功德比不上宣讲《金刚经》功德的百分之一，百千万亿分之一，甚至是数目譬喻无法表达的。”

菩萨的清净心

发心实无有法

经过之前种种提点，想必听佛说法的众人都已经明白了如何发菩提心。但是发了菩提心之后，如何能让这个心安住不退，或者说有什么方法保持菩提心一直发下去？须菩提第二次郑重地提问，听起来虽然同第一遍请示佛法很相似，但实际上又递进了一个层次。佛仍旧是有条不紊地启发众人。

无我才能通达

发了修行无上菩提的心，就应该同时立下令一切众生都成佛的誓愿。许多菩萨都立过这样的誓，如观音菩萨立誓“众生不成佛，我誓不成佛”，地藏菩萨说“众生度尽，方证菩提。地狱不空，誓不成佛”。但菩萨度众生，是离一切“相”的，因为菩萨已经摆脱了“我执”，没有了私心，没有了自己和他人的分别，没有了“我在上，众生在下”的念头，更不担心自己的生死寿限了。在菩萨的事业里，众生成佛即是自己成佛，自己成佛的时候也是众生都成佛的时候，两件事成了一件事，也就无所谓谁度谁的问题了，自然也不会有众生是被自己度化的念头。也就是说，只有无我，才会破除一切“相”的障碍，才会成为通达十方世界的菩萨，否则，有了“我”的概念，心中就会有妄念，就不是菩萨了。

众生发了成佛的心，所行的也应该是菩萨的路，不执著这个“我”，是首先应该做到的。

无法胜过有法

达到无我的通达境界，是没有具体的方法和途径的，所谓“八仙过海，各显其能”，一切圣贤达到“无我”，都不是只有一个方法的。佛陀有十大杰出弟子，每个人在修行上都有擅长的一面，但最后都成了正果。所谓“法”，也不过是五蕴假合的机缘，众生的妄心有差别，就需要有差别地对待，就像医学所讲的“对症下药”，症状不同，就会产生不同的方子。如果以为拿到了一个“神仙方”，可以包治百病，那就是所谓的“法执”了。

所以，有根性的修行者都是以无法为法，遇到声色诱惑就去持戒，遇到侮辱打骂就去忍辱，总之是“见招拆招，随机应变”。到最后，只要能够把般若智慧任运自然，方法都是次要的。无论是修行，还是成佛，都没有固定的道路，只要大方向是对的，总会殊途同归。

大乘菩萨业

大乘佛教的目标是成佛，即追求绝对真理。大乘的修行实践，主张“我法两空”，一边证我空，入涅槃，以累积福德；一边证法空，度众生，增长智慧。在利益众生的过程中自利，福慧具足而成佛。

名词解释

我空： 即无我。众生虽都有身心，但身心、万相皆是五蕴假合而成，没有一个恒常实在的我体。

法空： 一切万法皆是因缘而起，其性本空，没有永恒不变的法体。

最难舍离的“我”

大乘修行的主线

众生相信佛法、追求成佛的力量，来源于众生自身固有的佛性。但是人有了思维能力之后，最初还有一种强烈的冲动，就是把自己和周围的环境区别开来，这种分别的愿望就是执著自我的力量来源。这两种力量始终在人的意识里博弈，最后生命的质量，要看哪种力量占主导。

“我执”是妄心的根源

长久以来，多数人还是“执著自我”占主导，虽然有时候能够清醒地感觉到自我、肉体和生命并非实有存在，就如佛法里所讲的，是由许多因缘聚合而成的，但多数众生还是固执地认为“自我”是实有的，甚至是无条件地顺从这种意志，在现实生活中集中体现为众生的私心和私欲。私心、私欲既能令众生产生许多错误的知见，也常常使人们的本能、理性、意志之间产生分裂，也就造成了众生在评判自己和别人时经常使用不同标准。我就是对的，违背了这个原则，就会产生痛苦、烦恼；达不到这个原则，就会有贪婪、欲望。总之，对自我的执著，是产生妄心的根源。因此，降伏虚妄之心的首要环节，就是破除“我执”。

小乘佛教虽然认识到了“我”本没有实体，是因缘合成的现象，但不承认万法皆空，认为一切起作用的法都是有实体的，这叫“法有我空”。但对法执著，是我去执著，大乘认为这也是我执，应该叫作“法我执”。只要有执著，妄心就难以降伏，所以，大乘佛法修行是我执、法执一起破除的。

破除“我执”的途径

破除“我执”的途径在修行实践中。大乘修行从发心修佛开始，起心动念就不想自己，而从利益众生的角度去感受苦乐，久而久之自己就同六度万行的大事业融为一体了。具体说来，大乘破除“我执”要靠六波罗蜜的完美协作，布施破贪婪、吝啬，持戒防止身口作恶，忍辱破嗔怒、憎恨，这三者将我们看问题的角度、立场和情感做了一个转换，突破了自私的壁垒；精进要求修行者长期坚持，精进不懒惰；禅定是对自心活动的清明洞见，防止心神散乱不专；而般若最为关键，它破除对自身知见的盲目和迷信，从而指明了学佛的正确方向。

我是什么

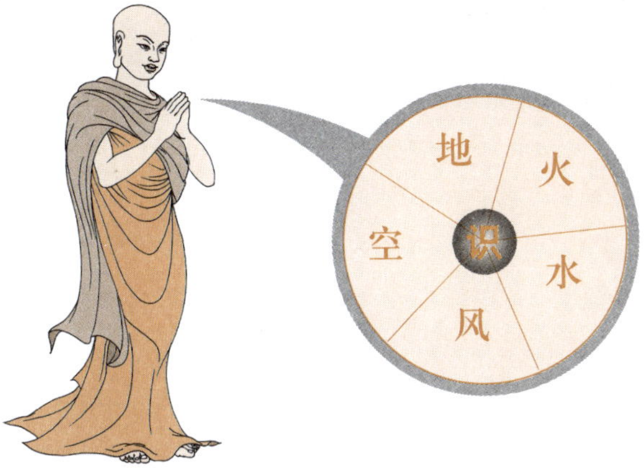

自我是众法和合的一个假相，身体由地、火、水、风四大元素构成，再加上空和识，"我"这个相就是六大连续和合的产物，而并不是一成不变的永恒存在。

地大

一切坚硬的东西，如皮肉、骨骼。

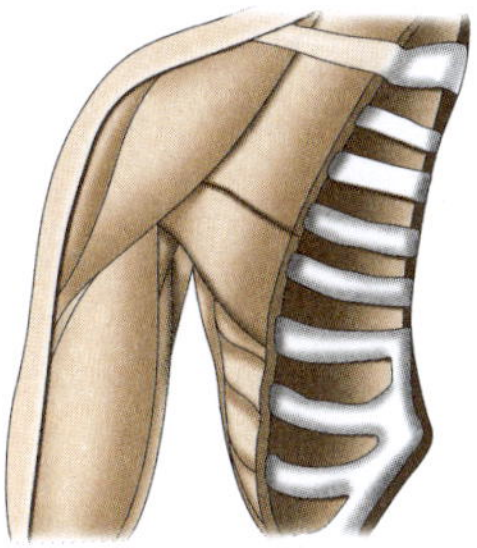

水大

一切液态的东西，如血液、汗液等体液。

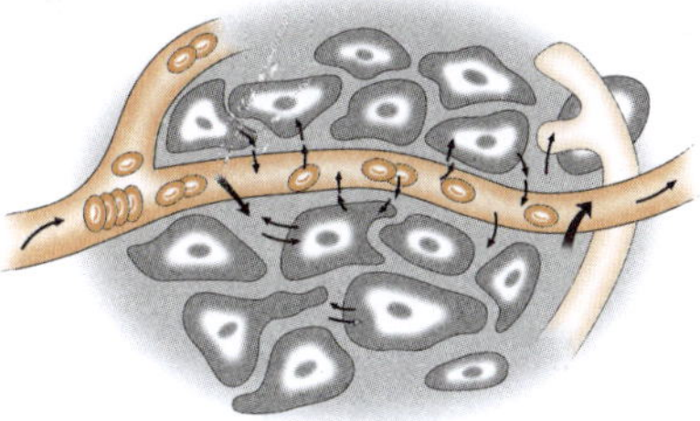

火大

一切暖性的东西，如维持身体正常活动的温度、能量。

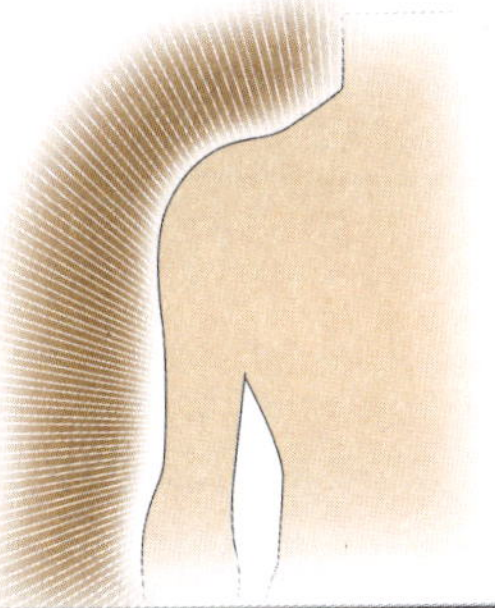

风大

一切动性的东西，如呼吸系统中流通的空气。

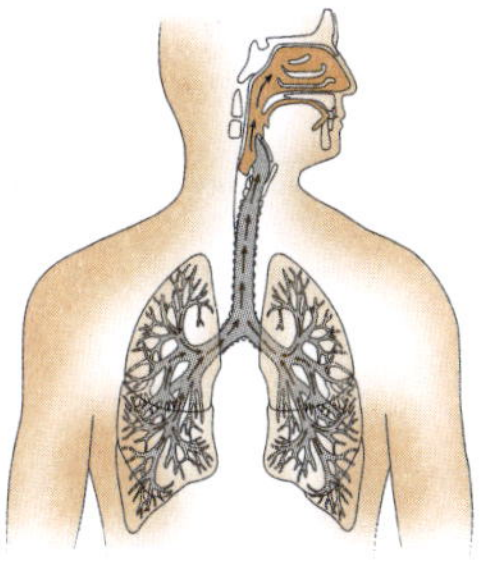

空大

一切无碍的东西，如身体的气色、活力。

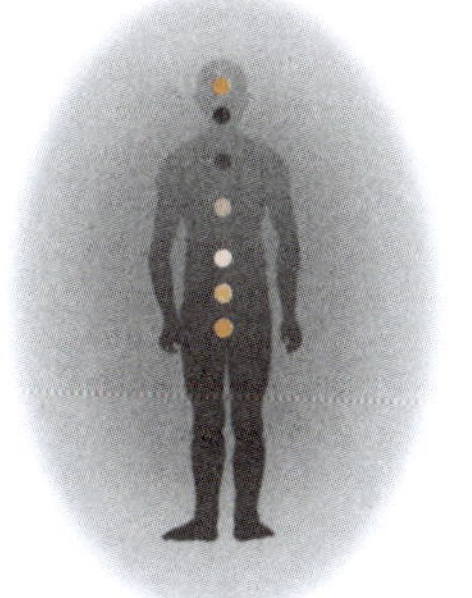

识大

一切诸法的了特别性，如人的思维意识。

佛祖无所得

佛法无实无虚

没有具体的途径发成佛之心，也没有具体的途径得到佛果，即使是释迦牟尼佛，前生在然灯佛那里也没有学到什么成佛的绝招。因为如果真有切实可行的妙法的话，然灯佛当时就会传授给他了，也不必在若干劫数之后，释迦牟尼才修行成佛。

佛祖真是深谙方便之道，考校完了发心之道，又来考校如何得佛果。听到须菩提的答案，佛祖接连用了两个“如是”来肯定。虽然从世俗角度看，释迦牟尼前世是被然灯佛授过记，但按照佛法所讲，释迦牟尼成佛是他累世修行的果报，是按照自己的体验探索的结果，并不是从然灯佛那里学来的。

无得而得

然灯佛之所以给前世的释迦牟尼授记，是因为后者当时已证悟到了真理实相。如果后世有人听闻这段因缘，认为释迦牟尼得了然灯佛传授的大法而成佛，那就大错特错了。因为根本就没有什么大法能够成佛，佛和无上正等正觉都只是一个概念。如果执著于真的得到了无上正等正觉，那最后佛也不是真佛，无上正等正觉也不是真正的无上正等正觉。真理如来是不可能得到的，因为“如来”的本义，就是如如不动、没有分别的绝对状态。所以只有修行者以大智慧、大觉悟将自己融入进去，就像水滴融入大海一样，与真理无差别地成为一体，自然也就是如来了。如果执著“得”，那就又起了我与非我的分别；一起分别，就游离了真理。所以，然灯佛之所以给释迦牟尼的前世授记，是看到他正向着真理走来。

一切法都是佛法

这里说的没有得到，是从法的本质上讲的。在本质上说，诸法空相，不生不灭，当然得不到。但佛法也不是子虚乌有的存在，所谓“世上本没有路，走的人多了，就有了路”，佛法也是路，两者存在的意义是一样的，即通往目的地。也即是说，无论什么途径，只要能成佛，就是佛法。就像路的概念一样，本质上的路，不是指的 1 号国道、2 号国道，也不是任何一条具体的道路，而是所有能到达目的地的途径。因为，具体的路，如果遇到想象不到的灾害无法通行，那就不是路了。同理，某大法如果机缘不对，也同样不是法。所以，佛法无有真实，也没有虚妄，一切万法都是佛法，一切事物都是佛道。

佛的逻辑充满了辨证：世间所显的现象、概念都是相对的存在，一旦条件改变，原本的现象、概念就不存在了。

滴水入海的比喻

● **喻义一**

或者从地上走，或者从天上走，一切善法都是佛法，无论是走哪条途径，无论以什么形态，只要最终汇入真理的海洋，一样都值得赞赏。

● **喻义二**

滴水只有汇入大海才具有无穷的力量，修行众生只有融入真理才能通达十方。如果佛狂妄地跳出真理之外，那就失去了做佛的资格，如同取一滴海水，说这就是大海。

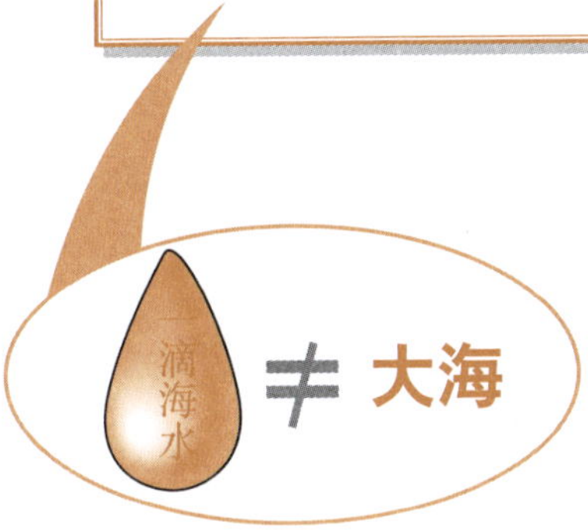

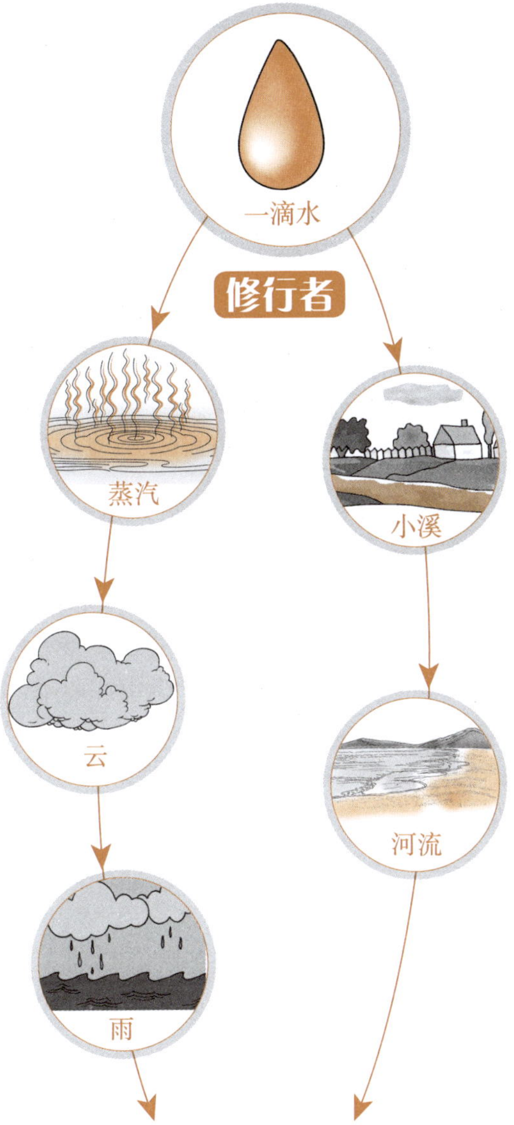

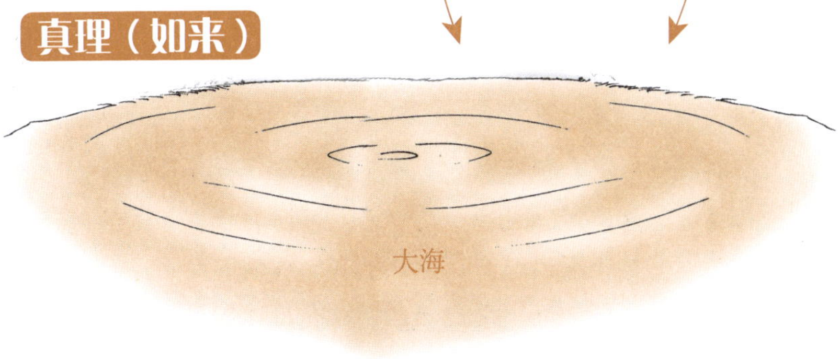

4

真正的菩萨

一切圣贤通达无我

如果自认为要灭度天下无边的众生，这不是真正的菩萨，虽然发了菩提心，但是仍有相状执著，没有领悟到般若实相，只是世俗的菩萨。不执著于小“我”，超越小“我”，达到忘我、无我境界，与一切众生融为一体，才是真正的菩萨。

既然佛并没有所得，同样，菩萨也不能对自己所做的一切执著不放。在佛看来，“发大乘菩萨心者”，要普度众生，就应把“我”与“他人”、与“众生”视为一体，把自己与众生脱苦离难的大事业视为一体。这项大事业就是菩萨业，身在其中，才叫菩萨；如果想着“我”如何神通，能救众生于水火，那这个“我”同众生就有了高低的差别，我就成了度众生的“主导者”，同众生和菩萨业一下子就分开了，那也就不是菩萨了。

菩萨之法

菩萨运用一切追求实相真理的方法，来利益众生。但一切都是可变的，都是相对的存在，都是色、受、想、行、识在条件成熟的情况下合成的有效途径，一旦条件变化，这些菩萨手中神奇的“法”就什么也不是了。只有把法传递出去，发挥它的作用，法才能成其为法，菩萨也才是菩萨。就像得了香气四溢的玫瑰花，宝贝得不得了，可是过不了多久，花就会香消花殒；但如果把这美好的事物赠送别人，那你就成了“美好”的使者，在人心中也一样美好，而这种美好是不会轻易退却的。这正是谚语“赠人玫瑰，手有余香”的真谛。所以，菩萨之法是看不见、摸不着的，是无相的，自然更不会去执著我、人、众生和寿者四种法相了。

菩萨应庄严佛土，这是在菩萨立誓成佛的时候就有的使命。但是庄严佛土也不应执著，既不能执著我能庄严佛土，也不能执著佛土的实有存在。因为菩萨所行，即是庄严；菩萨所见，即是佛土。一有执著，便起了分别心，割裂了菩萨与庄严佛土，这样非但不庄严、没佛土，就连菩萨也不是菩萨了。菩萨发心清净，佛土才能庄严。

大而化之的菩萨

菩萨与众生、万物通达，与一切善法也是一体，所以佛说，无我、无法才是真菩萨。菩萨通达无我，与诸法一样，会根据不同的机缘显现不同的身相和功德。也正因为通达，像观世音这样的菩萨，才会听到哪里有苦难，就出现在哪里。真理也是一样，它没有具体的形象，却显现在一切条件具备的现象中。

菩萨庄严净土

菩萨的净土之行

心净 清净自心 → **行净** 修一切善行 → **众生净** 令众生清净自心 → **佛土净** 世界大同

菩萨修习种种“净土之行”，净化自己，令自己的内心清净

利益众生，以一切善法教化众生，使众生能够信受自己的教化

菩萨、众生同愿同行，净化世界

净土之行的因果

第1层逻辑

心净则佛土清净，心净生智慧，是后面行为的根本，是“因”；而佛土清净则是内心清净的结果。

心净（因）——→ 佛土净（果）

第2层逻辑

菩萨之所以由心净而佛土净，是因为清净佛土本来就是做菩萨的义务，先有了目的而后行动，在这一点上，佛土清净也是内心清净的“因”，内心清净是佛土清净的“果”。

佛土净（因）——→ 心净（果）

通达无我观世音

观世音就是菩萨以无漏圆通大智慧观照六道众生因痛苦而念诵其名号的声音。如果菩萨听到有人念其名号，就会立即去寻声解救。

观世音

梵语 **Avalokitesvara**

观是以无漏的大智慧观照

世指人、天、阿修罗、畜生、饿鬼、地狱等六道三世

音是六道众生遇难时祈求的声音

5

佛的“五眼神通”

佛眼悉知悉见

眼能看见事物，也能观察事物。有形的物体，需要借助肉眼来分辨；无形的事理，则需要慧眼来观察。两者都是看，两种能力都用眼。佛有五眼通达各个层次，它们在不同的角度联系着万物、万理，所以，佛是大觉者，他无所不知，无所不晓。

佛从果到因，一直在强调无我、无法，一切通达，忽然话锋一转，提到了佛的“五眼神通”。如果你明白“五眼”的含义，听完佛的启发，自然就会发现上下前后的联系。

五眼，指佛的五种认知层次，也是佛所具的一种功德，这个功德菩萨还没有得到。若菩萨具足了五眼，就能获得无上正等正觉，就成佛了。这里所说的眼，并不限于生物意义上的器官，而是指感应一切外部信息的能力，它综合了眼、耳、鼻、舌、身、意等功能，当然还有我们无法想象的一些能力，只是为了方便沟通起见，笼统地称之为眼。

● 肉眼

指局限在肉体器官上的世俗知见。因为没有摆脱执著“自我”所带来的烦恼，所以肉眼的见识是很有限的。好一点的条件下，肉眼可以看到四五公里远；站得高了，会看得更远些；去旅行，会看到异域的风光；活得长久了，见的事情可能多些；借助现代科技手段，可能会同步了解地球另一边的事。总之，肉眼就是一般人的感观所获得的认知，往往见表不见里，见近不见远，见前不见后，非常受局限。

● 天眼

比肉眼更高一层的知见能力，能够由表及里、由远及近、由前而后，较为深入地观察事物。天眼是借助定力获得的能力，因此修习禅定，观照自心，就能够突破肉眼的限制，观察到事物的另一面。显微镜能够将微小的事物放大千万倍，天文望远镜可以让我们看清原来只是亮点的星星，这一切虽然说与我们描述的天眼异曲同工，但是归结起来还是肉眼在看。天眼的概念应该是借助思维能力的多维观察力，或许显微镜、望远镜的科学道理，同天眼才是一个范畴。

● 慧眼

佛教里的慧眼是阿罗汉的见地。慧眼，是以大智慧，透过现象看到事物的本质、因缘、变化、结果等的逻辑认知能力。它需要一定的描述、分析、推理或判断等，得出一些公理、定理，是一种理性思维。阿罗汉有慧眼，因而能够认清一切相是五蕴合成，看透我只是一具皮囊，所以能够无我。但是由于对公理、定理太过依赖，却忽视了背后的真理，所以慧眼的认识仍然有障碍。比如，现代科学虽然认识到了光速、基因等知识，虽然有了相对论，但还是解决不了世界的终极问题，如我们从哪里来、到哪里去等。

法眼

法眼既见人空，更见法空，是菩萨的见地。法眼，不仅能像慧眼一样透过现象看本质，而且能够将这种能力无私地传递出去。菩萨为度众生，了解一切众生的根基，又通达一切善法，因此，法眼所见的是众生种种不同的机缘方便。法眼是以情感作为基础的，尤其菩萨以慈悲为怀，更使得法眼为有情众生的命运和精神上下求索，找出了离苦得乐的康庄大道。因为菩萨功德还不圆满，所以在认识上仍然存在障碍。也因此，才有了观世音从听到悲苦入手度众生，而地藏王菩萨更偏重于在地狱里灭度的差异，因为轻微障碍而道路不同。

佛眼

顾名思义，佛眼就是佛才有的最高见地，指唯佛才有的无上正等正觉的智慧和能力。佛同真理是一体的，所以这个佛眼的见识也如真理所在，无事不见、无事不知、无事不闻。并且佛眼能够融通以上四眼，将世间、非世间等一切存在的技术、知识、学问、思想等知见融会贯通，从整体的、宏观的角度去观察、理解万事万物。

佛的五眼，在佛眼的统摄下，通达如一，佛才能全面地体验万事万物，既知整体，又晓微观，既懂得世俗间的美好，又有看透一切的超然觉悟。但关键还是要通达。凡夫没有慧眼，是因为有“我执”的障碍，阿罗汉没有法眼是因为摆不脱“法执”。其实，五眼众生人人本有，但因为不能通达，就等于没有。只有佛通达无碍，五眼具足，是觉行圆满的大觉者。

五 眼

与其说是神通，还不如说“五眼”是认识事物的五种能力。不同的觉悟对同一事物的认识有着层次上的差别，认识层次越高就意味着觉悟越高。

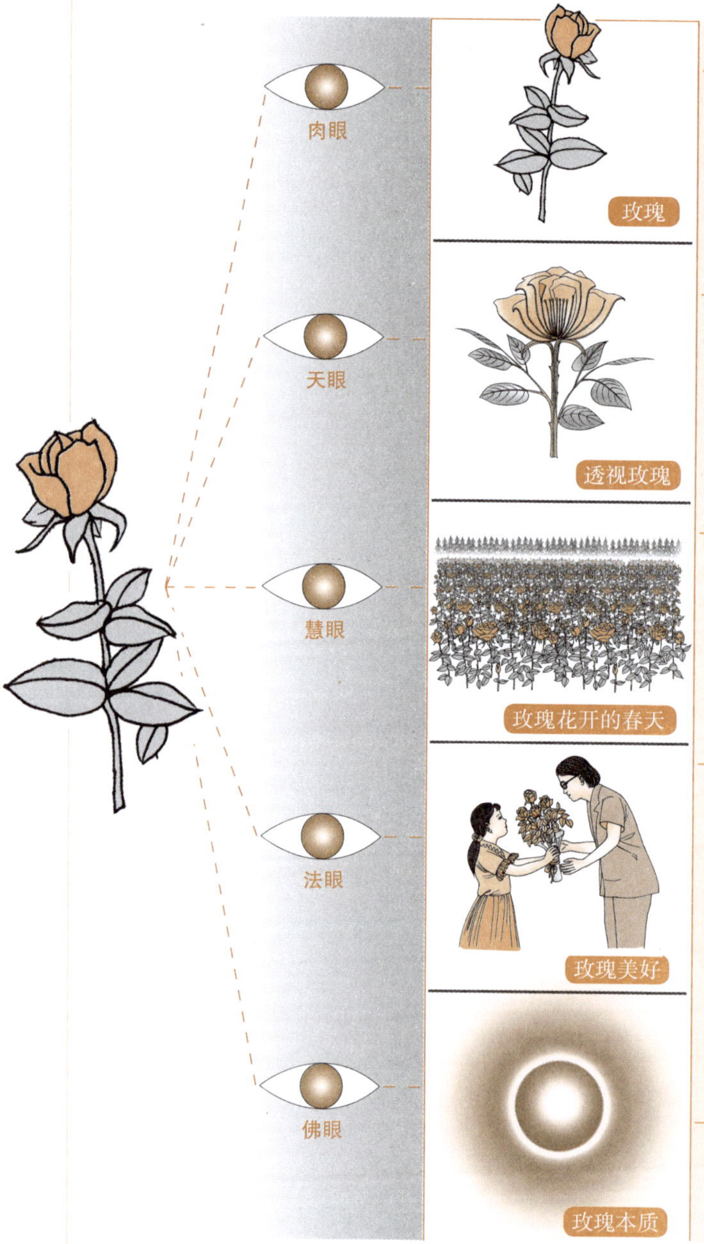

凡人所见

肉眼是凡夫的能力，眼中的玫瑰就是一朵玫瑰花。

天人所见

天眼是天人的神通，它能由表及里地进行透视。看透玫瑰的微妙组成。

罗汉所见

慧眼是罗汉神通，能由一朵玫瑰，看见整个春天。

菩萨所见

法眼是菩萨之眼，它所见的玫瑰有因有果，所以能够从玫瑰身上见证美好。

佛所见

佛眼通达无碍，一眼就能看穿万物本质是空。而正因为空的本质，所以因缘才会和合出其他四眼的所见。

佛陀五眼融通

佛陀五眼融通

❶ 佛眼就是佛，即真理与真理之眼是一回事。佛眼是绝对的存在，没有主体与客体的分别。

❷ 人眼的观察是相当有限的，他所见到的无限，在佛眼里就像恒河中的一粒沙一样微不足道。

❸ 佛眼融通其他四眼，佛既能够有无处不及的宏观视野，也会像凡夫一样欣赏一寸之地的景象，五眼的神通在佛眼的统摄下，融为一体，所以佛对宇宙万物、万事悉知悉见。

佛教六神通

五眼和六神通在佛教经典里经常相提并论，两者连起来就是指代一定层次的神通法术了。但神通并不是违背真理的存在，它不过是佛教对于智慧力量的一种生动描述而已。

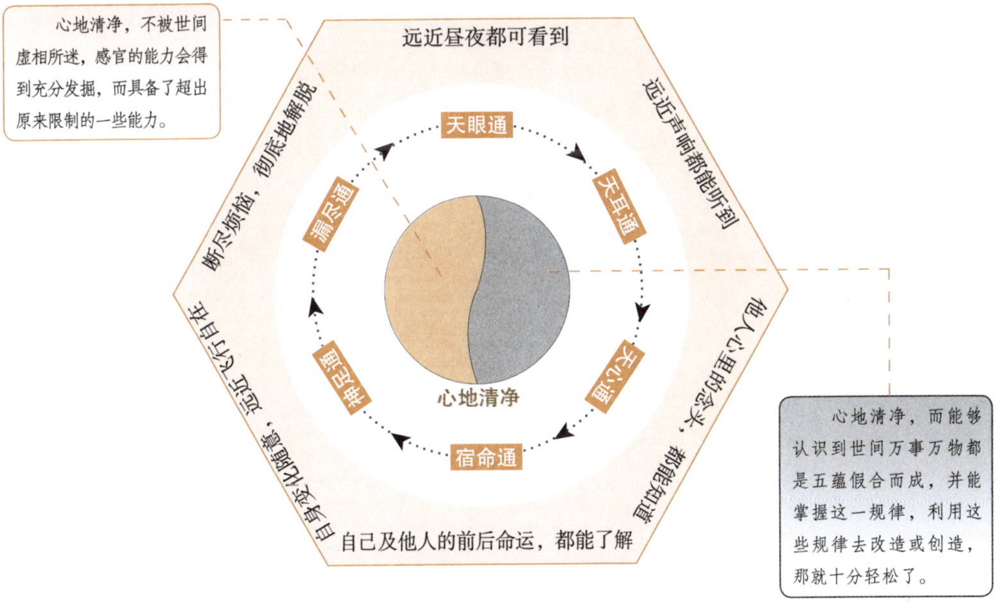

6

通达要通心

“心”的相对论

心有很多，众生都有心，众生的心千奇百怪。但是，无论有多少不同的心，佛都能悉知悉见，因为佛是五眼具足的大觉者。但这些心只不过是披着心的名字而已，其实同世间万事万物一样，都是因缘而起，瞬间、暂时的一种虚妄的现象。心里清净了，才能显露本心，即所谓的佛性、如来。

通达实际上还是要通达“心”，因为执著是心在执著，无我是清除心里的障碍。

佛说，即使有无量无边的恒河里的沙一样多的众生，这些众生所有的心，佛都能悉知悉见。因为这些“心”再多也不是“真心”，真实之心只有一个，那就是如来，就是佛性。

一沙一世界

佛陀所在的娑婆世界虽然很大，但比起大千世界、三千大千世界来，它只是像恒河里的一粒沙。而恒河里的一粒沙，在现代科技分析下，其内在结构是丰富的，说不定藏有一个庞大的微观世界。三千大千世界里有无数个娑婆世界那样的世界，其数量不亚于恒河里的沙子；而每个世界里，更不乏恒河那样的河流，所以，如恒河沙数的河流已经无法计算了。但是佛陀又给这个难以计算的数字乘了一条恒河里无数沙子的数量，更是多得难以计算。这样一种大修辞，无非是说，如来一颗真心，能够通达无边无量的众生之心。另一层意思，再多的心，也逃不出如来的真心，这里面一和无数是统一的。

一沙一世界的同义词是一花一世界，同样的道理也在一片叶子中，在无数的尘埃中。这就是佛家的空间概念。佛的心灵通达无碍，当然也不会被空间限制，佛心与沙砾相通，与花蕊相通，与鸟兽相通，与山海相通，与地球相通，也与宇宙相通。佛心其实就是存在于各个层面上的真理，它是永恒的，不因时空变化而改变。从这个层面上讲，事物无论大小，都是平等的。

一花一世界

佛心即是佛，能够瞬间通达不同的世界。无论是一粒沙，还是一朵花，都是一个完整的世界，都有真理的存在。其实佛就是真理，当你我融入其中的时候，一样能够在万物之间通达无碍。

一朵花，在世俗的人心中，是微不足道的小东西。反过来讲，我们这个世界，会不会也是佛手里拈着的一朵花呢？

一花一世界，一沙一天堂，每个如花般的小世界中，都会有佛端坐其中，感知蜂蝶的辛苦。

每朵花瓣，还会有成千上万的小小世界，也同样会有成千上万的小小佛。

心的时态

其实这么多的“心”，都是虚妄之心，是修行大乘者所要降伏的。佛说得很清楚：“诸心皆为非心，是名为心。”如果以过去、现在、未来三者作为权威的时间分段的话，那么我们会发现，心在每一个阶段都是不实在、不可得的虚妄之相。过去心已经过去了，就像儿时的那种幸福心，早已经荡然无存，现在拼命回溯的只是一片记忆，就像拍摄的影像。现在心也是什么也没有，说不清形状、颜色，也不能确认重量。说是一种感觉，可这种感觉每过一瞬，就是另一个样，就像河水一样在流动；如果执著于几点几分的心情，无异于刻舟求剑那样不会有结果。未来心，可能在你现在阅读的时候，它就已经过去了。

众生所有的心，都是相对的存在，比如一个和无数，现在和过去。只有真心如来，是“如如不动”的永恒，是世界的本原，是真理。无我才能通达，通达才能安住真心。这就是修行、修心的真谛。

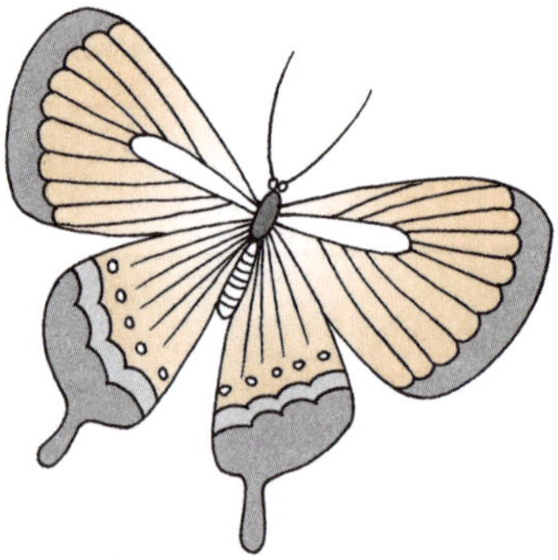

三心不可得

真理不光能跨越空间，同样也能摆脱时间的束缚。如果执著于过去、现在和未来，那么一切又都变得不实在、不可靠。唯有通达起来，突破一切界限，才能发现那恒常不变的真理存在。

过去心≠

记忆早已模糊，无法用具体的颜色、气味、声音等来描述，所以过去心**不可得**

现在心≠

当你的思维去观想眼前的色、声、香、味、触的时候，那些可感的相就已成了过去，就像明光从你眼前流过一样**不可得**

未来心≠

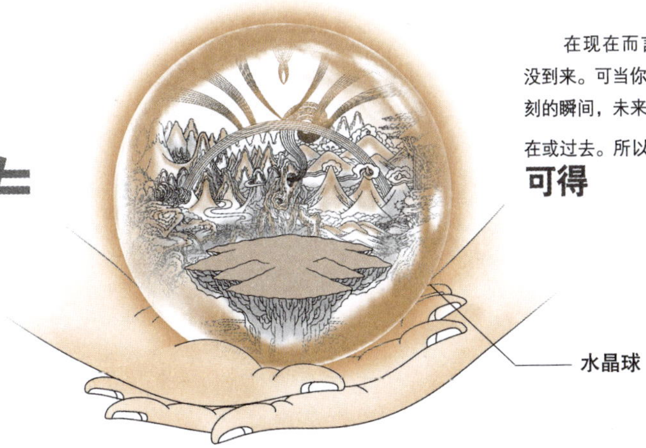

在现在而言，未来还没到来。可当你执著于某一刻的瞬间，未来已经成了现在或过去。所以未来心**不可得**

7

福报的因缘

无得才是得

通达无我，不住于相，福德就无边无量；反之执著我、法，住于相，福德就非常有限。因为众生都有佛心，执著了自我，本来的佛心就迷失了，这样修行、求佛，是不会有什么大成就的。清净自心，佛性就显露出来了，这样去布施、忍辱修一切善法，都会有无量的果报。所以，修行应该在修心养性上下工夫。

福和慧是成佛的两大资粮，前文单就福德反复较量了好几次。同样是三千大千世界七宝布施，但这里没有财施、法施的较量，而是承接前文，以因缘果报来说明怎样才能福德广大。本次福德宣说的关键词是“因缘”“有实”和“无故”。

因缘

事物的生发，本身的因素叫作因（内因），外部辅助的因素叫作缘（外因）。比如小麦的收获，麦种为因，土壤、肥料、阳光、氧气为缘，最后各种因缘发生作用，就长出了麦子。福德也是一样，它的果报也需要因缘。这里因要往前面找，上文说“过去心不可得，现在心不可得，未来心不可得”，这“三心不可得”的“无得心”或者说是“清净心”，就是本次布施的因，而此处这个“满三千大千世界七宝”是“缘”。这个因缘既能够把现在的布施追溯到前世，又能联系到未来，这种连续性揭示了修持中的布施，理应不怀任何私心杂念，是自然而然的事情。以这样的因缘去行布施，不住任何的相，能够安住如来的真心，所得的福报当然无边无量了。

实有和无故

本着无得之心行布施，自然不必计较福报的多少。但是往往有修行者像计算利息一样，计算布施的收益。比如我布施了三百块，我有了多少福报。佛清楚地告诉大家，如果以为福德果报是实有的，是可以算计的，那得不了多少福报，得到也会像竹篮中的水一样漏掉；反之，布施不求福报，即“无故”，只顺着因果自然而为，以清净心修行，才能有很丰富的无漏福德。这是两种修行的境界，前者执著于布施之法，把它看成了如做生意一样的投资，自然摸不着真理的边；后者心思清净，通达无我，已经与真理融为了一体，所以能够有大福德。

布施的时候，能够心不住相，就能安住真心，降伏妄心，你就是菩萨了。

如何修无量福报

因缘与果报

种子是生长的原因，而成熟是最终的结果，所以佛教把这种关系称为因果。内在属性叫作“因”，外部条件叫作“缘”，最后的结果只有因缘合成才能达到。

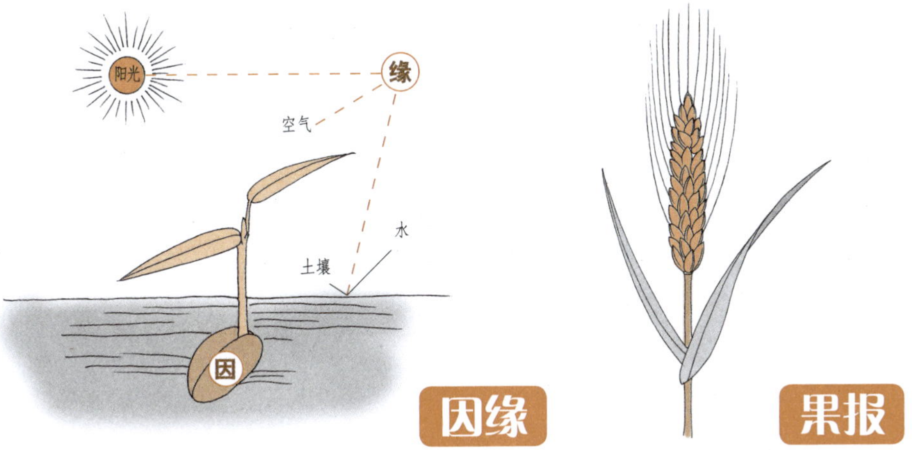

大福报的修行

清净自心 + 满三千大千世界七宝 = 无量福报

因　　缘　　报

无量福报的修行

不漏的无量福报是福慧双修的结果，小聪明的斤斤计较，即使布施再多也都会让福报漏掉；反之，无漏的福报，要以清净的心为因，无量布施为缘，才能达成圆满。

误区：

布施＝投资

福报＝收益

正确：

布施→不住相

福报→无所得

8

如来从何而来

求佛不如求己

身相只不过是一个名字，并非实有，而是虚妄的，即使它非常完美，而且有神通也不是永恒的真理如来。凡是可以称为相的，都是在本性中凭借因缘聚合而显现出来，都是虚妄。

佛的身相观

这里所说的身相是有形的释迦牟尼肉身佛。这个生于印度贵族的佛陀肉身是个美男子，本身形象就很好，再加上多年修心养性，在气质上就更加不同凡响。总之，佛具有种种理想的德性。在公元1世纪佛像出现之前，佛教是不立偶像的，佛的形象一直间接地以法轮、菩提树等为象征。随着后来佛教传播的需要，以及佛教自身思想的发展，关于佛的身相问题，开始被逐步地探讨，后来出现了几种关于佛身的研究，有二身说、三身说、四身说以及十身说，较为常见的是三身说。

三身说又分三种：

法、报、应的三身说。这是大乘佛教内最普遍的说法。法身指佛性；报身指证悟后，身体上所具的三十二相等特征，是修行的结果，也叫实色身；应身是指佛为教化众生而化现的佛身，也叫化身。

自性身、受用身、变化身的三身说。自性身指法身，是其他二身的根据；受用身指享受证得法性之喜的状态，又有自身享受此法之乐的自受用身和为菩萨说法令其受此乐的他受用身之分；变化身即化身，是为教化菩萨与凡夫而化现的。这三身一一对应于上面的法身、报身、应身。

法身、应身、化身的三身说。这是将法、报、应三身中的法、报身，视为法身，而将应身二分为应身与化身。这种情形下的应身是历史上的释迦牟尼，化身是为教化而出现的身相。

如来不向心外求

很多人学佛，是冲着佛完美的身相去的，对那个五蕴假合的完美身相崇拜不已，希望自己也能修一个。其实这就是住相了。佛的本质是如来，如来是真理，真理是不会有实在身相的。真理在哪里？真理在每个人的心中，本来都有，但就是因为蒙上了太多的相，显不出来了。所以，学佛不执著外物，要向内修心。色身所具有的外在神通只是因缘变化，跟如来本体是截然不同的存在，身相再完美、再有神通也不是如来。

报身不是如来

三身的关系

三身说之中，以法身、应身、报身之说最为通用，三身具足才能成佛。

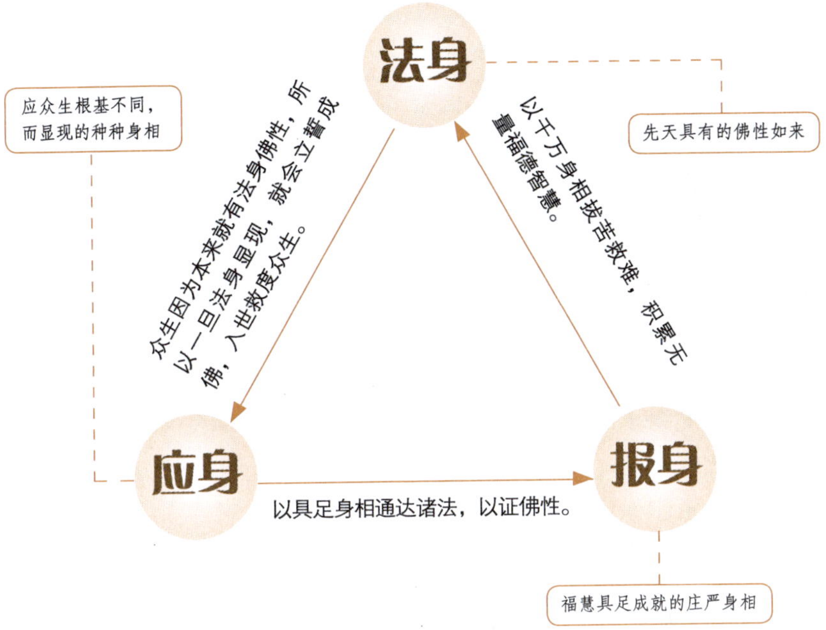

身相的其他分类

三身	四身	十身
生身：父母胎生的肉身 **化身**：肉身变化的身相 **真身**——法身和报身 **化身**——应身	**化佛**—化身 **功德佛**、**智慧佛**—报身 **如来佛**—法身	**众生身**：以众生为己身 **国土身**：以国土为己身 **业报身**：以业报为己身 **一闻身**：以一闻为己身 **独觉身**：以独觉为己身 **菩萨身**：以菩萨为己身 **如来身**：以如来为己身 **智　身**：以智为己身 **法　身**：以法为己身 **虚空身**：以虚空为己身
常身：佛的真身 **无常身**：应化身	**法身、报身、应身、化身**	

9

拈花示众的妙法

不说而说的法

佛刚刚把肉身相以及神通否定，接下来又否定了自己的说法。佛说法40多年，启发了很多修行众生，佛否定自己的说法，这是许多受众很难接受的，直到今天，很多教派仍不承认这个观点是佛亲口说的。但是这个逻辑已经摆在这里了，像破身相一样再破说法相，须菩提在佛祖的循循导引下，成功地完成了任务。

佛法无所说

佛同如来真理是一体的，佛所有的说法都只不过是根据机缘而产生的一些答疑、即兴演说而已，如同前文所讲，人、地点、内容、道理就是一些机缘，如来的清净心是内因。凡是讲过的，都不存在了，即使阿难一字不差地背下了，也已经不是当时的那些因缘了，何况我们今天的经书，是间接的间接，更不是佛的说法了。基于此，佛说，我从没说过法。

连菩萨都不执著具体的法，何况佛呢？佛利益众生的方式是自然而然的，包括吃饭、穿衣、清洁、打坐，都是利益众生，答疑、演讲更是如此，只不过后世的众生喜欢把有字的当作法，而不重视无字之法。法在这里也只是个概念而已，并不指具体的形式。像佛经所说的，佛祖拈花，迦叶破颜一笑，也是很好的大法，它兴盛了中国的佛教。所以，法也未必是被说出来的。

说法与谤佛

佛祖为了表示这个观点不是开玩笑，就说要是有人说我说过法，就是诽谤如来。这样的语气何等的严厉，也表现了佛的真心。细想一下，果然如此。因为菩萨度众生不能有度众生之想，有了就是住相。当然佛说法也不能住说法相，要是住了相，岂不连菩萨也不如，更不是佛了。但是更多的听众不理解这一层，往往赞美佛说法说得好，岂不知这不是赞美而是诽谤。我没有“我”的概念，他可能为了说法方便在讲话中应用，但他的说法完全是他所代表的如来真理同机缘的结合所生，就像河水往下流，炊烟向上升一样自然。

佛这段解说一气呵成，不仅表示佛没有住说法相，接下来又顺势表达了佛没有住众生相的道理。同样，菩萨不住的四相，佛也不会住，众生同佛也是连在一起的，只不过众生现在是未来佛，而佛曾经是未来佛。所以，佛并不担心大家不生实信，因为人人都有佛性，是一样的。

无有法可说

水的比喻

佛法如水，只是依不同条件显现不同的形态，并不具有主动去说的自觉性。

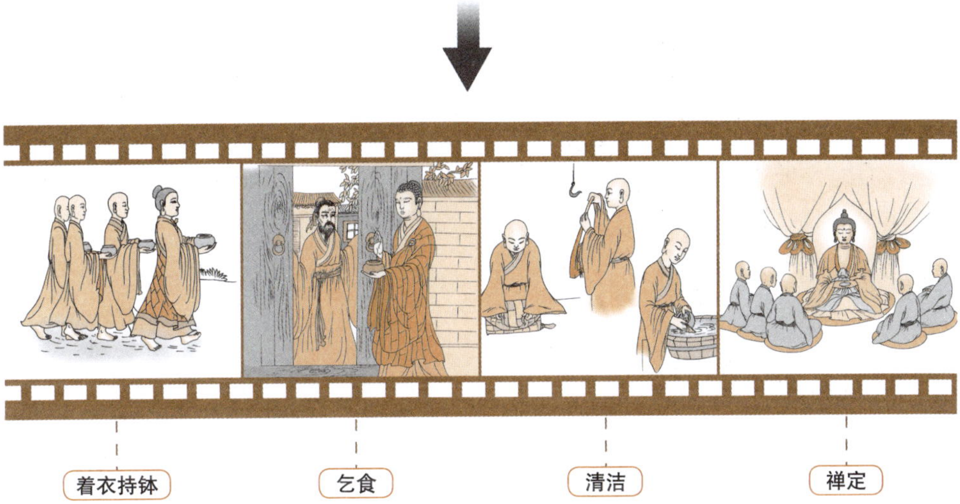

不同时机，佛有不同的说法手段，或在穿衣吃饭中，或在乞食中，或在清洗中，或在禅定中。

谤佛

说 佛有法可说 ＝ 说 佛有法执 ＝ 谤佛

佛法和修行的关系

10 登岸就弃船

所谓的成佛者，非有一个实有的佛道可得，而是当智慧福德都圆满时，给这个人一个尊号叫“佛”。所以只要能够达到福德、智慧具足，什么手段都是法。因此成佛说法，全是人脑中所生起的虚妄的相，人给它们不同的名称叫佛，叫法，所以说“是名佛、法”。

须菩提反应很快，他往下作了更大胆的推断。既然佛没有“我”，不住任何相，那就无所谓得与不得了。

法身佛以智见与福德为本，感得果德的无边身相、微妙法音；现身、说法，即有大菩萨为信众。这些，都因总修万善而同归无得，证无上正等正觉而得完成。所以须菩提仰承佛意而问道：佛得的无上正等正觉，可是无所得的吧！佛赞许他说：是的！我于无上正等正觉，连一点点的实性法都不可得；一切都无所得，这才证得无上正等正觉。之所以都无所得，是因为无上正等正觉，即一切法如实相的圆满现觉，无所得的妙智，契会无所得的如如，这岂有毫厘可得的？所以，在此如如正觉中，一切法是平等而无高下的。高下，指佛果（高）与凡夫（下）说的。平等法界，是在圣不增，在凡不减的，这就名为无上正等正觉。这在因中，或称之为众生界，众生藏，如来藏；在果位，或称之为法身，涅槃，无上正等正觉。约境名真如，实相等；约行名般若等；约果名一切种智等，无不是依此平等如虚空的空性而约义施设。

一切法虽同归于无得空平等性，但毕竟空中不碍一切。一切的缘起法相，有迷悟，有染净，因为性空，所以有此种种差别，如《中论》所说。所以佛又对须菩提说：无上正等正觉，虽同于一切法，本性空寂，平等。但一切事物的缘起都有因果。无上正等正觉，要备两大法门而圆成：一、以般若空慧，通达法空平等性，不取著我等四相。二、修习施、戒、忍等一切善法，积无边福德。此所修的一切善法——自利利他，以般若无我慧，能通达三轮体空，无所取著。般若摄导方便，方便助成般若，庄严平等法性，圆证无上正等正觉。法性如空，一切众生有成佛的可能，成佛也如幻如化，都无所得。然而，不加功用，不广集资粮，不发菩提心，不修利他行，还是不会成佛的！

阿耨多罗三藐三菩提

阿耨多罗三藐三菩提是梵语 Annutara-samyak-sambodhi 的音译，是阿耨多罗、三藐、三菩提三个词的组合。

梵语

Annutara-samyak-sambodhi

阿耨多罗	三藐	三菩提
无上的、无法超越的	安全的、彻底的	正菩提

意译： 无上正等正觉（或无上正遍觉）

音译： 阿耨多罗三藐三菩提

注：
“三”只是梵语“sam”的音译，没有数字的意思。

修佛与长草

农夫种田，播种之外，还要除草。

修善法时，凡夫容易执著：我修了“何种”善法。这就是长草了。

世间一切有形的事物、有为的方法，都如那美梦一般，如那幻景一般，如那水泡一般，如那影子一般，如那露水一般，如那闪电一般。对任何事物都应该采取这样的态度，才不至于迷失自己。

第7章

实践证真知

证悟就是与真理结合

本章图版目录

本章解经

须菩提！于意云何？汝等勿谓如来作是念：我当度众生。须菩提！莫作是念。何以故？实无有众生如来度者。若有众生如来度者，如来则有我、人、众生、寿者。须菩提！如来说有我者，则非有我，而凡夫之人以为有我。须菩提！凡夫者，如来说即非凡夫，是名凡夫。

“须菩提，你怎么认为？你们不应该认为如来会这样想：‘我应当度众生。’须菩提，不要这样想，为什么呢？实际上并没有众生需要如来来度。如果如来认为有需要度化的众生，那么如来就有我、人、众生、寿者四相的执著了。须菩提，如来说：‘有我，实际真实意义中并没有我，只是凡人错误地认为有我，而生起各种执著。’须菩提，而这些所谓的凡夫，如来说并非真实存在的凡夫，只是名为凡夫。”

须菩提！于意云何？可以三十二相观如来不？须菩提言：如是！如是！以三十二相观如来。佛言：须菩提！若以三十二相观如来者，转轮圣王则是如来。须菩提白佛言：世尊！如我解佛所说义，不应以三十二相观如来。尔时，世尊而说偈言：若以色见我，以音声求我，是人行邪道，不能见如来。

佛说：“须菩提，你认为如何？可否以三十二相见到如来？”须菩提回答：“是的，是的，可以以三十二相见到如来。”佛说：“须菩提如果以三十二相可以见到如来，转轮圣王也具足三十二相，他也就成如来了。”须菩提，对佛说：“世尊，依我对佛所说义的理解，不应以三十二相看待如来。”此时，佛用偈文宣讲：“如果以三十二相八十种好的色相见我，以音声来求我，则此人已步入邪道，不能见如来本面。”

须菩提！汝若作是念：如来不以具足相故，得阿耨多罗三藐三菩提。须菩提！莫作是念，如来不以具足相故，得阿耨多罗三藐三菩提。须菩提！汝若作是念，发阿耨多罗三藐三菩提心者，说诸法断灭。莫作是念！何以故？发阿耨多罗三藐三菩提心者，于法不说断灭相。

佛说："须菩提，你如果认为：'如来不是因为具足相的缘故，得无上正等正觉果位。'须菩提，这是不正确的，不要有这样的想法。同样，你也不要这样想：'因为如来并不是以具足相的缘故，所以获得无上圆满正等正觉果。'须菩提，这样想也是不对的。须菩提，你更不能这样认为：'发无上菩提心者，会说一切诸法都是断灭空性，承认一切法是断灭之空。'为什么？因为发无上正等正觉心者对一切法不说为断灭相。"

须菩提！若菩萨以满恒河沙等世界七宝持用布施；若复有人知一切法无我，得成于忍，此菩萨胜前菩萨所得功德。何以故？须菩提！以诸菩萨不受福德故。须菩提白佛言：世尊！云何菩萨不受福德？须菩提！菩萨所作福德，不应贪著，是故说不受福德。

"须菩提，如果有发大心的菩萨以遍满恒河沙数数目世界的七宝布施，其功德将不可思量；但如果另有菩萨，能了悟一切法无我，且已得无生法忍，那么此菩萨的功德远远胜过前者。为什么呢？须菩提，这是因为福德无性，菩萨无我，所以说菩萨不受福德而福德更胜。"须菩提对佛说："世尊，为什么说菩萨不受福德？""须菩提，菩萨对所做善事得到的福德，不应贪著执取，所以说不受福德。"

须菩提！若有人言：如来若来若去，若坐若卧，是人不解我所说义。何以故？如来者，无所从来，亦无所去，故名如来。

"须菩提，如果有人说：如来有来有去，有坐有卧。那么此人根本不理解我说法的意义。为什么呢？因为所谓如来，无有来亦无有去，其性无有迁变，以此故名之为如来。"

须菩提！若善男子、善女人，以三千大千世界碎为微尘，于意云何？是微尘众宁为多不？须菩提言：甚多，世尊！何以故？若是微尘众实有者，佛则不说是微尘众，所以者何？佛说：微尘众，即非微尘众，是名微尘众。世尊！如来所说三千大千世界，即非世界，是名世界。何以故？若世界实有者，则是一合相。如来说一合相，则非一合相，是名一合相。须菩提！一合相者，则是不可说，但凡夫之人贪著其事。

佛说："须菩提，如果有善男子善女子，将整个三千大千世界碎为微尘，你认为如何？其微尘之数是不是很多？"须菩提回答说："非常多，世尊，为什么呢？如果微尘众多且实有，世尊根本不可能说是微尘，为什么呢？佛说，所谓的微尘根本不是微尘，只是在名称上叫作微尘而已。世尊，如来所说的三千大千世界，实际上非世界，只是叫作世界。为什么呢？如果世界是实有自性的，那就是浑然一体而不可分析的一合相了！如来说：'一合相，并非实有一合相，只是为其安立名称为一合相。'"佛说："须菩提，一合相，本是缘起性空，不可说有自性的。但凡夫为自性的妄见所蔽，妄生贪著，以为有和合相的实体！"

须菩提！若人言：佛说我见、人见、众生见、寿者见。须菩提！于意云何？是人解我所说义不？不也，世尊！是人不解如来所说义。何以故？世尊说：我见、人见、众生见、寿者见，即非我见、人见、众生见、寿者见，是名我见、人见、众生见、寿者见。

"须菩提，如果有人说：佛说过我见、人见、众生见、寿者见。须菩提，你认为何意呢？此人通达了如来的意思吗？""没有，世尊，此人不解如来本意。为什么呢？因为佛陀所说我见、人见、众生见、寿者见，它们并不是真实存在的，只是在名称中叫作我见、人见、众生见、寿者见而已。"

须菩提！发阿耨多罗三藐三菩提心者，于一切法，应如是知，如是见，如是信解，不生法相。须菩提！所言法相者，如来说即非法相，是名法相。

“须菩提，发无上圆满正等正觉菩提心的菩萨，对一切法，应以般若空慧摄持，如实了知，如是信解，不生任何法相。须菩提，所谓的法相，就实相而言并非法相，只是叫作法相而已。”

须菩提！若有人以满无量阿僧祇世界七宝持用布施，若有善男子、善女人发菩提心者，持于此经，乃至四句偈等，受持读诵，为人演说，其福胜彼。云何为人演说？不取于相，如如不动。何以故？一切有为法，如梦幻泡影，如露亦如电，应作如是观。

佛说：“须菩提，如果有人用遍满无数世界七宝做布施，功德不可思议，无法衡量；如果有善男子善女子发了殊胜的菩提心，念诵受持此经，甚至仅仅听经中四句偈语，受持诵读，为人演说，所得福德远远胜过前者布施的功德。但应该怎样演说呢？这需要不执取一切法的自相，安住于一切法性空，不为法相分别所倾动。为什么？一切有为法，都如梦幻泡影，也如露如电，学佛要以观无常、无我、无生灭性，方才能悟入。”

佛说是经已，长老须菩提及诸比丘、比丘尼、优婆塞、优婆夷，一切世间天、人、阿修罗，闻佛所说，皆大欢喜，信受奉行。

佛说金刚般若波罗蜜经结束，金刚法会圆满了。当时，长老须菩提，及诸比丘、比丘尼、优婆塞、优婆夷，此外，还有从一切世间来的天、人、阿修罗，即三善道众生，大家听了本经，个个都充满法喜，能深刻信解，所以都能奉行佛说。大家既闻此法，也应生欢喜心，信受奉行。

圣凡无差别

众生都有成佛的根基

前面多次提到过“众生不是众生”的概念，但都是只就众生而言；这里把众生和佛相提并论，最后的目的是要揭示，在真理层面上，众生与佛本性平等，都是未来佛。

从凡夫到成佛，中间千辛万苦，要经历许多阶位。明明圣凡差别很大，佛却要在这里说圣凡无差别，脑子转不过来的听众恐怕又要疑惑了。但对照一下佛在前面的说法，我们会发现说圣凡有差别，是从现象的角度说的；而本次讲说圣凡无差别，则是从本质的角度讲。

佛不度众生

说如来有法可说，是诽谤佛。说佛当度众生，也是一样的大错误。因为如果听众们心里存有这个念头，就是以为佛祖有“度众生”的“我执”存在。佛祖已经证了佛果，知道众生的本质是空，知道言传身教都是因缘的产物，本来就不可得。所以实实在在没有众生可度呀！假若有个众生是为我释迦牟尼佛所度的，那既是有了所度的“众生相”，又是执著了能度的“我相”。还有这样四相的执著，释迦佛就不是佛了，而成了摆不脱烦恼的一介凡夫。佛祖一直在教导做菩萨度众生一定要离相，不要有众生得度的念头，这样才能降伏妄心，在成佛的大道上阔步前进。佛祖也是这样修行成佛的，如果反过来讲成了佛还不能离相，那一样是对佛的诽谤。

众生成佛要靠自度。

众生本来都是佛

本经之所以难懂，是因为佛祖以前没讲过这些道理。而且他不止一次地强调“我”这个概念，说“我是大觉悟者，你们一定要相信我说法”，但这并不表示佛祖以前有“我执”，而是根据听众最初的接受程度所采用的随机手段。所以如来说“我”是一段因缘假合的名相，是一个称呼的代号。最初的听众还只是凡夫，习惯于“有我”的思维方式，所以见到佛说“我是度众生的佛”，就误以为度众生要有一个真实能度的“我”。

在佛眼里，“凡夫”也只是一个代号，表示同得道圣者的差别，这是世俗中所显现的相。而在本质上，佛眼能清楚地看到所谓“凡夫”，同所有的菩萨、佛一样，都有佛性，只是有厚重的烦恼覆盖着，所以显不出来。当有一天凡夫得到指点，马上开始发无上菩提心，修行佛道，那就不再是凡夫了。

众生即是佛

六即佛，“六”说明了修行成佛的顺序次第，“即”为是的意思。一切众生虽然在理论上都可以成佛，但如果不努力上进，也是得不到正果的。以“六”表示位次之高下有序，给修行者一个上进的动力。

六种即佛 · **十种阶位**

1 **理即佛** —— **恶道凡夫位** 仅指在理论意义上具有佛性，而不知道求正道、修善行，所说主要指三恶道的众生。

2 **名字即佛** —— **善道凡夫位** 三善道的众生，仅知道有佛、佛法，心里向往但没有去修行实践，仍然是凡夫。

3 **观行即佛** —— **五品弟子位** 有向往进而修行实践，这些修行者言行一致，从理论到实践都在朝着佛的方向发展。根据程度不同分为五品，即随喜品、读诵品、说法品、兼行六度品、正行六度品。

4 **相似即佛** —— **十信位** 逐渐断除烦恼的十信之位，虽然没有证悟真理，但所知所见已经与真理相仿。

5 **分证即佛** —— **菩萨位** 十住、十行、十回向、十地、等觉五个阶段的各个菩萨位，分别断除无明烦恼，证得真理。

6 **究竟即佛** —— **佛位** 破除了最后一丝烦恼，达到究竟自由快乐的最终境界，即成为如来佛。

不足为凭的身相

观佛与见性

不但法身不可以三十二相见，化身也是不可以三十二相见的。因为，法身是如来的佛性，没有相的存在，而法身的应化身相，更是靠因缘而显现的现象，最显著的是三十二相。若是想凭借形式见佛，这是走入邪道，不能正见如来。

前面经文已对须菩提很肯定地说不能以身相见如来，而这里，须菩提却回答说可以借三十二相观如来。难道须菩提被佛祖绕糊涂了吗？当然不是，因为，前面经文说的是法身，法身无相，故须菩提回答不可以身相见如来；现在说的是佛的化身，化身最大的特点就是有三十二相，所以，须菩提回答能以三十二相观如来。但这一次，须菩提没有答对。

● 转轮圣王

须菩提以为正确的答案代表了很多弟子的观点，但是佛一开口就打破了他们的自以为是。最直接的反例就是转轮圣王。

转轮圣王简称转轮王，或轮王，为世间第一有福之人，统辖天下。轮王有四种福报：一、大富，珍宝、财物、田宅等众多，为天下第一；二、形貌庄严端正，具三十二相；三、身体健康无病，安稳快乐；四、寿命长远，为天下第一。

转轮王出现时，天下太平，人民安乐，没有天灾人祸。这种福报是因为过去修福深广所致，可惜不修出世的智慧，所以仅能够成统治世界有福报之大王，却不能修行悟道证果。

转轮王虽然有三十二相，但离成佛还有十万八千里，所以若是仅仅靠着三十二相来观想如来，是行不通的。

● 见如来的四句偈

从反例入手，佛得出的结论是不能依靠形式来观想如来。佛说了一个偈子，生动地作了总结：若以色见我，以音声求我，是人行邪道，不能见如来。佛有三十二相之形色，有六十种美妙梵音，若认为这就是佛，那就是有执著虚相的心了。以有所得之执著心去见佛，就是行邪道；有执著心的活动就不清净，此人所见到之色、所听到之音声，都是幻相，并不是见到佛。有位老居士曾经说，如果有了佛相、佛音的反应，应该立即去医院检查一下，哪里出了问题。

转轮圣王

根据轮宝的不同，转轮王有四种：铁轮王、铜轮王、银轮王、金轮王。

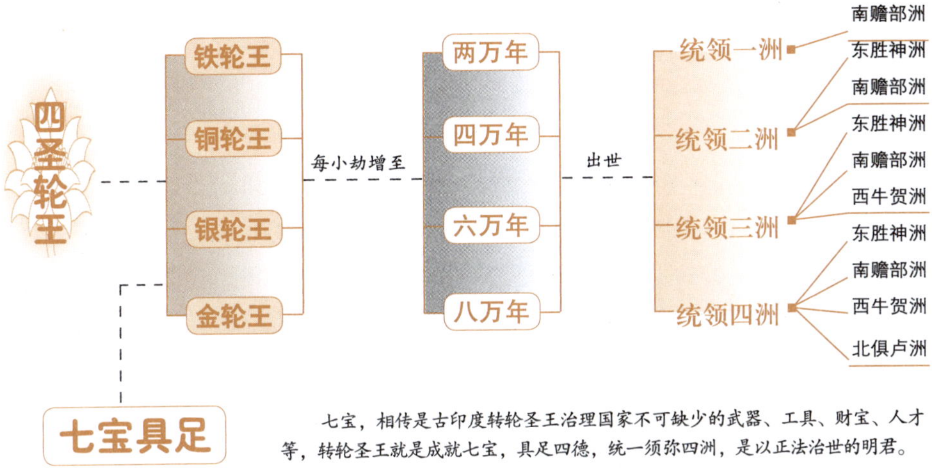

七宝，相传是古印度转轮圣王治理国家不可缺少的武器、工具、财宝、人才等，转轮圣王就是成就七宝，具足四德，统一须弥四洲，是以正法治世的明君。

1

2

3

4

轮宝就是法轮，但它是从一种古印度的武器演变而来的。民间传说轮宝有征服和消灭敌人的作用。

象宝即白象，是印度古代战争中不可缺少的交通运输工具，同时又是勇敢的斗士。它既温顺又勇猛，且全身是宝。

绀马宝也称马王云风。绀马不仅为战争所用，而且是交通、运输的最佳工具。

珠宝亦称如意宝珠，相传来源于佛祖。把珠宝挂在幢上，无论何时何地都会放出无量的光辉，驱除黑暗，给人世间带来光明，并能实现一切愿望。

5

6

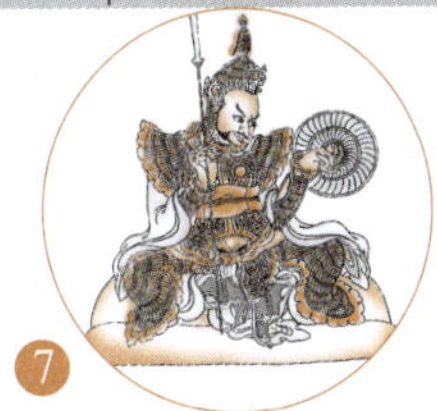

7

妃宝即德行具足的贤妃。经中说，其相貌端正，全身毛孔皆有旃檀香，言语温柔，举止安详。

臣宝即治国兴邦的大臣。大臣是决定国政兴衰的关键人物，因此，臣宝必须具备恭敬国王、有胆有识、深信业果、德才兼备的特点才能完成国王的一切愿望。

将军宝即忠勇的武将，他们是英勇善战、聪明伶俐、具备无畏铠甲，并能彻底消除敌人和协助治理国政的勇士。

不偏执一端

佛法不断不灭

破掉了观想如来的形式论之后，就很容易走向另一个极端，即否定佛所有的庄严身相。但是，不能以三十二相观想如来，并非说佛没有庄严的身相，如果你认为成佛以后没有庄严的身相，那就错了。

佛叫众人不要偏执一端，如果认为佛是完全抽象的，而否定三十二相等形式的东西，也是错误的。若认为佛只是抽象的真理，那也错了。真理是本质，成佛之后自然具足完美的身相，也同样有无穷的效力。否定完满具足的身相，就是否定成佛的因果逻辑。

成佛的因果

第一，佛在未成佛时，从初发菩提心开始，修行六波罗蜜，教化众生，修集了很多福德智慧。成佛时，他的福德应该成就其无量无边庄严的身相。若说成佛时无庄严的身相，即是有因无果，果法断灭，是不合道理的。或发无上菩提心的人，若执著诸法毕竟空，不相信因果，不修行种种功德，不度化众生，而说成佛时无庄严的身相，说诸法断灭、无因果，是邪知邪见。

第二，阿罗汉没有三十二相，他也觉悟诸法如义，能断除烦恼，得有余涅槃；当寿尽后，他弃舍身体，入无余涅槃。若说佛是不以具足相故得阿耨多罗三藐三菩提，那么，佛就与阿罗汉一样，入无余涅槃后，没有庄严的身相，也没有大悲心去度化众生，诸法断灭，若如此说就不对了。

发无上菩提心的菩萨，是有大悲心，他一定以种种方便广度众生，做种种功德。他自己也学习修行，去亲近十方无量诸佛（无量诸佛也有无量无边功德及庄严身相，去广度众生），自利利他，他成佛时也一定是福德庄严、智慧庄严，有万德庄严的法身，也有无量功德庄严的化身，所以，实际上，这些事情是没有断灭的，因此不能说断灭相。

我们凡夫见佛，应观诸法而去见佛，令自己清净，无取相烦恼，也符合佛法深意。若取相见如来，并不符合佛的本意，只是根据众生刚刚接触佛法时的情形，临时所采取的一种方法，也能一点点地积累善根。等到佛法听得多了，修行进入高层次了，就不应该执著于虚相了。因此，“不应以三十二相观如来”是深一层的说法。例如，从佛的眉毛拖地很长来说，这是就钝根人而说，因凡夫是以三十二相观如来，利根人不应如此说。

三谛观佛法

着重讲万物由因缘所生的，有定力，但不见佛性；而着重于一切本质是空的，有慧力，虽见佛性而不明了。所以不能偏执任何一端。如果能住中道正观，则定慧力均等，才能对佛性彻底明了。

中观的平衡

假观

乃不停滞于空（空）而入佛智所照的世俗立场（假）。

空观

乃由常识的立场（假）而入宗教立场的真理（空）。

中道观

乃不执著空假二观的大悲菩萨行。

因果的肯定与否定

下种必有收获，这是对因果的肯定。

麦子结穗，原来的种子形态早已荡然无存，这层意义上，是对因果的否定。

因材施教

白毫　右曲放光，是佛的三十二种异相之一。

眉间白毫是佛的三十二相，对于世俗立场来说，它是一种因果的激励。

对于真理而言，一切的本质是空，三十二相只是因缘的假相。

不贪才是无量

菩萨修福不为己

得忍的菩萨功德所以殊胜，于他所作福德和智慧来看，就能知道是内因外缘的共同作用，不会执著福德为实。不受福德，所以福德无限量。这不是说没有福德，是说不执为实有，不执为己有。福德无法独立存在，菩萨度众生也应该融入因果中去，深知福德不应贪执，所以说不受福德才是无量福德。

又一次功德较量，前面经文是以善男子、善女人以无量七宝布施的功德来较量，此处则是说菩萨以七宝布施，有点不同。菩萨，已经进入了圣位，成为修行大乘佛法的楷模。两个菩萨，分别以满恒河沙那么多的世界七宝布施，和通达一切法的功德来比较，后者功德要远胜前者。菩萨无我才能通达这一切因缘之法。而无我是需要很深的修行道行的，这一切要靠“忍”。

得成于忍

忍是不动的意思。佛法是讲因果的，佛法流传世间利于断烦恼。断烦恼是使你的内心世界和平，不论外面世界如何动荡，但内心是和平的；内心无烦恼贼的扰乱，如此即安住了。从开始学习至入圣位有成就，忍有三个层次：信忍、柔顺忍、无生法忍。菩萨未以恒河沙世界的七宝布施，只是学习般若波罗蜜，令自己达到这程度，他的功德就超过前面以满恒河沙世界七宝布施的功德了。如此显示，前面以恒河沙世界七宝布施者，也是菩萨，但他未得忍，所以，没有这般若之忍的功德大。这是赞叹般若得成于忍的功德大于财布施。

不受福德

即不贪著福德。

得成于忍的菩萨不贪著福德，所以他的功德大。因为凡夫容易贪著福报，例如对别人的阿谀奉承、赞美、颂扬，欣然接受，这叫受；而对别人的谩骂、侮辱，甚至不同见解很不喜欢，这叫不受。但不受本质上还是受到影响，还是受的一种。菩萨修行功德、积累福德，是安然不动的，菩萨不认为有福德可得，不执著福德是真实有的，不贪为己有，不认为这福德是我的，这就是不受福德，因为菩萨认为一切法是种种因缘生起的。例如观音救世，是闻声而至，一桩事之后就又投入其他事情了，并不去计较福德的多少。

安忍可通达一切法

一切诸法

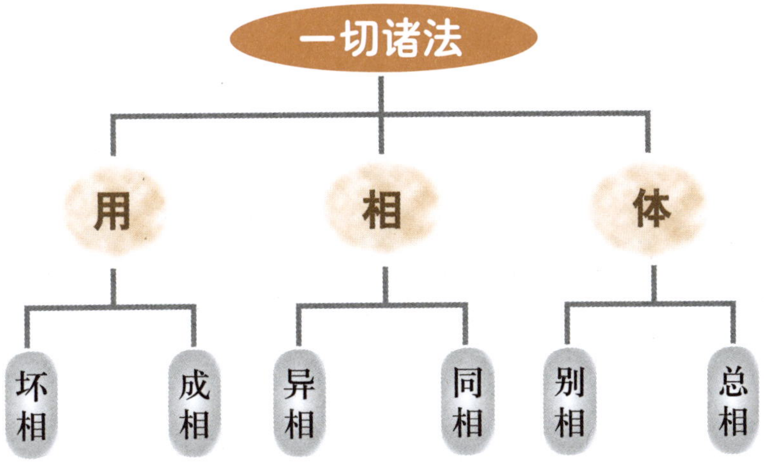

五忍：菩萨安心的程度

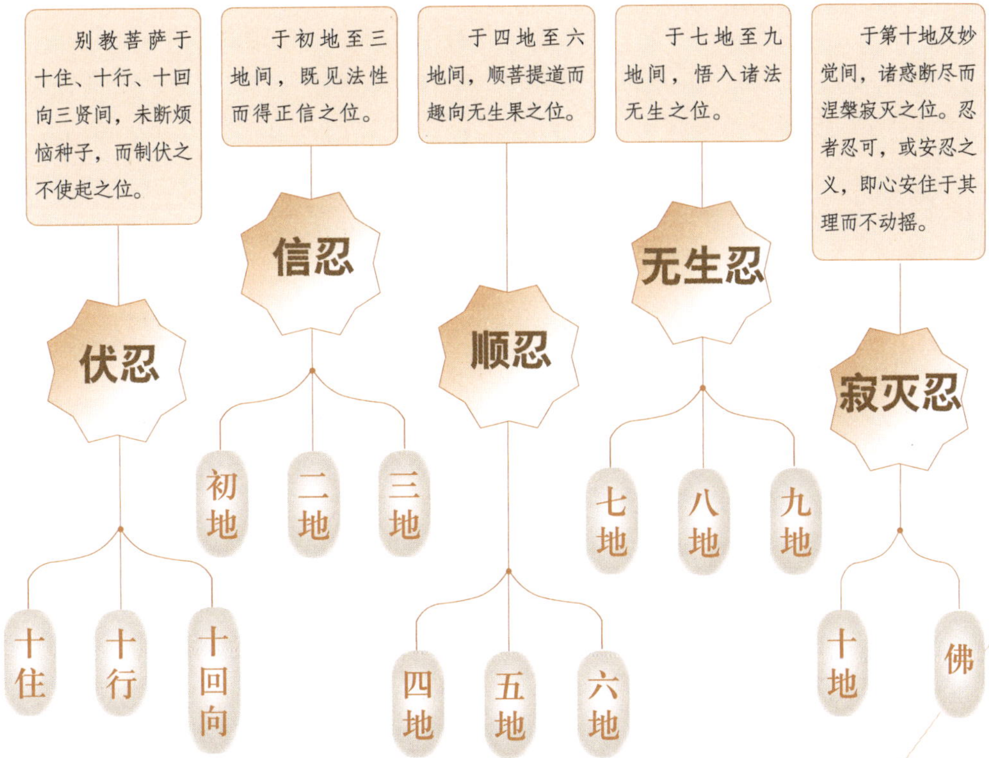

何谓“如来”

真理无所来

来去坐卧都不过性空如幻，哪有来者去者可得？法性空如幻，来无所从，去无所至；不来相而来，无去相而去，彻见无我法性——如义，这才名为如来。来、去、坐、卧是化身佛所具有的四种威仪，这里正呼应了开篇佛祖的日常行为。

何谓如来？梵语多陀阿伽度，汉译“如来”，也可译“如去”。古代印度其他宗教也有“如来”这个名词，是指流转还灭，它们认为有一个“我”，“我”是常住不变的，所以叫作“如”；它来往三界，六道轮回，来来去去，譬如一个人从那个房子来到这个房子，房子不同，但我还是不变，叫作“如来”。其实这和佛祖所讲的如来大相径庭。

来、去、坐、卧

从本篇来说，“来去”，指佛至舍卫城又回来，从大范围来讲，佛有时到王舍城，到各地来来去去，有此来去情形；“坐”，佛有时坐在那儿说法、禅定；“卧”，《阿含经》《阿毗昙论》提及佛也有卧的时候，于天快亮时，佛为调身，先到外面经行，然后回来卧一会儿，但并非睡觉，佛很少睡觉，但也不是不睡觉。另外有一种解释：“来”是指佛由法身变为化身而来到人间，“去”是指佛入涅槃，“坐”是佛在世间说法，“卧”是佛有时会卧。这里所呈现的来、去、坐、卧都是世俗的相，同如来是不一样的。

佛没有来也没有去

佛的肉身跟普通人一样，有来有去，有坐有卧，为何说佛没有来、去、坐、卧呢？

佛的来、去、坐、卧都是随机的，该来的来，该去的去，没有一样的来去，也没有一样的坐卧。以河流做比喻，前一刹那的河流，到了下一个瞬间，是否仍是前一刹那的河流？到了第二刹那时候，前一刹那的流水已逝，第二刹那的河水已非前一刹那的河水，前一刹那的水不能倒流回来。佛祖的日常作息也是如此。

所以，如来应该是没有来处的意思。如来就是真理，这里本身是恒常的，当然没有来处，也没有去处，如如不动。

佛的尊号

十方三世一切诸佛，由于应化不同，各有别名。但诸佛具足一切智慧，没有差别，所以，释迦牟尼和一切佛都有十种尊号，为诸佛的通号，称为“如来十号”，如来只是其中之一。

①如来	乘如实之道，来成正觉。
②应供	福慧具足，应受天人供养。
③正遍知	具一切智慧，对一切法都悉知悉见，也叫作正等觉。
④明行足	命明、天眼明、漏尽明等三明与圣行、梵行、天行、婴儿行、病行等五行具足。
⑤善逝	佛修正道，入涅槃，向好的去处而去。
⑥世间解	能了解一切世间的事理。
⑦无上士	至高无上之士。
⑧调御丈夫	能调御修正道的大丈夫。
⑨天人师	佛是一切天人的导师。
⑩佛世尊	佛是一切世人所共尊的人。

超时空的“一合相”

微尘中见大千

感官所知的相，是不可以用言语来讲解说明的。但是那些凡夫俗子们却以为讲说分明了才稳妥，而且要把你所讲所说小心翼翼地供奉起来，执著下去。所以，如来佛祖所讲说的东西尽管不多，却又成了众生成道的真正障碍了。

碎为微尘

佛教的世界观其实是很有前瞻性的，不知道佛祖的思维是如何想到世界是由微尘构成的。碎为微尘并不是说爆炸了，而是让众人用分析法把整个世界都解成微尘颗粒。在这样一种思维下，万事万物就都成了微尘聚合的产物，没有什么独立的属性，所以各种相都能够被消解，都是不牢靠的存在。须菩提明白，这世界由很多微尘组成，但这并不是最终的分解，微尘中还有微尘，整个物质界都来自地、火、水、风四大元素的组合，所以微尘只不过叫作微尘罢了，并不是终极形态。

当然并不是说物质界最后其实什么也没有，是精神产生的幻觉，只是万事万物都能追溯到从哪里来的真理，大家不要把眼光局限于当下。

合为大千

以微尘为媒介来思考，三千大千界虽然叫作三千大千世界，其实也不过是一大堆灰而已。大千世界能分解成微尘，微尘也能够合成大千世界，两者在本质上是一体的。但是这个本质就无法再分解了，它既是微尘，也是大千世界，叫作“一合相”。“一合相”是真理，是真实存在，是实有的。但是这个东西又不能被众生准确地把握，众人所知的、所讲的“一合相”并不是真正的“一合相”，因为真理是无法用言语讲说的。

总而言之，无论是微尘还是大千世界，都是五蕴假合，都不是实有。世间的人总想执著大大小小的事物，但是时过境迁，你身边的一切都在发生变化，大到地球、宇宙，小到细胞、毛孔，包括人心，都在变化。

要执著无常的事物为实有，只会徒增烦恼，就像夸父追日，只会自己把自己累死在路上。如果安住真心，“冬天穿棉袄，夏天戴草帽”，就会与真理同来同去，快乐无比了。

微尘的辨证

一合相公式

设：

A=微尘，
则
-A=非微尘
=物质世界

因此：

A+(-A)=粒子［A+(-A)］
=原子［A+(-A)］=分子［A+(-A)］
=生物［A+(-A)］=地球［A+(-A)］
=宇宙［A+(-A)］=……
=n［A+(-A)］=**一合相**

大千与微尘

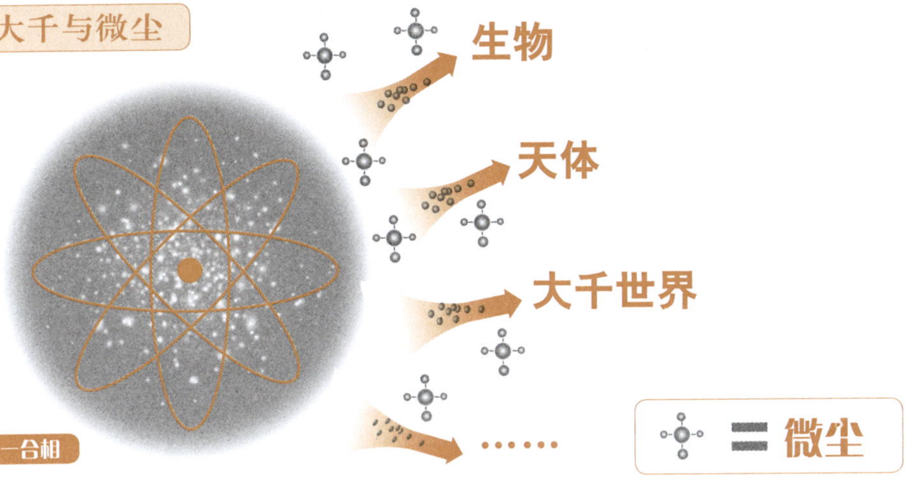

四大与微尘的比较

	四大	微尘
区别	地、火、水、风等宏观概念，无具体的相。	微观概念，有具体的相。
范畴	表示宏观的组成，如能量是由火元素组成的。	表示物质的微观组成，如一滴水由氢原子和氧原子构成。
联系	四大是物质组成的基本属性，而微尘则是指构成物质的基本单位。	

从对佛法的理解谈起

佛的真实意图

既然佛祖说的如来都不是真实的，那么他所说的人、我、众生与寿者等四种见解是不是真实的见解呢？这自然也会成为当时听众的心理活动，也就是说，佛祖必须解决这个疑惑。于是，他问须菩提说：依照前边所说的类推下来，有人说佛祖说过我的见解、人的见解、众生的见解和寿者的见解，这个人理解不理解佛祖的真实意图呢？

离相之相

一切法都是机缘促成，在众生心里都不能产生法相。如来是随机讲过不能执著，但是这个也不过是五蕴合成的一段话，是几个名字而已。如果因为某法师无心用了“我”“你”“众生”等词，就有人抓住不放，说是有了我相、人相、众生相、寿者相，那么反倒是后者心里有了“离四相”之相，成了有心的执著。

所以，须菩提回答说：这个人是不理解佛所说的意思的。因为佛用语言所说的一切，都不是真实的事物，只是一个抽象的名词概念而已。那么，佛所说的四种见解，也就不是那真实的四种见解，所以才用语言上的四种见解来表现。不仅如来的知见应该如此理解，就是那众生的四种知见也应该如此理解，对于一切法理也应该如此理解，如此认识，如此见解，如此信奉，不应该生起任何法理的形象概念。

这样修法

由此总结，发菩提心想要成佛的修行者，对待一切说法，都要没有“法相”。应该知一切法没有“法相”，不能执著；见一切法没有“法相”，无所执著；信解一切法没有“法相”，无所执著。知与见，偏于智；信解，是因理解而成信顺与信求，即从思想而成为信仰。只有全部过程，都自然而然，安心修行，才能不仅不生法相，连不生法相的“非法相”也不会有。这才是正确的知、见、信、解。

因为人们所说的法相，如来说它就不是真正的法相，所以才叫作名词概念上的法相。当然，名词概念上的法相是不应该执著与贪婪的。

佛祖说法随说随扫，说完了离四相，并不生起离四相之相，一路走来，干干净净。

离相之相

持戒的相

老僧帮助美女过河，但心无杂念，只是依慈悲而行。旁边的小和尚则很是惊慌，认为师父怎么能破“色”戒呢？但实际上，老僧倒没有犯戒律，相反小和尚这样想，却是执著“色戒”这个概念了。

修法的过程

由知而见，由见而信，再由信到解，这是一个符合一般规律的过程。只有这样，才符合佛的本意。

六如的比喻

一切有为都无所得

世间一切有形的事物、有为的方法，都如那美梦一般，如那幻景一般，如那水泡一般，如那影子一般，如那露水一般，如那闪电一般。梦、幻、泡、影、露、电六种事物，都是不真实的，可望而不可即的，所以才不能够扑上去、陷进去。对任何事物都应该采取这样的态度，才不至于被事物迷惑。

既然已经破除了一切执著与障碍，那么可以得出一个结论，这部经书所讲说的的确是不可思议的功德。你再怎么布施，也不如奉持这部经书中的宗旨或者是那四句偈子，并且为他人讲解说明。因为无所执著的佛法布施，所得到的福德要比有相布施得到的福德大得多得多。那么，该怎么为他人演说呢？演说些什么呢？那就是不执著于任何形象，像那真理一样，不受任何干扰，如如不动。

又是一个经典的四句偈子：一切有为法，如露亦如电，如梦幻泡影，应作如是观。

六个比喻

梦：梦境，现代科学认为是睡眠时大脑皮层还未完全停止活动的部分受到体内外刺激产生的幻象。

幻：是一种幻术、魔术，例如，以木石等物变出另一种东西，以毛巾变成兔子，其实都是障眼法。

泡：下雨滴在水上，形成泡，一下子就不见了。

影：光被遮住而成影，这也是假的。

露：地面上的水蒸气，遇冷而在草叶上结成水露，阳光出现就不见了。

电：闪电，即生即灭，也是无常。

泡、露、电，表示世间一切法都是无常的，不能长期存在。梦、幻、影，表示一切法都是虚妄不真实的，看似有，实际不实。六个比喻合起来说，一切有为法是无常的，是不真实的。

修习大乘佛法，应该以这样的经验观想万事万物。观想就是修行，以上述六种经验观想，人生便如黄粱一梦，金钱、粪土一样虚伪，无论是繁华还是贫瘠，都成了过眼云烟，抓都抓不住，何必为眼前的事情想不开呢！

六如

六如是六种比喻，比喻美丑、好恶等差别，其实本质没有什么不同，很容易消失、破灭，是无法实在把握的。这六种用来做比喻的事象，都是人们容易理解的假象，所以是这里的一种方便之法。

1 梦

梦境，现代科学认为是睡眠时大脑皮层还未完全停止活动的部分受到体内外刺激产生的幻象。

2 幻

是一种幻术、魔术，例如，以木石等物变出另一种东西，以毛巾变成兔子，其实都是障眼法。

3 泡

下雨滴在水上，形成泡，一下子就不见了。

4 影

光被遮住而成影，这也是假的。

5 露

地面上的水蒸气，遇冷而在草叶上结成水露，阳光出现就不见了。

6 电

闪电，即生即灭，也是无常。

大欢喜的结局

金刚法会圆满

经讲完了，所立起来的东西，也都随即破除了。佛祖什么都说了，却又什么都没有说；大众什么都听了，却又什么都没有听到。一旦不起执著了，一念之间也就达到佛的境界了。

金刚法会圆满了。当时，比丘与比丘尼（出家弟子的男女二众），优婆塞和优婆夷（在家弟子的男女二众），此如来的四众弟子，从佛受皈依及持戒律者，还有从世间来的天、人、阿修罗，即三善道众生，有善根见佛闻法的，也在法会中。

大家听了本经，明白菩萨发心修行的宗要与次第，感受到了佛法的稀有，有些当场就悟了道，或者当场证了果，总之大家都感觉到了希望、进步，所以才会个个欢喜。

欢喜，即信受佛说以及悟入深义的现象。能深刻信解，所以都能奉行佛说，自利利他，将佛法流通到将来。我们还能知道这部经，听说这部经，也即是当时佛弟子信受奉行的成果。大家既闻此法，也应生欢喜心，信受奉行，这才不负如来护念嘱咐的大悲。

圆满欢喜图

金刚法会圆满了。当时，佛的出家弟子、在家弟子，还有从世间来的天、人、阿修罗，即三善道众生，有善根见佛闻法的，都在法会中。大家听了本经，明白了菩萨发心修行的宗要与次第，感到佛法的稀有，个个都充满欢喜。欢喜，即信受佛说以及悟入深义的现象。能深刻信解，所以都能奉行佛说，自利利他，将佛法流通到将来。

在大眾中即從坐起偏袒右
地合掌而佛言希有世尊如來
善護念諸菩薩善付囑諸菩薩
世尊善男子女人發阿耨多
羅三藐三菩提心應云何住云
何降伏其心佛言善哉善哉須
菩提如汝所說如來善護念

附录

附录 1

元魏三藏菩提流支《金刚般若波罗蜜经》

如是我闻：一时婆伽婆，在舍婆提城祇树给孤独园，与大比丘众千二百五十人俱。尔时，世尊食时，著衣持钵，入舍婆提大城乞食。于其城中，次第乞食已，还至本处。饭食讫，收衣钵，洗足已，如常敷座，结加趺坐，端身而住，正念不动。

尔时，诸比丘来诣佛所，到已，顶礼佛足，右绕三匝，退坐一面。尔时，慧命须菩提，在大众中，即从座起，偏袒右肩，右膝著地，向佛合掌，恭敬而立，白佛言："希有！世尊！如来、应供、正遍知，善护念诸菩萨，善付嘱诸菩萨。世尊！云何菩萨大乘中，发阿耨多罗三藐三菩提心？应云何住？云何修行？云何降伏其心？"

尔时，佛告须菩提："善哉，善哉！须菩提！如汝所说：'如来善护念诸菩萨，善付嘱诸菩萨。'汝今谛听，当为汝说。如菩萨大乘中，发阿耨多罗三藐三菩提心，应如是住，如是修行，如是降伏其心。"

须菩提白佛言："世尊！如是。愿乐欲闻。"

佛告须菩提："诸菩萨生如是心：'所有一切众生，众生所摄，若卵生、若胎生、若湿生、若化生，若有色、若无色，若有想、若无想、若非有想非无想，所有众生界，众生所摄，我皆令入无余涅槃而灭度之。'如是灭度无量无边众生，实无众生得灭度者。何以故？须菩提！若菩萨有众生相，即非菩萨。何以故非？须菩提！若菩萨起众生相、人相、寿者相，则不名菩萨。

"复次，须菩提！菩萨不住于事行于布施，无所住行于布施，不住色布施，不住声、香、味、触、法布施。须菩提！菩萨应如是布施，不住于相想。何以故？若菩萨不住相布施，其福德聚不可思量。

"须菩提！于汝意云何？东方虚空可思量不？"须菩提言："不也，世尊！"

佛言："如是，须菩提！南西北方四维上下虚空，可思量不？"须菩提言："不也，世尊！"

佛言："如是，如是！须菩提！菩萨无住相布施，福德聚亦复如是不可思量。"佛复告须菩提："菩萨但应如是行于布施。"

"须菩提！于意云何？可以相成就见如来不？"须菩提言："不也，世尊！不可以相成就得见如来。何以故？如来所说相，即非相。"

佛告须菩提："凡所有相，皆是妄语。若见诸相非相，则非妄语。如是诸相非相，则见如来。"

须菩提白佛言："世尊！颇有众生，于未来世末世，得闻如是修多罗章句，生实相不？"

佛告须菩提："莫作是说：'颇有众生，于未来世末世，得闻如是修多罗章句，生实相不？'"

佛复告须菩提："有未来世末世，有菩萨摩诃萨，法欲灭时，有持戒修福德智慧者，于此修多罗章句，能生信心，以此为实。"

佛复告须菩提："当知彼菩萨摩诃萨，非于一佛二佛三四五佛所修行供养，非于一佛二佛三四五佛所而种善根。"

佛复告须菩提："已于无量百千万诸佛所修行供养，无量百千万诸佛所种诸善根。闻是修多罗，乃至一念能生净信。须菩提！如来悉知是诸众生，如来悉见是诸众生。须菩提！是诸菩萨，生如是无量福德聚，取如是无量福德。何以故？须菩提！是诸菩萨，无复我相、众生相、人相、寿者相。

"须菩提！是诸菩萨，无法相，亦非无法相。无相，亦非无相。何以故？须菩提！是诸菩萨，若取法相，则为著我、人、众生、寿者。须菩提！若是菩萨有法相，即著我相、人相、众生相、寿者相。何以故？须菩提！不应取法，非不取法。以是义故，如来常说筏喻法门，是法应舍，非舍法故。"

复次，佛告慧命须菩提："须菩提！于意云何？如来得阿耨多罗三藐三菩提耶？如来有所说法耶？"须菩提言："如我解佛所说义，无有定法如来得阿耨多罗三藐三菩提，亦无有定法如来可说。何以故？如来所说法，皆不可取不可说，非法非非法。何以故？一切圣人，皆以无为法得名。"

"须菩提！于意云何？若满三千大千世界七宝，以用布施。须菩提！于意云何？是善男子、善女人，所得福德，宁为多不？"须菩提言："甚多，婆伽婆！甚多，修伽陀！彼善男子、善女人，得福甚多。何以故？世尊！是福德聚，即非福德聚，是故如来说福德聚、福德聚。"

佛言："须菩提！若善男子、善女人，以满三千大千世界七宝，持用布施。若复于此经中，受持乃至四句偈等，为他人说，其福胜彼无量不可数。何以故？须菩提！一切诸佛阿耨多罗三藐三菩提法，皆从此经出。一切诸佛如来，皆从此经生。须菩提！所谓佛法、佛法者，即非佛法。

"须菩提！于意云何？须陀洹能作是念：'我得须陀洹果。'不？"须菩提言："不也，世尊！何以故？实无有法名须陀洹。不入色声香味触法，是名须陀洹。"

佛言："须菩提！于意云何？斯陀含能作是念：'我得斯陀含果。'不？"须菩提言："不也，世尊！何以故？实无有法名斯陀含。是名斯陀含。"

"须菩提！于意云何？阿那含能作是念：'我得阿那含果。'不？"须菩提言："不也，世尊！何以故？实无有法名阿那含。是名阿那含。"

"须菩提！于意云何？阿罗汉能作是念：'我得阿罗汉。'不？"须菩提言："不也，世尊！何以故？实无有法名阿罗汉。世尊！若阿罗汉作是念：'我得阿罗汉。'即为著我、人、众生、寿者。世尊！佛说我得无诤三昧，最为第一，世尊说我是离欲阿罗汉。世尊！我不作是念：'我是离欲阿罗汉。'世尊！我若作是念：'我得阿罗汉。'世尊则不记我无诤行第一。以须菩提实无所行，而名须菩提无诤、无诤行。"

佛告须菩提："于意云何？如来昔在燃灯佛所，得阿耨多罗三藐三菩提法不？"须菩提言："不也，世尊！如来在燃灯佛所，于法实无所得阿耨多罗三藐三菩提。"

佛告须菩提："若菩萨作是言：'我庄严佛国土。'彼菩萨不实语。何以故？须菩提！如来所说庄严佛土者，则非庄严，是名庄严佛土。是故须菩提！诸菩萨摩诃萨，应如是生清净心，而无所住，不住色生心，不住声、香、味、触、法生心，应无所住而生其心。

"须菩提！譬如有人，身如须弥山王。须菩提！于意云何？是身为大不？"

须菩提言："甚大，世尊！何以故？佛说非身，是名大身。彼身非身，是名大身。"

佛言："须菩提！如恒河中所有沙数，如是沙等恒河，于意云何？是诸恒河沙，宁为多不？"须菩提言："甚多，世尊！但诸恒河，尚多无数，何况其沙。"

佛言："须菩提！我今实言告汝。若有善男子、善女人，以七宝满尔数恒沙数世界，以施诸佛如来。须菩提！于意云何？彼善男子、善女人，得福多不？"须菩提言："甚多，世尊！彼善男子、善女人，得福甚多。"

佛告须菩提："以七宝满尔数恒河沙世界，持用布施。若善男子、善女人，于此法门，乃至受持四句偈等，为他人说，而此福德，胜前福德无量阿僧祇。

"复次，须菩提！随所有处，说是法门，乃至四句偈等，当知此处，一切世间天人阿修罗，皆应供养，如佛塔庙。何况有人，尽能受持读诵此经。须菩提！当知是人，成就最上第一希有之法。若是经典所在之处，则为有佛，若尊重似佛。"

尔时，须菩提白佛言："世尊！当何名此法门？我等云何奉持？"佛告须菩提："是法门名为"金刚般若波罗蜜"。以是名字，汝当奉持。何以故？须菩提！佛说般若波罗蜜，则非般若波罗蜜。

"须菩提！于意云何？如来有所说法不？"须菩提言："世尊！如来无所说法。"

"须菩提！于意云何？三千大千世界所有微尘，是为多不？"须菩提言："彼微尘甚多。世尊！"

"须菩提！是诸微尘，如来说非微尘，是名微尘。如来说世界，非世界，是名世界。"

佛言："须菩提！于意云何？可以三十二大人相见如来不？"须菩提言："不也，世尊！何以故？如来说三十二大人相，即是非相，是名三十二大人相。"

佛言："须菩提！若有善男子、善女人，以恒河沙等身命布施，若复有人，于此法门中，乃至受持四句偈等，为他人说，其福甚多无量阿僧祇。"

尔时，须菩提闻说是经，深解义趣，涕泪悲泣，扪泪而白佛言："希有，婆伽婆！希有，修伽陀！佛说如是甚深法门，我从昔来所得慧眼，未曾得闻如是法门。"

"何以故？须菩提！佛说般若波罗蜜，即非般若波罗蜜。"

"世尊！若复有人得闻是经，信心清净，则生实相，当知是名成就第一希有功德。世尊！是实相者则是非相。是故如来说名实相、实相。世尊！我今得闻如是法门，信解受持，不足为难。若当来世其有众生得闻是法门信解受持，是人则为第一希有。何以故？此人无我相、人相、众生相、寿者相。何以故？我相，即是非相；人相、众生相、寿者相，即是非相。何以故？离一切诸相，则名诸佛。"

佛告须菩提："如是，如是！若复有人得闻是经，不惊不怖不畏，当知是人甚为希有。

何以故？须菩提！如来说第一波罗蜜，非第一波罗蜜。如来说第一波罗蜜者，彼无量诸佛亦说波罗蜜，是名第一波罗蜜。

“须菩提！如来说忍辱波罗蜜，即非忍辱波罗蜜。何以故？须菩提！如我昔为歌利王割截身体。我于尔时，无我相、无众生相、无人相、无寿者相，无相，亦非无相。何以故？须菩提！我于往昔节节支解时，若有我相、众生相、人相、寿者相，应生嗔恨。须菩提！又念过去于五百世，作忍辱仙人，于尔所世，无我相、无众生相、无人相、无寿者相。是故须菩提！菩萨应离一切相，发阿耨多罗三藐三菩提心。何以故？若心有住，则为非住。不应住色生心，不应住声、香、味、触、法生心，应生无所住心。是故佛说：‘菩萨心不住色布施。’须菩提！菩萨为利益一切众生，应如是布施。”

须菩提言：“世尊！一切众生相，即是非相。何以故？如来说：‘一切众生，即非众生。’”

“须菩提！如来是真语者、实语者、如语者、不异语者。须菩提！如来所得法，所说法，无实无妄语。

“须菩提！譬如有人入闇，则无所见。若菩萨心住于事而行布施，亦复如是。须菩提！譬如人有目，夜分已尽，日光明照，见种种色。若菩萨不住于事行于布施，亦复如是。

“复次，须菩提！若有善男子、善女人，能于此法门，受持读诵修行，则为如来以佛智慧，悉知是人，悉见是人，悉觉是人，皆得成就无量无边功德聚。

“须菩提！若有善男子、善女人，初日分以恒河沙等身布施，中日分复以恒河沙等身布施，后日分复以恒河沙等身布施，如是舍恒河沙等无量身，如是百千万亿那由他劫以身布施。若复有人，闻此法门，信心不谤，其福胜彼无量阿僧祇，何况书写受持读诵修行，为人广说。

“须菩提！以要言之，是经有不可思议不可称量无边功德。此法门，如来为发大乘者说，为发最上乘者说。若有人能受持读诵修行此经，广为人说，如来悉知是人，悉见是人，皆成就不可思议不可称无有边无量功德聚。如是人等，则为荷担如来阿耨多罗三藐三菩提。何以故？须菩提！若乐小法者，则于此经，不能受持读诵修行，为人解说。若有我见众生见人见寿者见，于此法门，能受持读诵修行为人解说者，无有是处。

“须菩提！在在处处，若有此经，一切世间天、人、阿修罗所应供养。当知此处，则为是塔，皆应恭敬，作礼围绕，以诸华香而散其处。

“复次，须菩提！若善男子、善女人，受持读诵此经，为人轻贱。何以故？是人先世罪业，应堕恶道，以今世人轻贱故，先世罪业则为消灭，当得阿耨多罗三藐三菩提。

“须菩提！我念过去无量阿僧祇阿僧祇劫，于燃灯佛前，得值八十四亿那由他百千万诸佛，我皆亲承供养，无空过者。须菩提！如是无量诸佛，我皆亲承供养，无空过者。若复有人，于后世末世，能受持读诵修行此经，所得功德，我所供养诸佛功德，于彼百分不及一，千万亿分，乃至算数譬喻所不能及。

“须菩提！若有善男子、善女人，于后世末世，有受持读诵修行此经，所得功德，若我具说者，或有人闻，心则狂乱，疑惑不信。须菩提！当知是法门不可思议，果报亦不可思议。”

尔时，须菩提白佛言："世尊！云何菩萨发阿耨多罗三藐三菩提心？云何住？云何修行？云何降伏其心？"

佛告须菩提："菩萨发阿耨多罗三藐三菩提心者，当生如是心：'我应灭度一切众生，令入无余涅槃界。如是灭度一切众生已，而无一众生实灭度者。'何以故？须菩提！若菩萨有众生相、人相、寿者相，则非菩萨。何以故？须菩提！实无有法，名为菩萨发阿耨多罗三藐三菩提心者。

"须菩提！于意云何？如来于燃灯佛所，有法得阿耨多罗三藐三菩提不？"

须菩提白佛言："不也！世尊！如我解佛所说义，佛于燃灯佛所，无有法得阿耨多罗三藐三菩提。"

佛言："如是，如是！须菩提！实无有法，如来于燃灯佛所得阿耨多罗三藐三菩提。须菩提！若有法如来得阿耨多罗三藐三菩提者，燃灯佛则不与我受记：'汝于来世，当得作佛，号释迦牟尼。'以实无有法，得阿耨多罗三藐三菩提，是故燃灯佛与我受记，作如是言：'摩那婆！汝于来世，当得作佛，号释迦牟尼。'何以故？须菩提！言如来者，即实真如。

"须菩提！若有人言：'如来得阿耨多罗三藐三菩提。'者，是人不实语。须菩提！实无有法，佛得阿耨多罗三藐三菩提。须菩提！如来所得阿耨多罗三藐三菩提，于是中不实不妄语。是故如来说：'一切法皆是佛法。'须菩提！所言一切法、一切法者，即非一切法，是故名一切法。

"须菩提！譬如有人，其身妙大。"须菩提言："世尊！如来说人身妙大，则非大身，是故如来说名大身。"

佛言："须菩提！菩萨亦如是。若作是言：'我当灭度无量众生。'则非菩萨。"佛言："须菩提！于意云何？颇有实法名为菩萨？"须菩提言："不也，世尊！实无有法名为菩萨。"

"是故佛说：'一切法无众生、无人、无寿者。'须菩提！若菩萨作是言：'我庄严佛国土。'是不名菩萨。何以故？如来说庄严佛土、庄严佛土者，即非庄严，是名庄严佛国土。须菩提！若菩萨通达无我、无我法者，如来说名真是菩萨菩萨。

"须菩提！于意云何？如来有肉眼不？"须菩提言："如是，世尊！如来有肉眼。"

佛言："须菩提！于意云何？如来有天眼不？"须菩提言："如是，世尊！如来有天眼。"

佛言："须菩提！于意云何？如来有慧眼不？"须菩提言："如是，世尊！如来有慧眼。"

佛言："须菩提！于意云何？如来有法眼不？"须菩提言："如是，世尊！如来有法眼。"

佛言："须菩提！于意云何？如来有佛眼不？"须菩提言："如是，世尊！如来有佛眼。"

佛言："须菩提！于意云何？如恒河中所有沙，佛说是沙不？"须菩提言："如是，世尊！如来说是沙。"

佛言："须菩提！于意云何？如一恒河中所有沙，有如是等恒河，是诸恒河所有沙数佛世界，如是世界，宁为多不？"须菩提言："彼世界甚多。世尊！"

佛告须菩提："尔所世界中，所有众生，若干种心住，如来悉知。何以故？如来说诸心住，皆为非心住，是名为心住。何以故？须菩提！过去心不可得，现在心不可得，未来心不可得。

“须菩提！于意云何？若有人以满三千大千世界七宝持用布施，是善男子、善女人，以是因缘，得福多不？”须菩提言：“如是，世尊！此人以是因缘，得福甚多。”

佛言：“如是，如是！须菩提！彼善男子、善女人，以是因缘，得福德聚多。须菩提！若福德聚有实，如来则不说福德聚、福德聚。

“须菩提！于意云何？佛可以具足色身见不？”须菩提言：“不也，世尊！如来不应以色身见。何以故？如来说具足色身，即非具足色身，是故如来说名具足色身。”

佛言：“须菩提！于意云何？如来可以具足诸相见不？”须菩提言：“不也，世尊！如来不应以具足诸相见。何以故？如来说诸相具足，即非具足，是故如来说名诸相具足。”

佛言：“须菩提！于意云何？汝谓如来作是念：‘我当有所说法。’耶？须菩提！莫作是念。何以故？若人言：‘如来有所说法。’即为谤佛，不能解我所说故。何以故？须菩提！如来说法、说法者，无法可说，是名说法。”

尔时，慧命须菩提白佛言：“世尊！颇有众生，于未来世，闻说是法，生信心不？”

佛言：“须菩提！彼非众生，非不众生。何以故？须菩提！众生、众生者，如来说非众生，是名众生。”

佛言：“须菩提！于意云何？如来得阿耨多罗三藐三菩提耶？”须菩提言：“不也！世尊！世尊，无有少法如来得阿耨多罗三藐三菩提。”

佛言：“如是，如是！须菩提！我于阿耨多罗三藐三菩提，乃至无有少法可得，是名阿耨多罗三藐三菩提。

“复次，须菩提！是法平等，无有高下，是名阿耨多罗三藐三菩提。以无众生、无人、无寿者，得平等阿耨多罗三藐三菩提，一切善法得阿耨多罗三藐三菩提。须菩提！所言善法、善法者，如来说非善法，是名善法。

“须菩提！三千大千世界中，所有诸须弥山王，如是等七宝聚，有人持用布施，若人以此般若波罗蜜经，乃至四句偈等，受持读诵，为他人说，于前福德，百分不及一，千分不及一，百千万分不及一，歌罗分不及一，数分不及一，优波尼沙陀分不及一，乃至算数譬喻所不能及。

“须菩提！于意云何？汝谓如来作是念：‘我度众生。’耶？须菩提！莫作是念。何以故？实无有众生如来度者。”

佛言：“须菩提！若有实众生如来度者，如来则有我、人、众生、寿者相。须菩提！如来说：‘有我者，则非有我，而毛道凡夫生者以为有我。’须菩提！毛道凡夫生者，如来说名非生，是故言毛道凡夫生。

“须菩提！于意云何？可以相成就得见如来不？”须菩提言：“如我解如来所说义，不以相成就得见如来。”

佛言：“如是，如是！须菩提！不以相成就得见如来。”佛言：“须菩提！若以相成就观如来者，转轮圣王应是如来，是故非以相成就得见如来。”

尔时，世尊而说偈言：

若以色见我，以音声求我，是人行邪道，不能见如来。

彼如来妙体，即法身诸佛，法体不可见，彼识不能知。

如来以相成就得阿耨多罗三藐三菩提。’须菩提！汝若作是念：‘菩萨发阿耨多罗三藐三菩提心者，说诸法断灭相。’须菩提！莫作是念。何以故？菩萨发阿耨多罗三藐三菩提心者，不说诸法断灭相。

“须菩提！若善男子、善女人，以满恒河沙等世界七宝，持用布施。若有菩萨，知一切法无我，得无生法忍。此功德胜前所得福德。须菩提！以诸菩萨不取福德故。”

须菩提白佛言：“世尊！菩萨不取福德？”

佛言：“须菩提！菩萨受福德，不取福德，是故菩萨取福德。

“须菩提！若有人言：‘如来若去若来若住、若坐若卧。’是人不解我所说义。何以故？如来者，无所至去，无所从来，故名如来。

“须菩提！若善男子、善女人，以三千大千世界微尘。复以尔许微尘世界，碎为微尘阿僧祇。须菩提！于意云何？是微尘众，宁为多不？”

须菩提言：“彼微尘众甚多。世尊！何以故？若是微尘众实有者，佛则不说是微尘众。何以故？佛说微尘众，则非微尘众，是故佛说微尘众。世尊！如来所说三千大千世界，则非世界，是故佛说三千大千世界。何以故？若世界实有者，则是一合相。如来说一合相，则非一合相，是故佛说一合相。”

佛言：“须菩提！一合相者，则是不可说，但凡夫之人，贪著其事。何以故？须菩提！若人如是言：‘佛说我见、人见、众生见、寿者见。’须菩提！于意云何？是人所说，为正语不？”须菩提言：“不也，世尊！何以故？世尊！如来说我见、人见、众生见、寿者见，即非我见、人见、众生见、寿者见，是名我见、人见、众生见、寿者见。”

“须菩提！菩萨发阿耨多罗三藐三菩提心者，于一切法，应如是知，如是见，如是信，如是不住法相。何以故？须菩提！所言法相、法相者，如来说即非法相，是名法相。须菩提！若有菩萨摩诃萨以满无量阿僧祇世界七宝，持用布施。若有善男子、善女人，发菩萨心者，于此般若波罗蜜经，乃至四句偈等，受持读诵，为他人说，其福胜彼无量阿僧祇。云何为人演说而不名说，是名为说。”而说偈言：

一切有为法，　如星翳灯幻，露泡梦电云，　应作如是观。

佛说是经已，长老须菩提，及诸比丘、比丘尼、优婆塞、优婆夷、菩萨摩诃萨，一切世间天、人、阿修罗、乾闼婆等，闻佛所说，皆大欢喜，信受奉行。

附录 2

陈天竺三藏真谛《金刚般若波罗蜜经》

如是我闻：一时佛婆伽婆，住舍卫国祇陀树林给孤独园，与大比丘众千二百五十人俱。尔时世尊，于日前分，著衣持钵，入舍卫大国而行乞食。于其国中次第行乞，还至本处。饭食事讫，于中后时，收衣钵，洗足已。如常敷座，加趺安坐，端身而住，正念现前。时诸比丘俱往佛所，至佛所已，顶礼佛足，右绕三匝，却坐一面。

尔时净命须菩提，于大众中共坐聚集。时净命须菩提，即从座起，偏袒右肩，顶礼佛足，右膝著地，向佛合掌而白佛言："希有，世尊！如来、应供、正遍觉知，善护念诸菩萨摩诃萨，由无上利益故；善付嘱诸菩萨摩诃萨，由无上教故。世尊！若善男子、善女人，发阿耨多罗三藐三菩提心，行菩萨乘，云何应住？云何修行？云何发起菩萨心？"净命须菩提作是问已。

尔时世尊告须菩提："须菩提！善哉，善哉！如是，善男子！如来善护念诸菩萨摩诃萨，无上利益故；善付嘱诸菩萨摩诃萨，无上教故。须菩提！是故汝今一心谛听，恭敬，善思念之。我今当为汝说。如菩萨发菩提心，行菩萨乘，如是应住，如是修行，如是发心。"须菩提言："唯然，世尊！"

佛告须菩提："须菩提！善男子、善女人，发菩提心，行菩萨乘，应如是发心：'所有一切众生类摄，若卵生、若胎生、若湿生、若化生，若有色、若无色，若有想、若无想，若非有想、若非无想，乃至众生界，及假名说。如是众生，我皆安置于无余涅槃。'如是涅槃无量众生已，无一众生被涅槃者。何以故？须菩提！若菩萨有众生想，即不应说名为菩萨。何以故？须菩提！一切菩萨，无我想、众生想、寿者想、受者想。

"复次，须菩提！菩萨不著己类而行布施，不著所余行于布施，不著色、声、香、味、触、法应行布施。须菩提！菩萨应如是行施，不著相想。何以故？须菩提！若菩萨无执著心行于布施，是福德聚不可数量。

"须菩提！汝意云何？东方虚空可数量不？"须菩提言："不可，世尊！"

佛言："如是，须菩提！南西北方，四维上下，十方虚空，可数量不？"须菩提言："不可，世尊！"

佛言："如是，须菩提！若菩萨无执著心行于布施，是福德聚亦复如是不可数量。

"须菩提！汝意云何？可以身相胜德见如来不？"

"不能，世尊！何以故？如来所说身相胜德，非相胜德。"

"何以故？须菩提！凡所有相，皆是虚妄。无所有相，即是真实。由相无相，应见如来。”如是说已。

净命须菩提白佛言：“世尊！于今现时及未来世，颇有菩萨听闻正说如是等相此经章句，生实想不？”

佛告须菩提：“莫作是说：‘于今现时及未来世，颇有菩萨听闻正说如是等相此经章句，生实想不？’何以故？须菩提！于未来世，实有众生，得闻此经，能生实想。

“复次，须菩提！于未来世，后五百岁，正法灭时，有诸菩萨摩诃萨，持戒修福及有智慧。须菩提！是诸菩萨摩诃萨，非事一佛，非于一佛种诸善根，已事无量百千诸佛，已于无量百千佛所而种善根。若有善男子、善女人，听闻正说如是等相此经章句，乃至一念生实信者。须菩提！如来悉知是人，悉见是人。

“须菩提！是善男子、善女人，生长无量福德之聚！何以故？须菩提！是诸菩萨无复我想、众生想、寿者想、受者想。是诸菩萨无法想非无法想，无想非无想。何以故？须菩提！是诸菩萨若有法想，即是我执，及众生、寿者、受者执。须菩提！是故菩萨不应取法，不应取非法。为如是义故，如来说：‘若观行人，解筏喻经，法尚应舍，何况非法。’”

复次，佛告净命须菩提：“须菩提！汝意云何？如来得阿耨多罗三藐三菩提耶？如来有所说法耶？”须菩提言：“如我解佛说义，无所有法如来所得，名阿耨多罗三藐三菩提；亦无有法如来所说。何以故？是法如来所说，不可取，不可言；非法，非非法。何以故？一切圣人皆以无为真如所显现故。”

“须菩提！汝意云何？以三千大千世界遍满七宝，若人持用布施，是善男子、善女人，因此布施生福多不？”须菩提言：“甚多，世尊！甚多，修伽陀！是善男子、善女人，因此布施，得福甚多。何以故？世尊！此福德聚，即非福德聚，是故如来说福德聚。”

佛言：“须菩提！若善男子、善女人，以三千大千世界遍满七宝，持用布施。若复有人，从此经中受四句偈，为他正说，显示其义。此人以是因缘，所生福德，最多于彼无量无数。何以故？须菩提！如来无上菩提，从此福成。诸佛世尊，从此福生。何以故？须菩提！所言佛法者，即非佛法，是名佛法。

“须菩提！汝意云何？须陀洹能作是念：‘我得须陀洹果。’不？”须菩提言：“不能，世尊！何以故？世尊！实无所有能至于流，故说须陀洹。乃至色、声、香、味、触、法亦复如是，故名须陀洹。

“斯陀含名一往来，实无所有能至往来，是名斯陀含。

“阿那含名为不来，实无所有能至不来，是名阿那含。”

佛言：“须菩提！汝意云何？阿罗汉能作是念：‘我得阿罗汉果。’不？”

须菩提言：“不能，世尊！何以故！实无所有名阿罗汉。世尊！若阿罗汉作是念：‘我得阿罗汉果。’此念即是我执、众生执、寿者执、受者执。世尊！如来阿罗诃三藐三佛陀赞我，住无诤三昧人中最为第一。世尊！我今已得阿罗汉，离三有欲。世尊！我亦不作是念：‘我是阿罗汉。’世尊！我若有是念：‘我已得阿罗汉果。’如来则应不授我记：‘住无诤三昧人中，须菩提善男子最为第一。’实无所住，住于无诤、住于无诤。”

佛告须菩提：“汝意云何？昔从然灯如来阿罗诃三藐三佛陀所，颇有一法，如来所取不？”须菩提言：“不取，世尊！实无有法，昔从然灯如来阿罗诃三藐三佛陀所，如来所取。”

佛告须菩提：“若有菩萨作如是言：‘我当庄严清净佛土。’而此菩萨说虚妄言。何以故？须菩提！庄严佛土者，如来说非庄严，是故庄严清净佛土。须菩提！是故菩萨应生如是无住著心，不住色、声、香、味、触、法生心，应无所住而生其心。

“须菩提！譬如有人体相胜大，如须弥山。须菩提！汝意云何？如是体相为胜大不？”须菩提言：“甚大，世尊！何以故？如来说非有，名为有身，此非是有，故说有身。”

佛告须菩提：“汝意云何？于恒伽所有诸沙，如其沙数所有恒伽，诸恒伽沙宁为多不？”须菩提言：“甚多，世尊！但诸恒伽，尚多无数，何况其沙。”

佛言：“须菩提！我今觉汝，我今示汝。诸恒伽中所有沙数尔许世界，若有善男子、善女人，以七宝遍满，持施如来应供正遍觉知。须菩提！汝意云何？此人以是因缘，得福多不？”须菩提言：“甚多，世尊！甚多，修伽陀！此人以是因缘，生福甚多。”

“须菩提！若善男子、善女人，以七宝遍满尔所恒伽沙世界，持用布施。若善男子、善女人，从此经典乃至四句偈等，恭敬受持，为他正说。是人所生福德，最胜于彼无量无数！

“复次，须菩提！随所在处，若有人能从是经典，乃至四句偈等，读诵讲说。当知此处，于世间中即成支提，一切人、天、阿修罗等，皆应恭敬。何况有人尽能受持读诵如此经典。当知是人，则与无上希有之法而共相应。是土地处，大师在中，或随有一可尊重人。”佛说是已。

净命须菩提白佛言：“世尊！如是经典，名号云何？我等云何奉持？”

佛告须菩提：“此经名“般若波罗蜜”。以是名字，汝当奉持。何以故？须菩提！是般若波罗蜜，如来说非般若波罗蜜。须菩提！汝意云何？颇有一法一佛说不？”须菩提言：“无有，世尊！无有一法一如来说。”

佛告须菩提：“三千大千世界所有微尘，是为多不？”须菩提言：“此世界微尘，甚多，世尊！甚多，修伽陀！何以故？世尊！此诸微尘，如来说非微尘，故名微尘。此诸世界，如来说非世界，故说世界。”

佛告须菩提：“汝意云何？可以三十二大人相见如来不？”须菩提言：“不可，世尊！何以故？此三十二大人相，如来说非相，故说三十二大人相。”

佛告须菩提：“若有善男子、善女人，如诸恒河所有沙数，如是沙等身命舍以布施。若有善男子、善女人，从此经典，乃至四句偈等，恭敬受持，为他正说。此人以是因缘，生福多彼无量无数。”

尔时净命须菩提，由法利疾，即便悲泣。收泪而言：“希有！世尊！希有！修伽陀！如此经典如来所说，我从昔来至得圣慧，未曾闻说如是经典。何以故？世尊说般若波罗蜜，即非般若波罗蜜，故说般若波罗蜜。世尊！当知是人，则与无上希有之法而共相应，闻说经时，能生实想。世尊！是实想者，实非有想，是故如来说名实想、说名实想。世尊！此事于我非为希有。正说经时，我生信解。世尊！于未来世，若有众生恭敬受持，为他正说，当知是人，则与无上希有之法而共相应。世尊！此人无复我想、众生想、寿者想、受者想。何以故？我想、众生想、寿者想、受者想，即是非想。何以故？诸佛世尊，解脱诸想尽无余故。”说是言已。

佛告须菩提：“如是，须菩提！如是。当知是人，则与无上希有之法而共相应。是人闻说此经，不惊不怖不畏。何以故？须菩提！此法如来所说，是第一波罗蜜。此波罗蜜，如来所说，无量诸佛亦如是说，是故说名第一波罗蜜。

“复次，须菩提！如来忍辱波罗蜜，即非波罗蜜。何以故？须菩提！昔时我为迦陵伽王斩斫身体，骨肉虽碎。我于尔时，无有我想、众生想、寿者想、受者想，无想非无想。何以故？须菩提！我于尔时，若有我想、众生想、寿者想、受者想，是时则应生嗔恨想。须菩提！我忆过去五百生，作大仙人，名曰说忍。于尔所生中，心无我想、众生想、寿者想、受者想。是故须菩提！菩萨摩诃萨舍离一切想，于无上菩提应发起心，不应生住色心，不应生住声、香、味、触心，不应生住法心，不应生住非法心，不应生有所住心。何以故？若心有住，则为非住。故如来说：‘菩萨无所住心应行布施。’复次，须菩提！菩萨应如是行施，为利益一切众生。此众生想，即是非想。如是一切众生，如来说即非众生。何以故？诸佛世尊远离一切想故。

“须菩提！如来说实、说谛、说如、说非虚妄。复次，须菩提！是法如来所觉，是法如来所说，是法非实非虚。

“须菩提！譬如有人，在于盲暗，如是当知菩萨堕相，行堕相施。须菩提！如人有目，夜已晓，昼日光照，见种种色，如是当知菩萨不堕于相，行无相施。

“复次，须菩提！于未来世，若有善男子、善女人，受持读诵修行，为他正说如是经典，如来悉知是人，悉见是人，生长无量福德之聚。

“复次，须菩提！若有善男子、善女人，于日前分布施身命，如上所说诸河沙数；于日中分布施身命，于日后分布施身命，皆如上说诸河沙数。如是无量百千万亿劫，以身命布施。若复有人，闻此经典，不起诽谤，以是因缘，生福多彼无数无量。何况有人书写受持读诵，教他修行，为人广说。

“复次，须菩提！如是经典不可思量，无能与等。如来但为怜愍利益能行无上乘，及行无等乘人说。若复有人，于未来世，受持读诵，教他修行，正说是经。如来悉知是人，悉见是人，与无数无量不可思议无等福聚而共相应。如是等人，由我身分，则能荷负无上菩提。何以故？须菩提！如是经典，若下愿乐人，及我见、众生见、寿者见、受者见，如此等人，能听能修读诵教他正说，无有是处。复次，须菩提！随所在处，显说此经，一切世间天人阿修罗等，皆应供养，作礼右绕。当知此处，于世间中即成支提。

“须菩提！若有善男子、善女人，受持读诵教他修行，正说如是等经。此人现身受轻贱等。过去世中所造恶业，应感生后恶道果报。以于现身受轻苦故，先世罪业及苦果报，则为消灭，当得阿耨多罗三藐三菩提。

“须菩提！我忆往昔无数无量过于算数大劫，过去然灯如来阿罗诃三藐三佛陀后八万四千百千俱胝诸佛如来已成佛竟，我皆承事供养恭敬，无空过者。若复有人，于后末世五百岁时，受持读诵，教他修行，正说此经。须菩提！此人所生福德之聚，以我往昔承事供养诸佛如来所得功德，比此功德，百分不及一，千万亿分不及一，穷于算数不及其一，乃至威力品类相应譬喻所不能及。

“须菩提！若善男子、善女人，于后末世，受持读诵如此等经，所得功德，我若具说，若有善男子、善女人，谛听忆持尔所福聚，或心迷乱及以癫狂。复次，须菩提！如是经典不可思议，若人修行及得果报，亦不可思议。”

尔时须菩提白佛言：“世尊！善男子、善女人，发阿耨多罗三藐三菩提心，行菩萨乘，云何应住？云何修行？云何发起菩萨心？”

佛告须菩提：“善男子、善女人，发阿耨多罗三藐三菩提心者，当生如是心：‘我应安置一切众生，令入无余涅槃。如是般涅槃无量众生已，无一众生被涅槃者。’何以故？须菩提！若菩萨有众生想，则不应说名为菩萨。何以故？须菩提！实无有法，名为能行菩萨上乘。

“须菩提！汝意云何？于然灯佛所，颇有一法如来所得，名阿耨多罗三藐三菩提不？”须菩提言：“不得，世尊！于然灯佛所，无有一法如来所得，名阿耨多罗三藐三菩提。”

佛言：“如是，须菩提！如是。于然灯佛所，无有一法如来所得，名阿耨多罗三藐三菩提。须菩提！于然灯佛所，若有一法如来所得，名阿耨多罗三藐三菩提，然灯佛则不授我记：‘婆罗门！汝于来世，当得作佛，号释迦牟尼，多陀阿伽度，阿罗诃，三藐三佛陀。’须菩提！由实无有法如来所得，名阿耨多罗三藐三菩提，是故然灯佛与我授记，作如是言：‘婆罗门！汝于来世，当得作佛，号释迦牟尼，多陀阿伽度，阿罗诃，三藐三佛陀。’何以故？须菩提！如来者，真如别名。

“须菩提！若有人说：‘如来得阿耨多罗三藐三菩提。’是人不实语。何以故？须菩提！实无有法如来所得，名阿耨多罗三藐三菩提。

“须菩提！此法如来所得，无实无虚。是故如来说：‘一切法皆是佛法。’须菩提！一切法者，非一切法故，如来说名一切法。

“须菩提！譬如有人遍身大身。”须菩提言：“世尊！是如来所说遍身大身，则为非身，是故说名遍身大身。”

佛言：“如是，须菩提！如是，须菩提！若有菩萨说如是言：‘我当般涅槃一切众生。’则不应说名为菩萨。须菩提！汝意云何？颇有一法名菩萨不？”须菩提言：“无有，世尊！”

佛言：“须菩提！是故如来说：‘一切法无我、无众生、无寿者、无受者。’须菩提！若有菩萨说如是言：‘我当庄严清净佛土。’如此菩萨说虚妄言。何以故？须菩提！庄严佛土者，如来说则非庄严，是故庄严清净佛土。须菩提！若菩萨信见诸法无我、诸法无我，如来应供正遍觉说：‘是名菩萨，是名菩萨。’

“须菩提！汝意云何？如来有肉眼不？”须菩提言：“如是，世尊！如来有肉眼。”

佛言：“须菩提！汝意云何？如来有天眼不？”须菩提言：“如是，世尊！如来有天眼。”

佛言：“须菩提！汝意云何？如来有慧眼不？”须菩提言：“如是，世尊！如来有慧眼。”

佛言：“须菩提！汝意云何？如来有法眼不？”须菩提言：“如是，世尊！如来有法眼。”

佛言：“须菩提！汝意云何？如来有佛眼不？”须菩提言：“如是，世尊！如来有佛眼。”

“须菩提！汝意云何？于恒伽江所有诸沙，如其沙数所有恒伽，如诸恒伽所有沙数世界，如是，宁为多不？”须菩提言：“如是，世尊！此等世界，其数甚多。”

佛言：“须菩提！尔所世界中，所有众生，我悉见知心相续住，有种种类。何以故？须菩提！心相续住，如来说非续住，故说续住。何以故？须菩提！过去心不可得，未来心不可得，现在心不可得。

“须菩提！汝意云何？若有人以满三千大千世界七宝，而用布施，是善男子、善女人，以是因缘，得福多不？”须菩提言：“甚多，世尊！甚多，修伽陀！”

佛言：“如是，须菩提！如是。彼善男子、善女人，以是因缘，得福聚多。”

佛言：“须菩提！若福德聚，但名为聚，如来则不应说是福德聚、是福德聚。

“须菩提！汝意云何？可以具足色身观如来不？”须菩提言：“不可，世尊！不可以具足色身观于如来。何以故？此具足色身，如来说非具足色身，是故如来说名具足色身。”

佛言：“须菩提！汝意云何？可以具足诸相观如来不？”须菩提言：“不可，世尊！不可以具足诸相观于如来。何以故？此具足相，如来说非具足相，是故如来说具足相。”

佛言：“须菩提！汝意云何？如来有如是意：‘我今实说法。’耶？须菩提！若有人言：‘如来实能说法。’汝应当知，是人由非实有，及以邪执，起诽谤我。何以故？须菩提！说法、说法，实无有法名为说法。”

尔时须菩提白佛言：“世尊！颇有众生，于未来世，听闻正说如是等相，此经章句，生实信不？”

佛告须菩提：“彼非众生，非非众生。何以故？须菩提！彼众生者，如来说非众生，非非众生，故说众生。

“须菩提！汝意云何？颇有一法如来所得，名阿耨多罗三藐三菩提不？”须菩提言：“不得，世尊！无有一法如来所得，名阿耨多罗三藐三菩提。”

佛言：“如是，须菩提！如是。乃至无有如微尘法，如来所舍，如来所得，是故说名阿耨多罗三藐三菩提平等平等。复次，须菩提！诸佛觉知，无有差别，是故说名阿耨多罗三藐三菩提。复次，须菩提！此法平等，无有高下，是名阿耨多罗三藐三菩提。复次，须菩提！由法无我、无众生、无寿者、无受者等，此法平等，故名阿耨多罗三藐三菩提。复次，须菩提！由实善法具足圆满，得阿耨多罗三藐三菩提。须菩提！所言善法、善法者，如来说非法，故名善法。

“须菩提！三千大千世界，所有诸须弥山王，如是等七宝聚，满此世界，有人持用布施。若人从此般若波罗蜜经，乃至四句偈等，受持读诵为他正说，所得功德，以前功德比此功德，百分不及一，千万亿分不及一，穷于算数不及其一，乃至威力品类相应譬喻所不能及。

“须菩提！汝意云何？如来作是念：‘我度众生。’耶？须菩提！汝今不应作如是念。何以故？实无众生如来所度。须菩提！若有众生如来所度，即是我执、众生执、寿者执、受者执。须菩提！此我等执，如来说非执，婴儿凡夫众生之所执故。须菩提！婴儿凡夫众生者，如来说非众生，故说婴儿凡夫众生。须菩提！汝意云何？可以具足相观如来不？”

须菩提言：“如我解佛所说义，不以具足相应观如来。”

佛言："如是，须菩提！如是。不以具足相应观如来。何以故？若以具足相观如来者，转轮圣王应是如来，是故不以具足相应观如来。"是时世尊而说偈言：

"若以色见我，以音声求我，是人行邪道，不应得见我。

由法应见佛，调御法为身，此法非识境，法如深难见。

"须菩提！汝意云何？如来可以具足相得阿耨多罗三藐三菩提不？须菩提！汝今不应作如是见：'如来以具足相得阿耨多罗三藐三菩提。'何以故？须菩提！如来不由具足相得阿耨多罗三藐三菩提。须菩提！若汝作是念：'如来有是说："行菩萨乘人，有法可灭。"'须菩提！汝莫作此见。何以故？如来不说行菩萨乘人有法可灭，及以永断。

"须菩提！若有善男子、善女人，以满恒伽沙等世界七宝，持用布施。若有菩萨，于一切法无我、无生，得无生忍，以是因缘，所得福德最多于彼。须菩提！行大乘人，不应执取福德之聚。"

须菩提言："此福德聚，可摄持不？"

佛言："须菩提！此福德聚，可得摄持，不可执取。是故说此福德之聚，应可摄持。

"须菩提！若有人言：'如来行住坐卧。'是人不解我所说义。何以故？须菩提！如来者，无所行去，亦无所从来，是故名如来应供正遍觉知。

"须菩提！若善男子、善女人，以三千大千世界地大微尘，烧成灰末，合为墨丸，如微尘聚。须菩提！汝意云何？是邻虚聚，宁为多不？"

须菩提言："彼邻虚聚甚多。世尊！何以故？世尊！若邻虚聚是实有者，世尊则不应说名邻虚聚。何以故？世尊！所说此邻虚聚，如来说非邻虚聚，是故说名为邻虚聚。如来所说三千大千世界，则非世界，故说三千大千世界。何以故？世尊！若执世界为实有者，是聚一执。此聚一执，如来说非执，故说聚一执。"

佛世尊言："须菩提！此聚一执，但世言说。须菩提！是法非可言法，婴儿凡夫偏言所取。

"须菩提！若有人言：'如来说我见、众生见、寿者见、受者见。'须菩提！汝意云何？是人言说，为正语不？"须菩提言："不正，世尊！不正，修伽陀！何以故？如来所说我见、众生见、寿者见、受者见，即是非见，是故说我见、众生见、寿者见、受者见。"

"须菩提！若人行菩萨乘，如是应知应见应信，一切诸法；如是应修，为令法想不得生起。何以故？须菩提！是法想、法想者，如来说即非想，故说法想。

"须菩提！若有菩萨摩诃萨，以满无数无量世界七宝持用布施，若有善男子、善女人，从此般若波罗蜜经，乃至四句偈等，受持读诵，教他修行，为他广说。是善男子、善女人，以是因缘，所生福德，最多于彼无量无数。云何显说此经？如无所显说，故言显说。"如如不动，恒有正说。应观有为法，如闇翳灯幻，露泡梦电云。"

尔时世尊说是经已，大德须菩提，心进欢喜，及诸比丘、比丘尼、优婆塞、优婆夷众，人、天、阿修罗等，一切世间踊跃欢喜信受奉行。

附录 3

隋三藏笈多《金刚能断般若波罗蜜经》

归命一切佛菩萨海等!

如是我闻：一时，世尊闻者游行胜林中，无亲搏施与园中，大比丘众共半三十比丘百。尔时，世尊前分时，上裙著已，器上给衣持，闻者大城搏为入。尔时，世尊闻者大城搏为行已，作已食，作已后食，搏堕过器上给衣收摄，两足洗，坐具世尊施设，如是座中跏趺结，直身作现前念近住。尔时，多比丘若世尊彼诣到已，世尊两足顶礼，世尊边三右绕作已，一边坐。彼复时，命者善实，彼所如是众聚集会坐。

尔时，命者善实起坐。一肩上著作已，右膝轮地著已，若世尊彼合掌，向世尊边如是言:“希有，世尊！乃至所有如来、应、正遍知，菩萨摩诃萨顺摄，最胜顺摄；乃至所有如来、应、正遍知，菩萨摩诃萨付嘱，最胜付嘱。彼云何，世尊！菩萨乘发行住应？云何修行应？云何心降伏应？”如是语已。世尊，命者善实边如是言:“善，善！善实！如是，如是！善实！如是，如是！顺摄，如来，菩萨摩诃萨最胜顺摄；付嘱，如来，菩萨摩诃萨最胜付嘱。彼，善实！听善，善意念作，说当如菩萨乘发行住应，如修行应，如心降伏应。”

“如是，世尊！”命者善实:“世尊边愿欲闻。”

世尊于此言:“此，善实！菩萨乘发行，如是心发生应:‘所有，善实！众生，众生摄摄已，卵生、若胎生、若湿生、若化生，若色、若无色，若想、若无想、若非想非无想，所有众生界施设已，彼我一切无受余涅槃界灭度应。’如是无量虽众生灭度，无有一众生灭度有。彼何所因？若，善实！菩萨摩诃萨众生想转，不彼菩萨摩诃萨名说应。彼何所因？不彼，善实！菩萨名说应，若众生想转，寿想若、人想若转。

“虽然复次时，善实！不菩萨摩诃萨事住施与应，无所住施与应，不色住施与应，不声、香、味、触、法中住施与应。如是，此，善实！菩萨摩诃萨施与应，如不相想亦住。彼何所因？若，善实！菩萨摩诃萨不住施与，彼所，善实！福聚不可量受取。

“彼何意念？善实！可前方虚空量受取？”善实言:“不如此，世尊！”

世尊言:“如是右(南)后(西)高(北)下上方顺不正方，普十方可虚空量受取？”善实言:“不如此，世尊！”

世尊言:“如是，如是！善实！如是，如是！若菩萨摩诃萨不住施与，彼所，善实！福聚不可量受取。虽然复次时，善实！如是菩萨乘发行施与应，如不相想亦住。

“彼何意念？善实！相具足如来见应？”善实言:“不，世尊！相具足如来见应。彼何所因？若彼，如来相具足说；彼如是非相具足。”如是语已。世尊，命者善实边如是言:“所有，善实！相具足，所有妄，所有不相具足，所有不妄，名此相不相如来见应。”如是语已。

命者善实，世尊边如是言：“虽然，世尊！颇有众生，当有未来世，后时、后长时、后分五百，正法破坏时中，转时中，若此中，如是色类经中说中，实想发生当有？”

世尊言：“莫，善实！汝如是语：‘虽然，世尊！颇有众生，当有未来世，后时、后长时、后分五百，正法破坏时中，转时中，若此中，如是色类经中说中，实想发生当有？’虽然复次时，善实！当有未来世，菩萨摩诃萨，后分五百，正法破坏时中，转时中，戒究竟、功德究竟、智慧究竟。

“不，复次时，彼，善实！菩萨摩诃萨一佛亲近供养当有，不一佛种植善根。虽然复次时，善实！不一佛百千亲近供养，不一佛百千种植善根，彼菩萨摩诃萨当有，若此中，如是色类中，经句中说中，一心净信亦得当。知彼，善实！如来佛智；见彼，善实！如来佛眼。一切彼，善实！无量福聚生当取当。彼何所因？不，善实！彼等菩萨摩诃萨我想转，不众生想、不寿想、不人想转。不亦彼等，善实！菩萨摩诃萨，法想转，无法想转；不亦彼等，想、无想转不。彼何所因？若，善实！彼等菩萨摩诃萨法想转，彼如是，彼等我取有，众生取、寿取、人取有；若无法想转，彼如是，彼等我取有，众生取、寿取、人取有。彼何所因？不，复次时，善实！菩萨摩诃萨法取应，不非法取应。彼故此义意，如来说筏喻法本，解法如是舍应，何况非法。”

复次，世尊，命者善实边如是言：“彼何意念？善实！有如来、应、正遍知，无上正遍知证觉？有复法如来说？”善实言：“如我，世尊！世尊说义解，我，无有一法若如来无上正遍知证觉；无有一法若如来说。彼何所因？若彼，如来法说，不可取，彼不可说，不彼法，非不法。彼何因？无为法显明圣人。”

世尊言：“彼何意念？善实！若有善家子，若善家女，若此三千大千世界七宝满作已，如来等，应等，正遍知等施与。彼何意念？善实！虽然，彼善家子，若善家女，若彼缘，多福聚生？”善实言：“多，世尊！多，善逝！彼善家子，若善家女，若彼缘，多福聚生！彼何所因？若彼，世尊！福聚；如来说非聚；彼，世尊！如来说福聚、福聚者。”

世尊言：“若复，善实！善家子，若善家女，若此三千大千世界七宝满作已，如来等、应等、正遍知等施与。若此法本，乃至四句等偈，受已，为他等分别广说，此，彼缘，多过福聚生，无量、不可数。彼何所因？此出，善实！如来、应、正遍知，无上正遍知；此生佛、世尊。彼何所因？佛法、佛法者，善实！非佛法，如是彼；彼故，说名佛法者。”

世尊言：“彼何意念？善实！虽然，流入如是念：‘我流入果得到。’？”善实言：“不如此，世尊！彼何所因？不彼，世尊！一人，彼故说名流入。不色入，不声、不香、不味、不触、不法入，彼故说名流入者。彼若，世尊！流入如是念：‘我流入果得到。’彼如是，彼所我取有，众生取、寿取、人取有。”

世尊言：“彼何意念？善实！虽然，一来如是念：‘我一来果得到。’？”善实言：“不如此，世尊！彼何所因？不一来如是念：‘我一来果得到。’彼何所因？不彼有法若一来人，彼故说名一来者。”

世尊言：“彼何意念？善实！虽然，不来如是念：‘我不来果得到。’？”善实言：“不如此，世尊！彼何所因？不彼有法若不来入，彼故说名不来者。”

世尊言：“彼何意念？善实！虽然，应如是念：‘我应得到。’？”善实言：“不如此，世尊！彼何所因？不彼，世尊！有法若应名，彼故说名应者。彼若，世尊！应如是念：‘我应得到。’如是彼所我取有，众生取、寿取、人取有。彼何所因？我此，世尊！如来、应、正遍知，无净行最胜说，我此，世尊！应离欲。不我，世尊！如是念：‘我此应者。’若我，世尊！如是念：‘我应得到。’不我，如来记说：‘无净行最胜。’善实！善家子无所行，彼故说名无净行、无净行者。”

世尊言：“彼何意念？善实！有一法，若如来灯作如来、应、正遍知受取？”善实言：“不如此，世尊！无一法，若如来灯作如来、应、正遍知受取。”

世尊言：“若有，善实！菩萨摩诃萨如是语：‘我国土庄严成就。’我者，彼不如语。彼何所因？国土庄严者，善实！不庄严，彼，如来说；彼故，说名国土庄严者。彼故此，善实！菩萨摩诃萨如是不住心发生应，不色住心发生应，不声、香、味、触、法住心发生应，无所住心发生应！

“譬如，善实！丈夫有此如是色我身有，譬如善高山王。彼何意念？善实！虽然，彼大我身有？”

善实言：“大，世尊！大，善逝！彼我身有。彼何所因？我身、我身者，世尊！不有，彼，如来说；彼故，说名我身者。不彼，世尊！有；彼故，说名我身者。”

世尊言：“彼何意念？善实！所有恒伽大河沙，彼所有，如是恒伽大河有，彼中若沙，虽然，彼多沙有？”善实言：“彼如是所有，世尊！多，恒伽大河有，何况若彼中沙。”

世尊言：“欲我汝，善实！知我汝。所有彼中恒伽大河中沙有，彼所有世界有，如是妇女，若丈夫，若七宝满作已，如来等、应等、正遍知等施与。彼何意念？善实！虽然，彼妇女，若丈夫，若彼缘，多福聚生？”善实言：“多，世尊！多，善逝！彼妇女，若丈夫，若彼缘，多福聚生，无量、不可数。”

世尊言：“若复时，善实！善家子，若善家女，若彼所有世界七宝满作已，如来等、应等、正遍知等施与。若此法本乃至四句等偈，受已，为他等分别广说，此如是，彼缘，多过福聚生，无量、不可数！虽然复次时，善实！此中地分，此法本乃至四句等偈，为他等说，若分别，若广说，若彼地分支帝有天、人、阿修罗世。何复言，善实！若此法本，持当、读当、诵当，他等及分别广说当，最胜彼希有具足当有。此中，善实！地分，教师游行别异，尊重处相似，共梵行。”如是语已。

命者善实，世尊边如是言：“何名此，世尊！法本？云何及如此持我？”如是语已。

世尊，命者善实边如是言：“智慧彼岸到”名，此，善实！法本，如是此持。彼何所因？若如是，善实！智慧彼岸到；如来说，彼如是非彼岸到；彼故，说名智慧彼岸到者。彼何意念？善实！虽然，有法若如来说？”善实言：“不如此，世尊！不有，世尊！法，若如来说。”

世尊言：“所有，善实！三千大千世界地尘有多有？”善实言：“多，世尊！多，善逝！彼地尘。彼何所因？若彼，世尊！地尘，如来说；非尘，彼，如来说；彼故，说名地尘者。

若彼世界，如来说；非界，如来说；彼故，说名世界者。”

世尊言：“彼何意念？善实！三十二大丈夫相，如来、应、正遍知见应？”善实言：“不如此，世尊！不三十二大丈夫相，如来、应、正遍知见应。彼何所因？所有，世尊！三十二大丈夫相，如来说；非相所有，如来说；彼故，说名三十二大丈夫相者。”

世尊言：“若复时，善实！妇女，若丈夫，若日日恒伽河沙等我身舍，如是舍恒伽河沙等劫所有我身舍，若此法本乃至四句等偈，受已，为他等分别，此如是，彼缘，多过福聚生，无量、不可数。”

尔时，命者善实，法疾转力泪出，彼泪拭已，世尊边如是言：“希有，世尊！最胜希有，善逝！所有此法本如来说，此我，世尊！智生，不我曾生来，如是色类法本闻先。最胜，彼，世尊！希有具足众生有当，若此经中说中，实想发生当。彼何所因？若此，世尊！实想；彼如是，非想；彼故，如来说实想、实想者。不我，世尊！希有。若我此法本说中，信我、解我。若彼，世尊！众生有当，未来世，此法本，受当、持当、读当、诵当，他等及分别广说当，彼最胜希有具足有当。虽然复次时，世尊！不彼等菩萨摩诃萨我想转当，不众生想、不寿想、不人想转当。彼何所因？若彼，世尊！我想，彼如是非想；若及如是众生想、寿想、人想，彼如是非想。彼何所因？一切想远离，此佛、世尊。”如是语已。

世尊，命者善实边如是言：“如是，如是！善实！如是，如是！如言汝。最胜希有具足彼众生有当，若此经中说中，不惊当，不怖当，不畏当。彼何所因？最胜彼岸到，此，善实！如来说；若及，善实！如来最胜彼岸到说，彼无量亦佛、世尊说；彼故，说名最胜彼岸到者。

“虽然复次时，善实！若如来忍彼岸到，彼如是非彼岸到。彼何所因？此时我，善实！恶王分别分肉割断，不时我彼中时我想，若众生想，若寿想，若人想，若不我有想非想有。彼何所因？若我，善实！彼中时我想有，嗔恨想亦我彼中时有；众生想、寿想、人想有，嗔恨想亦我彼中时有。念知我，善实！过去世五百生，若我忍语仙人有，彼中亦我不想有，不众生想、不寿想、不人想，不亦我有想非想有。彼故此，善实！菩萨摩诃萨一切想舍离，无上正遍知心发生应，不色住心发生应，不声、香、味、触住心发生应，不法住、非无法住心发生应，无所住心发生应。彼何所因？若无所住，彼如是住，彼故，如是如来说，不色住，菩萨摩诃萨施与应；不声、香、味、触、法住施与应。

“虽然复次时，善实！菩萨摩诃萨如是舍施应，一切众生为故。彼何所因？若如是，善实！众生想，彼如是非想。若如是，彼一切众生如来说，彼如是非众生。彼何所因？真语，善实！如来，实语如来，不异语如来，如语如来，非不如语如来。

“虽然复次时，善实！若如来法证觉说，若思惟，若不彼中实不妄。譬如，善实！丈夫闇舍入，不一亦见。如是事堕，菩萨见应，若事堕施与。譬如，善实！眼者丈夫，显明夜月出，种种色见。如是菩萨摩诃萨见应，若事不堕施与。

“虽然复次时，善实！若善家子、善家女，若此法本，受当、持当、读当、诵当，为他等及分别广说当。知彼，善实！如来佛智；见彼，善实！如来佛眼。一切彼，善实！众生，无量福聚生当取当。

“若复时，善实！妇女，若丈夫，若前分时，恒伽河沙等我身舍，如是中分时，如是晚分时，恒伽河沙等我身舍。以此因缘，劫俱致那由多百千我身舍。若此法本，闻已不谤，此如是，彼缘，多过福聚生，无量、不可数。何复言若写已受持读诵，为他等及分别广说。

“虽然复次时，善实！不可思、不可称，此法本，彼不可思，如是果报观察应。此，善实！法本如来说，胜乘发行众生为故，最胜乘发行众生为故。若此法本，受当、持当、读当、诵当，为他等及分别广说当。知彼，善实！如来佛智；见彼，善实！如来佛眼。一切彼，善实！众生，无量福聚具足有当，不可思、不可称亦不可量福聚具足有当。一切彼，善实！众生，我肩菩提持当有！彼何所因？不能，善实！此法本，小信解者众生闻，不我见者、不众生见者、不寿见者、不人见者、不菩萨誓众生能闻受，若持、若读、若诵，若无是处有。

“虽然复次时，善实！此中地分，此经广说，供养彼地分有当天、人、阿修罗世，礼右绕作及彼地分有当，支帝彼地分有当。

“若彼，善实！善家子，若善家女，若此如是色类经，受当、持当、读当、诵当，为他等及分别广说当，彼轻贱有当极轻贱。彼何所因？所有彼众生，前生不善业作已，恶趣转堕；所有现如是法中，轻贱尽当，佛菩提得当。

“彼何所因？念知我，善实！过去世不可数，劫不可数，过灯作如来、应、正遍知，他过四八十佛俱致那由多百千有，若我亲承供养，亲承供养已，不远离。若我，善实！彼佛、世尊亲承供养已，不远离，若后时、后长时，后分五百，正法破坏时中，转时中，此经受当、持当、读当、诵当，为他等及分别广说当。此复时，善实！福聚边，此前福聚，百上亦数不及，千上亦，百千上亦，俱致百千上亦，俱致那由多百千上亦，僧企耶亦，迦罗亦，算亦，譬喻亦，忧波泥奢亦，乃至譬喻亦不及。

“若复，善实！彼等善家子、善家女，我福聚说，此所有彼善家子、善家女，若彼中时中福聚取当，猛众生顺到，心乱到。虽然复次时，善实！不可思、不可称，法本如来说，彼不可思，如是果报观察应。”

尔时，命者善实，世尊边如是言：“云何，世尊！菩萨乘发行住应？云何修行应？云何心降伏？”

世尊言：“此，善实！菩萨乘发行，如是心发生应：‘一切众生，无我受余涅槃界灭度应，如是一切众生灭度，无有一众生灭度有。’彼何所因？若，善实！菩萨众生想转，彼不菩萨摩诃萨名说应；乃至人想转，不彼菩萨摩诃萨名说应。彼何所由？无有，善实！一法，菩萨乘发行名。彼何意念？善实！有一法，若如来灯作如来、应、正遍知边，无上正遍知证觉？”如是语已。

命者善实，世尊边如是言：“无有彼，世尊！一法，若如来灯作如来、应、正遍知边，无上正遍知证觉。”如是语已。

世尊，命者善实如是言：“如是，如是！善实！如是，如是！无有彼一法，若如来灯作如来、应、正遍知边，无上正遍知证觉。若复，善实！一法，如来证觉有，不我灯作如来应正遍知记说有当：‘汝行者，未来世，释迦牟尼名，如来、应、正遍知。’者。是故，此，善实！如来、应、正遍知，无有一法，若无上正遍知证觉，彼故，灯作如来、应、正遍知记说有当：'汝行者，未来世，释迦牟尼名，如来、应、正遍知。'彼何所因？如来者，善实！真如故此即是；如来者，善实！不生法故此即是；世尊者，善实！道断此即是；如来者，善实！毕竟不生故此即是。彼何所因？如是，彼实不生，若最胜义。

"若有，善实！如是语：'如来、应、正遍知，无上正遍知证觉。'彼不如语，诽谤我。彼，善实！不实取。彼何所因？无有彼，善实！一法，若如来、应、正遍知，无上正遍知证觉。若，善实！如来法证觉说，若不彼中实不妄，彼故如来说：'一切法，佛法者。'彼何所因？一切法、一切法者，善实！一切彼非法，如来说；彼故，说名一切法者。

"譬如，善实！丈夫有具足身、大身。"

命者善实言："若彼，世尊！如来，丈夫说具足身、大身；非身，彼，世尊！如来说；彼故，说名足身、大身者。"

世尊言："如是，如是！善实！如是，如是！若菩萨如是语：'有众生般涅槃灭度。'我不彼菩萨名说应。彼何所因？有，善实！有一法若菩萨名？"善实言："不如此，世尊！"

世尊言："众生、众生者，善实！非众生，彼，如来说；彼故，说名众生者。彼故，如来说：'无我一切法，无众生、无寿者、无长养者，无人一切法者。'若，善实！菩萨如是语：'我佛土庄严成就。'彼亦如是不名说应。彼何所因？国土庄严、国土庄严者，善实！非庄严，彼，如来说；彼故，说名国土庄严者。若，善实！菩萨摩诃萨无我法、无我法者信解，彼，如来、应、正遍知，菩萨摩诃萨名说。

"彼何意念？善实！有如来肉眼？"善实言："如是，如是！世尊！有如来肉眼。"

世尊言："彼何意念？善实！有如来天眼？"善实言："如是，如是！世尊！有如来天眼。"

世尊言："彼何意念？善实！有如来慧眼？"善实言："如是，如是！世尊！有如来慧眼。"

世尊言："彼何意念？善实！有如来法眼？"善实言："如是，如是！世尊！有如来法眼。"

世尊言："彼何意念？善实！有如来佛眼？"善实言："如是，如是！世尊！有如来佛眼。"

世尊言："善，善！善实！彼何意念？善实！所有恒伽大河沙，虽然彼沙，彼，如来说？"善实言："如是，如是！世尊！如是，如是！善逝说彼如来彼沙。"

世尊言："彼何意念？善实！所有恒伽大河沙，彼所有恒伽大河有，所有彼中沙，彼所有及世界有，多彼世界有？"善实言："多，世尊！多，善逝！彼世界有。"

世尊言："所有，善实！彼中世界中众生，彼等我种种有心流注知。彼何所因？心流注、心流注者，善实！非流注，此，如来说；彼故，说名心流注者。彼何所因？过去，善实！心不可得，未来心不可得，现在心不可得。

"彼何意念？善实！若有善家子，若善家女，若三千大千世界七宝满作已施与，虽然，彼善家子，若善家女，若彼缘，多福聚生？"善实言："多，世尊！多，善逝！"

世尊言："如是，如是，善实！如是，如是！多。彼善家子，若善家女，若彼缘，多福聚生，无量、不可数。福聚、福聚者，善实！非聚，彼，如来说；彼故，说名福聚者。若复，善实！福聚有，不如来说福聚、福聚者。

"彼何意念？善实！色身成就如来见应？"善实言："不如此，世尊！非色身成就如来见应。彼何所因？色身成就、色身成就者，世尊！非成就，此，如来说；彼故，说名色身成就者。”

世尊言：“彼何意念？善实！相具足如来见应？”善实言：“不如此，世尊！非相具足如来见应。彼何所因？此，世尊！相具足，如来说；非相具足，如来说；彼故，说名相具足者。”

世尊言：“彼何意念？善实！虽然，如来如是念：‘我法说。’？”善实言：“不如此，世尊！不如来如是念：‘我法说。’”

世尊言：“若我，善实！如是语：‘如来法说。’诽谤我。彼，善实！不实取。彼何所因？法说、法说者，善实！无有法，若法说名可得。”

尔时，命者善实，世尊边如是言：“虽然，世尊！当有未来，颇有众生，后时、后长时、后分五百，正法破坏时中，转时中，若此如是色类法说，闻已信当有？”

世尊言：“不彼，善实！众生，非不众生。彼何所因？众生、众生者，善实！一切彼非众生，彼，如来说；彼故，说名众生者。彼何意念？善实！虽然，有法若如来无上正遍知证觉？”命者善实言：“无有彼，世尊！有法若如来无上正遍知。”

世尊言：“如是，如是！善实！如是，如是！微小彼中法无有、不可得，彼故说名无上正遍知者。虽然复次时，善实！平等正法，彼不中有不平等，彼故说名无上正遍知者。无我故、无寿故、无众生故、无人故，平等。无上正遍 - 知，一切善法证觉。善法、善法者，善实！非法，如是彼，如来说；彼故，说名善法者。

“若复，善实！所有三千大千世界须弥山王，彼所有聚七宝，普散如来、应、等正遍知施与。若此智慧彼岸到，乃至四句等偈，受已，为他等分别，此，善实！福聚，彼前者福聚，百上亦数不及，千上亦，百千上亦，俱致百千上亦，俱致那由他百千上亦，僧企耶亦，迦罗亦，算亦，譬喻亦，忧波泥奢亦，乃至譬喻亦不及。

“彼何意念？善实！虽然，如来如是念：‘我众生度脱。’不？复彼，善实！如是见应。彼何所因？有无，善实！无有一众生若如来度脱。若复，善实！有，如是众生有，若彼如来度脱。彼如是，如来我取有，众生取、寿取、人取有。我取、我取者，善实！非取，此，如来说；彼小儿凡夫生取。小儿凡夫生、小儿凡夫生者，善实！非生，彼，如来说；彼故，说名小儿凡夫生者。

“彼何意念？善实！相具足如来见应？”善实言：“不如此，世尊！如我，世尊说义解，我不相具足如来见应。”

世尊言：“善，善！善实！如是，如是！善实！如如语汝，不相具足如来见应。彼何所因？彼复，善实！相具足如来见应；有彼王转轮，如来有；彼故，不相具足如来见应。此相非相故，如来见应。”尔时，命者善实世尊边如是言：“如我，世尊！世尊说义解，我不相具足如来见应。”

尔时，世尊彼时此伽陀说：

“若我色见，若我声求，邪解脱行，不我见彼。

“法体佛见应，法身彼如来，法体及不识，故彼不能知。

"彼何意念？善实！相具足，如来无上正遍知证觉？不，复彼，善实！如是见应。彼何所因？不，善实！相具足，如来无上正遍知证觉。复时，彼，善实！有如是语：'菩萨乘发行，有法破灭，施设断。'不复，善实！如是见应。彼何所因？不菩萨乘发行有法破灭，施设不断。

"若复，善实！善家子，若善家女，若恒伽河沙等世界七宝满作已施与；若菩萨摩诃萨无我、无生中，法中忍得。此如是，彼缘，多过福聚生。不，复，善实！菩萨福聚取应。"命者善实言："不，世尊！菩萨福聚取应？"世尊言："取应，善实！不取应，彼故说名取应。

"虽然复次时，善实！若有如是语：'如来去、若不去、若住、若坐、若卧、若如法。'不我，善实！说义解。彼何所因？如来者，善实！说名无所去、无所来，彼故说名如来、应、正遍知者。

"若复，善实！善家子，若善家女，若所有三千大千世界地尘，彼如是色类墨作已，乃至如是不可数，譬如最小聚。彼何意念？善实！虽然，彼多最小聚有？"

善实言："如是，如是！世尊！多彼最小聚有。彼何所因？彼，世尊！聚有，不世尊说最小聚者。彼何所因？若彼，世尊！最小聚说；非聚，彼，如来说；彼故，说名最小聚者。若及如来说三千大千世界者；非界，如来说；彼故，说名三千大千世界者。彼何所因？彼，世尊！界有，彼如是抟取有。若如是，如来抟取说；非取，彼，如来说；彼故，说名抟取者。"

世尊言："抟取，如是，善实！不世俗语，不可说，非法，非非法，彼小儿凡夫生取。彼何所因？若此有，善实！如是说：'我见，如来说，众生见、寿见、人见，如来说。'虽然，彼，善实！正说语？"善实言："不如此，世尊！不如此，善逝！彼何所因？若彼，世尊！我见，如来说；非见，彼，如来说；彼故，说名我见者。"

世尊言："如是，此，善实！菩萨乘发行，一切法知应，见应，信解应。如信解，如无法想亦住。彼何所因？法想、法想者，善实！非想，此，如来说；彼故，说名法想者。若复时，善实！菩萨摩诃萨无量无数世界七宝满中作已，如来等、应等、正遍知等施与，若善家子，若善家女，若如是智慧彼岸到，乃至四句等偈，受持、分别、读诵，为他等及分别广说。此如是，彼缘，多过福聚生，无量、不可数。云何及广说？如不广说，彼故说名广说。

"星、翳、灯、幻、露、泡、梦、电、云，见如是，此有为者。"

此语，世尊，欢喜上座善实，彼及比丘、比丘尼、优婆塞、优婆夷，彼天、人、阿修罗、乾闼婆等，闻世尊说，大欢喜。

归命一切佛菩萨海等！

唐三藏沙门义净奉制译

如是我闻：一时，薄伽梵在名称大城战胜林施孤独园，与大苾刍众千二百五十人俱，及大菩萨众。

尔时，世尊于日初分时，著衣持钵，入城乞食，次第乞已，还至本处。饭食讫，收衣钵，洗足已，于先设座跏趺端坐，正念而住。

时，诸苾刍来诣佛所，顶礼双足，右绕三匝，退坐一面。

尔时，具寿妙生在大众中，承佛神力即从座起，偏袒右肩，右膝著地，合掌恭敬白佛言："希有，世尊！希有，善逝！如来、应、正等觉，能以最胜利益益诸菩萨，能以最胜付嘱嘱诸菩萨。世尊，若有发趣菩萨乘者，云何应住？云何修行？云何摄伏其心？"

佛告妙生："善哉！善哉！如是，如是，如汝所说，如来以胜利益益诸菩萨，以胜付嘱嘱诸菩萨。妙生，汝应谛听，极善作意，吾当为汝分别解说。若有发趣菩萨乘者，应如是住，如是修行，如是摄伏其心。"

妙生言："唯然，世尊，愿乐欲闻！"

佛告妙生："若有发趣菩萨乘者，当生如是心：'所有一切众生之类——若卵生、胎生、湿生、化生，若有色、无色、有想、无想、非有想非无想，尽诸世界所有众生，如是一切，我皆令入无余涅槃而灭度之。虽令如是无量众生证圆寂已，而无有一众生入圆寂者。'何以故？妙生，若菩萨有众生想者，则不名菩萨。所以者何？由有我想、众生想、寿者想、更求趣想故。

"复次，妙生，菩萨不住于事应行布施，不住随处应行布施，不住色、声、香、味、触、法应行布施。妙生，菩萨如是布施，乃至相应亦不应住。何以故？由不住施福聚难量。妙生，于汝意云何？东方虚空可知量不？"

妙生言："不尔，世尊。"

"南西北方，四维、上下，十方虚空，可知量不？"

妙生言："不尔，世尊。"

"妙生，菩萨行不住施，所得福聚不可知量，亦复如是。

"妙生，于汝意云何？可以具足胜相观如来不？"

妙生言："不尔，世尊。不应以胜相观于如来。何以故？如来说胜相，即非胜相。"

"妙生，所有胜相皆是虚妄，若无胜相即非虚妄，是故应以胜相无相观于如来。"

妙生言："世尊，颇有众生于当来世后五百岁正法灭时，闻说是经，生实信不？"

佛告妙生："莫作是说：'颇有众生于当来世后五百岁正法灭时，闻说是经，生实信不？'妙生，当来之世有诸菩萨，具戒，具德，具慧，而彼菩萨非于一佛承事供养植诸善根，已于无量百千佛所，而行奉事植诸善根，是人乃能于此经典生一信心。

"妙生，如来悉知是人，悉见是人，彼诸菩萨当生当摄无量福聚。何以故？由彼菩萨无我想、众生想、寿者想、更求趣想，彼诸菩萨非法想、非非法想、非想、非无想。何以故？若彼菩萨有法想，即有我执，有情执、寿者执、更求趣执。若有非法想，彼亦有我执，有情执、寿者执、更求趣执。妙生，是故菩萨不应取法，不应取非法。以是义故，如来密意宣说筏喻法门。诸有智者，法尚应舍，何况非法！

"妙生，于汝意云何？如来于无上菩提有所证不？复有少法是所说不？"

妙生言："如我解佛所说义，如来于无上菩提，实无所证，亦无所说。何以故？佛所说法，不可取，不可说，彼非法，非非法。何以故？以诸圣者皆是无为所显现故。"

"妙生，于汝意云何？若善男子、善女人，以满三千大千世界七宝，持用布施得福多不？"

妙生言："甚多，世尊。何以故？此福聚者，则非是聚，是故如来说为福聚福聚。"

“妙生，若有善男子、善女人，以满三千大千世界七宝，持用布施；若复有人能于此经乃至一四句颂，若自受持为他演说，以是因缘所生福聚极多于彼无量无数。何以故？妙生，由诸如来无上等觉从此经出，诸佛世尊从此经生。是故，妙生，佛法者，如来说非佛法，是名佛法。

“妙生，于汝意云何？诸预流者颇作是念‘我得预流果’不？”

妙生言：“不尔，世尊。何以故？诸预流者，无法可预，故名预流；不预色、声、香、味、触、法，故名预流。世尊，若预流者作是念‘我得预流果’者，则有我执，有情、寿者、更求趣执。”

“妙生，于汝意云何？诸一来者颇作是念‘我得一来果’不？”

妙生言：“不尔，世尊。何以故？由彼无有少法证一来性，故名一来。”

“妙生，于汝意云何？诸不还者颇作是念‘我得不还果’不？”

妙生言：“不尔，世尊。何以故？由彼无有少法证不还性，故名不还。”

“妙生，于汝意云何？诸阿罗汉颇作是念‘我得阿罗汉果’不？”

妙生言：“不尔，世尊。由彼无有少法名阿罗汉。世尊，若阿罗汉作是念‘我得阿罗汉果’者，则有我执，有情、寿者、更求趣执。世尊，如来说我得无诤住中最为第一。世尊，我是阿罗汉离于欲染，而实未曾作如是念‘我是阿罗汉’。世尊，若作是念‘我得阿罗汉’者，如来即不说我妙生得无诤住最为第一；以都无所住，是故说我得无诤住得无诤住。”

“妙生，于汝意云何？如来昔在燃灯佛所，颇有少法是可取不？”

妙生言：“不尔，世尊。如来于燃灯佛所实无可取。”

“妙生，若有菩萨作如是语‘我当成就庄严国土’者，此为妄语。何以故？庄严佛土者，如来说非庄严，由此说为国土庄严。是故，妙生，菩萨不住于事，不住随处，不住色、声、香、味、触、法，应生其心。应生不住事心，应生不住随处心，应生不住色、声、香、味、触、法心。

“妙生，譬如有人身如妙高山王。于意云何？是身为大不？”

妙生言：“甚大，世尊。何以故？彼之大身，如来说为非身，以彼非有，说名为身。”

“妙生，于汝意云何？如殑伽河中所有沙数，复有如是沙等殑伽河，此诸河沙宁为多不？”

妙生言：“甚多，世尊。河尚无数，况复其沙！”

“妙生，我今实言告汝，若复有人以宝满此河沙数量世界，奉施如来，得福多不？”

妙生言：“甚多，世尊。”

“妙生，若复有人于此经中受持一颂并为他说，而此福聚胜前福聚无量无边。妙生，若国土中有此法门，为他解说乃至四句伽陀，当知此地，即是制底，一切天、人、阿苏罗等，皆应右绕而为敬礼，何况尽能受持读诵！当知是人则为最上第一希有。又此方所，即为有佛，及尊重弟子。

“妙生，于汝意云何？颇有少法是如来所说不？”

妙生言：“不尔，世尊。无有少法是如来所说。”

“妙生，三千大千世界所有地尘是为多不？”

妙生言："甚多，世尊。何以故？诸地尘，佛说非尘，故名地尘。此诸世界，佛说非界，故名世界。"

"妙生，于汝意云何？可以三十二大丈夫相观如来不？"

妙生言："不尔，世尊。不应以三十二相观于如来。何以故？三十二相，佛说非相，是故说为大丈夫相。"

"妙生，若有男子、女人以殑伽河沙等身命布施，若复有人于此经中受持一颂并为他说，其福胜彼无量无数。"

尔时，妙生闻说是经，深解义趣，涕泪悲泣而白佛言："希有，世尊！我从生智以来，未曾得闻如是深经。世尊，当何名此经？我等云何奉持？"

佛告妙生："是经名为《般若波罗蜜多》，如是应持。何以故？佛说般若波罗蜜多，则非般若波罗蜜多。"

"世尊，若复有人闻说是经生实想者，当知是人最上希有。世尊，此实想者，即非实想，是故如来说名实想实想。世尊，我闻是经，心生信解，未为希有；若当来世有闻是经能受持者，是人则为第一希有。何以故？彼人无我想、众生想、寿者想、更求趣想。所以者何？世尊，我想、众生想、寿者想、更求趣想即是非想。所以者何？诸佛世尊离诸想故。"

"妙生，如是，如是。若复有人得闻是经，不惊、不怖、不畏，当知是人第一希有。何以故？妙生，此最胜波罗蜜多，是如来所说诸波罗蜜多，如来说者即是无边佛所宣说，是故名为最胜波罗蜜多。

"妙生，如来说忍辱波罗蜜多，即非忍辱波罗蜜多。何以故？如我昔为羯陵伽王割截肢体时，无我想、众生想、寿者想、更来趣想，我无是想，亦非无想。所以者何？我有是想者，应生瞋恨。妙生，又念过去于五百世，作忍辱仙人，我于尔时无如是等想。是故应离诸想发趣无上菩提之心，不应住色、声、香、味、触、法，都无所住而生其心；不应住法，不应住非法，应生其心。何以故？若有所住，即为非住，是故佛说菩萨应无所住而行布施。妙生，菩萨为利益一切众生，应如是布施。此众生想即为非想，彼诸众生即非众生。何以故？诸佛如来离诸想故。

"妙生，如来是实语者、如语者、不诳语者、不异语者。妙生，如来所证法及所说法，此即非实非妄。

"妙生，若菩萨心住于事而行布施，如人入闇，则无所见。若不住事而行布施，如人有目，日光明照，见种种色。是故菩萨不住于事应行其施。

"妙生，若有善男子、善女人，能于此经受持读诵为他演说，如是之人佛以智眼悉知悉见，当生当摄无量福聚。

"妙生，若有善男子、善女人，初日分以殑伽河沙等身布施，中日分复以殑伽河沙等身布施，后日分亦以殑伽河沙等身布施，如是无量百千万亿劫以身布施；若复有人闻此经典不生毁谤，其福胜彼，何况书写、受持读诵、为人解说！

"妙生，是经有不可思议、不可称量无边功德，如来为发大乘者说，为发最上乘者说。若有人能受持读诵广为他说，如来悉知悉见是人，皆得成就不可量、不可称、不可思议福业之聚，当知是人则为以肩荷负如来无上菩提。何以故？妙生，若乐小法者，则著我见、众生见、寿者见、更求趣见，是人若能读诵受持此经，无有是处。

“妙生，所在之处若有此经，当知此处则是制底，一切世间天、人、阿苏罗，所应恭敬作礼围绕，以诸香华供养其处。

“妙生，若有善男子、善女人，于此经典受持读诵演说之时，或为人轻辱。何以故？妙生，当知是人于前世中造诸恶业应堕恶道，由于现在得遭轻辱，此为善事，能尽恶业，速至菩提故。

“妙生，我忆过去过无数劫，在燃灯佛先得值八十四亿那庾多佛，悉皆供养承事无违背者。若复有人于后五百岁正法灭时，能于此经受持读诵、解其义趣、广为他说，所得功德，以前功德比此功德，百分不及一，千万亿分、算分、势分、比数分、因分乃至譬喻亦不能及。

“妙生，我若具说受持读诵此经功德，或有人闻，心则狂乱，疑惑不信。妙生，当知是经不可思议，其受持者应当希望不可思议所生福聚。”

复次，妙生白佛言：“世尊，若有发趣菩萨乘者，应云何住？云何修行？云何摄伏其心？”

佛告妙生：“若有发趣菩萨乘者，当生如是心：‘我当度脱一切众生，悉皆令入无余涅槃，虽有如是无量众生证于圆寂，而无有一众生证圆寂者。’何以故？妙生，若菩萨有众生想者，则不名菩萨。所以者何？妙生，实无有法，可名发趣菩萨乘者。

“妙生，于汝意云何？如来于燃灯佛所，颇有少法是所证不？”

妙生言：“如来于燃灯佛所，无法可证而得菩提。”

佛言：“如是，如是，妙生，实无有法如来于燃灯佛所有所证悟得大菩提。若证法者，燃灯佛则不与我授记：‘摩纳婆，汝于来世当得作佛，号释迦牟尼。’以无所得故，燃灯佛与我授记，当得作佛号释迦牟尼。何以故？妙生，言如来者，即是实性真如之异名也。妙生，若言如来证得无上正等觉者，是为妄语。何以故？实无有法如来证得无上正觉。妙生，如来所得正觉之法，此即非实非虚，是故佛说一切法者即是佛法。妙生，一切法一切法者，如来说为非法，是故如来说一切法者即是佛法。

“妙生，譬如丈夫其身长大。”

妙生言：“世尊，如来说为大身者，即说为非身，是名大身。”

佛告妙生：“如是，如是，若菩萨作是语‘我当度众生令寂灭’者，则不名菩萨。妙生，颇有少法名菩萨不？”

答言：“不尔，世尊。”

“妙生，是故如来说一切法无我、无众生、无寿者、无更求趣。妙生，若有菩萨言：‘我当成就佛土严胜。’佛土严胜者，如来说为非是严胜，是故如来说为严胜。妙生，若有信解一切法无性一切法无性者，如来说名真是菩萨菩萨。

“妙生，于汝意云何？如来有肉眼不？”

妙生言：“如是，世尊，如来有肉眼。”

“如来有天眼不？”

“如是，世尊，如来有天眼。”

“如来有慧眼不？”

“如是，世尊，如来有慧眼。”

“如来有法眼不？”

“如是，世尊，如来有法眼。”

“如来有佛眼不？”

“如是，世尊，如来有佛眼。”

“妙生，于汝意云何？如殑伽河中所有沙数，复有如是沙等殑伽河，随诸河沙有尔所世界，是为多不？”

妙生言：“甚多，世尊。”

“妙生，此世界中所有众生种种性行其心流转，我悉了知。何以故？妙生，心陀罗尼者，如来说为无持，由无持故心遂流转。何以故？妙生，过去心不可得，未来心不可得，现在心不可得。

“妙生，于汝意云何？若人以满三千大千世界七宝布施，是人得福多不？”

妙生言：“甚多，世尊。”

“妙生，若此福聚是福聚者，如来则不说为福聚福聚。

“妙生，于汝意云何？可以色身圆满观如来不？”

“不尔，世尊。不应以色身圆满观于如来。何以故？色身圆满色身圆满者，如来说非圆满，是故名为色身圆满。”

“妙生，可以具相观如来不？”

“不尔，世尊。不应以具相观于如来。何以故？诸具相者，如来说非具相，是故如来说名具相。”

“妙生，于汝意云何？如来作是念‘我说法’耶？汝勿作是见。若言如来有所说法者，则为谤我。何以故？说法者，无法可说，是名说法。”

妙生白佛言：“世尊，于当来世，颇有众生闻说是经生信心不？”

佛告妙生：“有生信者，彼非众生，非非众生。何以故？众生众生者，如来说非众生，是名众生。

“妙生，于汝意云何？佛得无上正等觉时，颇有少法所证不？”

妙生言：“实无有法是佛所证。”

佛告妙生：“如是，如是，此中无有少法可得故，名无上正等菩提。

“妙生，是法平等，无有高下故，名无上正等菩提。以无我、无众生、无寿者、无更求趣性，其性平等故，名无上正等菩提。一切善法皆正觉了故，名无上正等正觉。妙生，善法者，如来说为非法，故名善法。

“妙生，若三千大千世界中所有诸妙高山王，如是等七宝聚，有人持用布施；若复有人于此经中乃至一四句颂，若自受持及为他说，以前福聚比此福聚，假令分此以为百分，彼亦不能及一分，或千分、亿分、算分、势分、数分、因分乃至譬喻亦不能及一。

“妙生，于汝意云何？如来度众生不？汝莫作是见，如来度众生。何以故？曾无有一众生是如来度者。若有众生是如来度者，如来则有我见、众生见、寿者见、更求趣见。妙生，我等执者，如来说为非执，而诸愚夫妄为此执。妙生，愚夫众生，如来说为非生，故名愚夫众生。

“妙生，于汝意云何？应以具相观如来不？”

“不尔，世尊。不应以具相观于如来。”

“妙生，若以具相观如来者，转轮圣王应是如来。是故不应以具相观于如来，应以诸相非相观于如来。”

尔时，世尊而说颂曰：

“若以色见我，以音声求我，是人起邪觐，不能当见我。

应观佛法性，即导师法身，法性非所识，故彼不能了。

“妙生，诸有发趣菩萨乘者，其所有法是断灭不？汝莫作是见。何以故？趣菩萨乘者，其法不失。

“妙生，若有男子、女人，以满殑伽河沙世界七宝布施；若复有人，于无我理不生法中得忍解者，所生福聚极多于彼无量无数。妙生，菩萨不应取其福聚。”

妙生言：“菩萨岂不取福聚耶？”

佛告妙生：“是应正取，不应趣取，是故说取。

“妙生，如有说言‘如来若来、若去、若坐、若卧’者，是人不解我所说义。何以故？妙生，都无去来，故名如来。

“妙生，若有男子、女人，以三千大千世界土地碎为墨尘。妙生，于汝意云何？是极微聚，宁为多不？”

妙生言：“甚多，世尊。何以故？若聚性是实者，如来不说为极微聚极微聚。何以故？极微聚者，世尊说为非极微聚，故名极微聚。世尊，如来所说三千大千世界，说为非世界，故名三千大千世界。何以故？若世界实有，如来则有聚执。佛说聚执者，说为非聚执，是故说为聚执。”

“妙生，此聚执者，是世言论，然其体性实无可说，但是愚夫异生之所妄执。

“妙生，如有说云‘佛说我见、众生见、寿者见、更求趣见’者，是为正说？为不正耶？”

妙生言：“不尔，世尊。何以故？若有我见如来说者，即是非见，故名我见。”

“妙生，诸有发趣菩萨乘者，于一切法应如是知、如是见、如是解，如是解者乃至法相亦无所住。何以故？妙生，法想法想者，如来说为非想，故名法想法想。

“妙生，若有人以满无量无数世界七宝持用布施；若复有人能于此经乃至受持读诵四句伽陀令其通利，广为他人正说其义，以是因缘所生福聚极多于彼无量无数。云何正说？无法可说，是名正说。”

尔时，世尊说伽陀曰：

“一切有为法，如星翳灯幻，露泡梦电云，应作如是观。”

尔时，薄伽梵说是经已，具寿妙生及诸菩萨摩诃萨、苾刍、苾刍尼、邬波索迦、邬波斯迦，一切世间天、人、阿苏罗等，皆大欢喜，信受奉行。

附录4

唐玄奘《能断金刚般若波罗蜜多经》

如是我闻。一时，薄伽梵在室罗筏，住誓多林给孤独园，与大苾刍众千二百五十人俱。尔时，世尊于日初分，整理裳服，执持衣钵，入室罗筏大城乞食。时，薄伽梵于其城中行乞食已，出还本处。饭食讫，收衣钵，洗足已，于食后时，敷如常座，结跏趺坐，端身正愿，住对面念。

时，诸苾刍来诣佛所，到已顶礼世尊双足，右绕三匝，退坐一面。具寿善现亦于如是众会中坐。

尔时，众中具寿善现从座而起，偏袒一肩，右膝著地，合掌恭敬而白佛言："希有！世尊！乃至如来、应、正等觉，能以最胜摄受，摄受诸菩萨摩诃萨；乃至如来、应、正等觉，能以最胜付嘱，付嘱诸菩萨摩诃萨。世尊！诸有发趣菩萨乘者，应云何住？云何修行？云何摄伏其心？"

作是语已。尔时，世尊告具寿善现曰："善哉！善哉！善现！如是，如是。如汝所说。乃至如来、应、正等觉，能以最胜摄受，摄受诸菩萨摩诃萨；乃至如来、应、正等觉，能以最胜付嘱，付嘱诸菩萨摩诃萨。是故，善现！汝应谛听，极善作意，吾当为汝分别解说。诸有发趣菩萨乘者，应如是住，如是修行，如是摄伏其心。"

具寿善现白佛言："如是，世尊！愿乐欲闻。"

佛言："善现！诸有发趣菩萨乘者，应当发起如是之心：'所有诸有情，有情摄所摄：若卵生、若胎生、若湿生、若化生，若有色、若无色，若有想、若无想，若非有想非无想，乃至有情界施设所施设，如是一切，我当皆令于无余依妙涅槃界而般涅槃。虽度如是无量有情令灭度已，而无有情得灭度者。'何以故？善现！若诸菩萨摩诃萨有情想转，不应说名菩萨摩诃萨。所以者何？善现！若诸菩萨摩诃萨不应说言有情想转，如是命者想、士夫想、补特伽罗想、意生想、摩纳婆想、作者想、受者想转，当知亦尔。何以故？善现！无有少法名为发趣菩萨乘者。

"复次，善现！菩萨摩诃萨不住于事应行布施，都无所住应行布施；不住于色应行布施，不住声、香、味、触、法应行布施。善现！如是菩萨摩诃萨如不住相想应行布施。何以故？善现！若菩萨摩诃萨都无所住而行布施，其福德聚不可取量。"

佛告善现："于汝意云何？东方虚空可取量不？"

善现答言："不也，世尊！"

"善现！如是南西北方四维上下，周遍十方一切世界虚空可取量不？"

善现答言："不也，世尊！"

佛言："善现！如是，如是。若菩萨摩诃萨都无所住而行布施，其福德聚不可取量，亦复如是。善现！如是菩萨摩诃萨如不住相想应行布施。"

佛告善现："于汝意云何？可以诸相具足观如来不？"

善现答言："不也，世尊！不应以诸相具足观于如来。何以故？如来说诸相具足，即非诸相具足。"

说是语已。佛复告具寿善现言："善现！乃至诸相具足皆是虚妄，乃至非相具足，皆非虚妄，如是以相非相应观如来。"

说是语已。具寿善现复白佛言："世尊！颇有有情于当来世，后时、后分、后五百岁，正法将灭时分转时，闻说如是色经典句，生实想不？"

佛告善现："勿作是说：'颇有有情于当来世，后时、后分、后五百岁，正法将灭时分转时，闻说如是色经典句生实想不？'然复，善现！有菩萨摩诃萨于当来世，后时、后分、后五百岁，正法将灭时分转时，具足尸罗，具德、具慧。复次，善现！彼菩萨摩诃萨非于一佛所承事供养，非于一佛所种诸善根。然复，善现！彼菩萨摩诃萨于其非一、百、千佛所承事供养，于其非一、百、千佛所种诸善根，乃能闻说如是色经典句，当得一净信心。善现！如来以其佛智悉已知彼，如来以其佛眼悉已见彼。善现！如来悉已觉彼一切有情，当生无量无数福聚，当摄无量无数福聚。何以故？善现！彼菩萨摩诃萨无我想转，无有情想、无命者想、无士夫想、无补特伽罗想、无意生想、无摩纳婆想、无作者想、无受者想转。善现！彼菩萨摩诃萨无法想转、无非法想转，无想转亦无非想转。所以者何？"

"善现！若菩萨摩诃萨有法想转，彼即应有我执、有情执、命者执、补特伽罗等执。若有非法想转，彼亦应有我执、有情执、命者执、补特伽罗等执。何以故？善现！不应取法，不应取非法。是故如来密意而说筏喻法门。诸有智者，法尚应断，何况非法！"

佛复告具寿善现言："善现！于汝意云何？颇有少法，如来、应、正等觉证得阿耨多罗三藐三菩提耶？颇有少法，如来、应、正等觉是所说耶？"

善现答言："世尊！如我解佛所说义者，无有少法，如来、应、正等觉证得阿耨多罗三藐三菩提；亦无有少法，是如来、应、正等觉所说。何以故？世尊！如来、应、正等觉所证、所说、所思惟法皆不可取，不可宣说，非法，非非法。何以故？以诸贤圣补特伽罗皆是无为之所显故。"

佛告善现："于汝意云何？若善男子或善女人，以此三千大千世界盛满七宝持用布施，是善男子或善女人，由此因缘所生福聚宁为多不？"

善现答言："甚多，世尊！甚多，善逝！是善男子或善女人，由此因缘所生福聚其量甚多。何以故？世尊！福德聚福德聚者，如来说为非福德聚，是故如来说名福德聚福德聚。"

佛复告善现言："善现！若善男子或善女人，以此三千大千世界盛满七宝持用布施。若善男子或善女人，于此法门乃至四句伽陀，受持、读诵、究竟通利，及广为他宣说、开示、如理作意，由是因缘所生福聚，甚多于前无量无数。何以故？一切如来、应、正等觉阿耨多罗三藐三菩提皆从此经出，诸佛世尊皆从此经生。所以者何？善现！诸佛、法诸佛、法者，如来说为非诸佛、法，是故如来说名诸佛、法诸佛、法。"

佛告善现："于汝意云何？诸预流者颇作是念：'我能证得预流果'不？"

善现答言："不也，世尊！诸预流者不作是念：'我能证得预流之果。'何以故？世尊！诸预流者无少所预，故名预流；不预色、声、香、味、触、法，故名预流。世尊！若预流者作如是念：'我能证得预流之果。'即为执我、有情、命者、士夫、补特伽罗等。"

佛告善现："于汝意云何？诸一来者颇作是念：'我能证得一来果'不？"

善现答言："不也，世尊！诸一来者不作是念：'我能证得一来之果。'何以故？世尊！以无少法证一来性，故名一来。"

佛告善现："于汝意云何？诸不还者颇作是念：'我能证得不还果'不？"

善现答言："不也，世尊！诸不还者不作是念：'我能证得不还之果。'何以故？世尊！以无少法证不还性，故名不还。"

佛告善现："于汝意云何？诸阿罗汉颇作是念：'我能证得阿罗汉不'？"

善现答言："不也，世尊！诸阿罗汉不作是念：'我能证得阿罗汉性。'何以故？世尊！以无少法名阿罗汉，由是因缘名阿罗汉。世尊！若阿罗汉作如是念：'我能证得阿罗汉性。'即为执我、有情、命者、士夫、补特伽罗等。所以者何？世尊！如来、应、正等觉说我得无诤住最为第一，世尊！我虽是阿罗汉，永离贪欲，而我未曾作如是念：'我得阿罗汉永离贪欲。'世尊！我若作如是念：'我得阿罗汉永离贪欲'者，如来不应记说我言：'善现善男子得无诤住最为第一。'以都无所住，是故如来说名无诤住无诤住。"

佛告善现："于汝意云何？如来昔在然灯如来、应、正等觉所，颇于少法有所取不？"

善现答言："不也，世尊！如来昔在然灯如来、应、正等觉所，都无少法而有所取。"

佛告善现："若有菩萨作如是言：'我当成办佛土功德庄严。'如是菩萨非真实语。何以故？善现！佛土功德庄严佛土功德庄严者，如来说非庄严，是故如来说名佛土功德庄严佛土功德庄严。是故，善现！菩萨如是都无所住应生其心，不住于色应生其心，不住非色应生其心；不住声、香、味、触、法应生其心，不住非声、香、味、触、法应生其心，都无所住应生其心。"

佛告善现："如有士夫具身大身，其色自体假使譬如妙高山王。善现！于汝意云何？彼之自体为广大不？"

善现答言："彼之自体广大！世尊！广大！善逝！何以故？世尊！彼之自体，如来说非彼体故名自体，非以彼体故名自体。"

佛告善现："于汝意云何？乃至殑伽河中所有沙数，假使有如是沙等殑伽河，是诸殑伽河沙宁为多不？"

善现答言："甚多，世尊！甚多，善逝！诸殑伽河尚多无数，何况其沙！"

佛言："善现！吾今告汝，开觉于汝：'假使若善男子或善女人，以妙七宝盛满尔所殑伽河沙等世界，奉施如来、应、正等觉。'善现！于汝意云何？是善男子或善女人，由此因缘所生福聚宁为多不？"

善现答言："甚多，世尊！甚多，善逝！是善男子或善女人，由此因缘所生福聚其量甚多。"

佛复告善现："若以七宝盛满尔所沙等世界，奉施如来、应、正等觉。若善男子或善女人，于此法门乃至四句伽陀，受持、读诵、究竟通利，及广为他宣说、开示、如理作意，由此因缘所生福聚，甚多于前无量无数。"

"复次，善现！若地方所，于此法门乃至为他宣说，开示四句伽陀，此地方所尚为世间诸天及人、阿素洛等之所供养如佛灵庙，何况有能于此法门具足究竟、书写、受持、读诵、究竟通利，及广为他宣说、开示、如理作意！如是有情成就最胜稀有功德。此地方所，大师所住，或随一一尊重处所，若诸有智同梵行者。"

说是语已。具寿善现复白佛言："世尊！当何名此法门？我当云何奉持？"

作是语已。佛告善现言："具寿！今此法门名为能断金刚般若波罗蜜多，如是名字汝当奉持。何以故？善现！如是般若波罗蜜多，如来说为非般若波罗蜜多，是故如来说名般若波罗蜜多。"

佛告善现："于汝意云何？颇有少法如来可说不？"

善现答言："不也，世尊！无有少法如来可说。"

佛告善现："乃至三千大千世界大地微尘宁为多不？"

善现答言："此地微尘甚多，世尊！甚多，善逝！"

佛言："善现！大地微尘，如来说非微尘，是故如来说名大地微尘；诸世界，如来说非世界，是故如来说名世界。"

佛告善现："于汝意云何？应以三十二大士夫相观于如来、应、正等觉不？"

善现答言："不也，世尊！不应以三十二大士夫相观于如来、应、正等觉。何以故？世尊！三十二大士夫相，如来说为非相，是故如来说名三十二大士夫相。"

佛复告善现言："假使若有善男子或善女人，于日日分舍施殑伽河沙等自体，如是经殑伽河沙等劫数舍施自体。复有善男子或善女人，于此法门乃至四句伽陀，受持、读诵、究竟通利，及广为他宣说、开示、如理作意，由是因缘所生福聚，甚多于前无量无数。"

尔时，具寿善现闻法威力悲泣堕泪，俯仰扪泪而白佛言："甚奇稀有！世尊！最极稀有！善逝！如来今者所说法门，普为发趣最上乘者作诸义利，普为发趣最胜乘者作诸义利。世尊！我昔生智以来，未曾得闻如是法门。世尊！若诸有情闻说如是甚深经典生真实想，当知成就最胜稀有。何以故？世尊！诸真实想真实想者，如来说为非想，是故如来说名真实想真实想。世尊！我今闻说如是法门，领悟、信解未为稀有。若诸有情于当来世，后时、后分、后五百岁，正法将灭时分转时，当于如是甚深法门，领悟、信解、受持、读诵、究竟通利，及广为他宣说、开示、如理作意，当知成就最胜稀有。何以故？世尊！彼诸有情无我想转，无有情想、无命者想、无士夫想、无补特伽罗想、无意生想、无摩纳婆想、无作者想、无受者想转。所以者何？世尊！诸我想即是非想，诸有情想、命者想、士夫想、补特伽罗想、意生想、摩纳婆想、作者想、受者想即是非想。何以故？诸佛世尊离一切想。"

作是语已。尔时，世尊告具寿善现言："如是，如是。善现！若诸有情闻说如是甚深经典，不惊、不惧、无有怖畏，当知成就最胜稀有。何以故？善现！如来说最胜波罗蜜多，谓般若波罗蜜多。善现！如来所说最胜波罗蜜多，无量诸佛世尊所共宣说，故名最胜波罗蜜多。如来说最胜波罗蜜多即非波罗蜜多，是故如来说名最胜波罗蜜多。"

"复次，善现！如来说忍辱波罗蜜多即非波罗蜜多，是故如来说名忍辱波罗蜜多。何以故？善现！我昔过去世曾为羯利王断肢节肉，我于尔时都无我想、或有情想、或命者想、或士夫想、或补特伽罗想、或意生想、或摩纳婆想、或作者想、或受者想，我于尔时都无有想亦非无想。何以故？善现！我于尔时若有我想，即于尔时应有恚想；我于尔时若有有情想、命者想、士夫想、补特伽罗想、意生想、摩纳婆想、作者想、受者想，即于尔时应有恚想。何以故？善现！我忆过去五百生中，曾为自号忍辱仙人，我于尔时都无我想、无有情想、无命者想、无士夫想、无补特伽罗想、无意生想、无摩纳婆想、无作者想、无受者想，我于尔时都无有想亦非无想。是故，善现！菩萨摩诃萨远离一切想，应发阿耨多罗三藐三菩提心，不住于色应生其心，不住非色应生其心；不住声、香、味、触、法应生其心，不住非声、香、味、触、法应生其心，都无所住应生其心。何以故？善现！诸有所住则为非住。是故如来说诸菩萨应无所住而行布施，不应住色、声、香、味、触、法而行布施。"

"复次，善现！菩萨摩诃萨为诸有情作义利故，应当如是弃舍布施。何以故？善现！诸有情想即是非想；一切有情，如来即说为非有情。善现！如来是实语者、谛语者、如语者、不异语者。"

"复次，善现！如来现前等所证法、或所说法、或所思法，即于其中非谛非妄。善现！譬如士夫入于暗室，都无所见，当知菩萨若堕于事，谓堕于事而行布施，亦复如是。善现！譬如明眼士夫，过夜晓已，日光出时，见种种色，当知菩萨不堕于事，谓不堕事而行布施，亦复如是。"

"复次，善现！若善男子或善女人于此法门受持、读诵、究竟通利，及广为他宣说、开示、如理作意，则为如来以其佛智悉知是人，则为如来以其佛眼悉见是人，则为如来悉觉是人，如是有情一切当生无量福聚。"

"复次，善现！假使善男子或善女人，日初时分以殑伽河沙等自体布施，日中时分复以殑伽河沙等自体布施，日后时分亦以殑伽河沙等自体布施，由此法门，经于俱胝那庾多百千劫以自体布施。若有闻说如是法门，不生诽谤，由此因缘所生福聚，尚多于前无量无数，何况能于如是法门具足毕竟、书写、受持、读诵、究竟通利，及广为他宣说、开示、如理作意！"

"复次，善现！如是法门不可思议、不可称量，应当希冀不可思议所感异熟。善现！如来宣说如是法门，为欲饶益趣最上乘诸有情故，为欲饶益趣最胜乘诸有情故。善现！若有于此法门受持、读诵、究竟通利，及广为他宣说、开示、如理作意，即为如来以其佛智悉知是人，即为如来以其佛眼悉见是人，则为如来悉觉是人。如是有情一切成就无量福聚，皆当成就不可思议、不可称量无边福聚。善现！如是一切有情，其肩荷担如来无上正等菩提。何以故？善现！如是法门非诸下劣信解有情所能听闻，非诸我见、非诸有情见、非诸命者见、非诸士夫见、非诸补特伽罗见、非诸意生见、非诸摩纳婆见、非诸作者见、非诸受者见所能听闻。此等若能受持、读诵、究竟通利，及广为他宣说、开示、如理作意，无有是处。"

"复次，善现！若地方所闻此经典，此地方所当为世间诸天及人、阿素洛等之所供养、礼敬、右绕如佛灵庙。”

“复次，善现！若善男子或善女人于此经典受持、读诵、究竟通利，及广为他宣说、开示、如理作意，若遭轻毁、极遭轻毁。所以者何？善现！是诸有情宿生所造诸不净业应感恶趣，以现法中遭轻毁故，宿生所造诸不净业皆悉消尽，当得无上正等菩提。

何以故？善现！我忆过去于无数劫复过无数，于然灯如来、应、正等觉先，复过先，曾值八十四俱胝那庾多百千诸佛，我皆承事。既承事已，皆无违犯。善现！我于如是诸佛世尊皆得承事，既承事已，皆无违犯；若诸有情，后时、后分、后五百岁，正法将灭时分转时，于此经典受持、读诵、究竟通利，及广为他宣说、开示、如理作意。善现！我先福聚于此福聚，百分计之所不能及，如是千分、若百千分、若俱胝百千分、若俱胝那庾多百千分、若数分、若计分、若算分、若喻分、若邬波尼杀昙分亦不能及。”

“善现！我若具说当于尔时是善男子或善女人所生福聚，乃至是善男子或善女人所摄福聚，有诸有情则便迷闷，心或狂乱。是故，善现！如来宣说如是法门不可思议、不可称量，应当希冀不可思议所感异熟。”

尔时，具寿善现复白佛言：“世尊！诸有发趣菩萨乘者，应云何住？云何修行？云何摄伏其心？”

佛告善现：“诸有发趣菩萨乘者，应当发起如是之心：‘我当皆令一切有情，于无余依妙涅槃界而般涅槃，虽度如是一切有情，令灭度已，而无有情得灭度者。’何以故？善现！若诸菩萨摩诃萨有情想转，不应说名菩萨摩诃萨。所以者何？若诸菩萨摩诃萨不应说言有情想转，如是命者想、士夫想、补特伽罗想、意生想、摩纳婆想、作者想、受者想转，当知亦尔。何以故？善现！无有少法名为发趣菩萨乘者。”

佛告善现：“于汝意云何？如来昔于然灯如来、应、正等觉所，颇有少法能证阿耨多罗三藐三菩提不？”

作是语已。具寿善现白佛言：“世尊！如我解佛所说义者，如来昔于然灯如来、应、正等觉所，无有少法能证阿耨多罗三藐三菩提。”

说是语已。佛告具寿善现言：“如是，如是。善现！如来昔于然灯如来、应、正等觉所，无有少法能证阿耨多罗三藐三菩提。何以故？善现！如来昔于然灯如来、应、正等觉所，若有少法能证阿耨多罗三藐三菩提者，然灯如来、应、正等觉不应授我记言：‘汝摩纳婆于当来世，名释迦牟尼如来、应、正等觉。’善现！以如来无有少法能证阿耨多罗三藐三菩提，是故然灯如来、应、正等觉授我记言：‘汝摩纳婆于当来世，名释迦牟尼如来、应、正等觉。’所以者何？善现！言如来者，即是真实、真如增语；言如来者，即是无生、法性增语；言如来者，即是永断道路增语；言如来者，即是毕竟不生增语。何以故？善现！若实无生，即最胜义。”

“善现！若如是说如来、应、正等觉能证阿耨多罗三藐三菩提者，当知此言为不真实。所以者何？善现！由彼谤我起不实执。何以故？善现！无有少法，如来、应、正等觉能证阿耨多罗三藐三菩提。善现！如来现前等所证法，或所说法，或所思法，即于其中非谛非妄，是故如来说一切法皆是佛法。善现！一切法一切法者，如来说非一切法，是故如来说名一切法一切法。”

佛告善现：“譬如士夫具身大身。”

具寿善现即白佛言：“世尊！如来所说士夫具身大身，如来说为非身，是故说名具身大身。”

佛言：“善现！如是，如是。若诸菩萨作如是言：‘我当灭度无量有情。’是则不应说名菩萨。何以故？善现！颇有少法名菩萨不？”

善现答言：“不也，世尊！无有少法名为菩萨。”

佛告善现：“有情有情者，如来说非有情，故名有情，是故如来说一切法无有有情、无有命者、无有士夫、无有补特伽罗等。善现！若诸菩萨作如是言：‘我当成办佛土功德庄严。’亦如是说。何以故？善现！佛土功德庄严佛土功德庄严者，如来说非庄严，是故如来说名佛土功德庄严佛土功德庄严。善现！若诸菩萨于无我、法无我、法深信解者，如来、应、正等觉说为菩萨菩萨。”

佛告善现：“于汝意云何？如来等现有肉眼不？”

善现答言：“如是，世尊！如来等现有肉眼。”

佛言：“善现！于汝意云何？如来等现有天眼不？”

善现答言：“如是，世尊！如来等现有天眼。”

佛言：“善现！于汝意云何？如来等现有慧眼不？”

善现答言：“如是，世尊！如来等现有慧眼。”

佛言：“善现！于汝意云何？如来等现有法眼不？”

善现答言：“如是，世尊！如来等现有法眼。”

佛言：“善现！于汝意云何？如来等现有佛眼不？”

善现答言：“如是，世尊！如来等现有佛眼。”

佛告善现：“于汝意云何？乃至殑伽河中所有诸沙，如来说是沙不？”

善现答言：“如是，世尊！如是，善逝！如来说是沙。”

佛言：“善现！于汝意云何？乃至殑伽河中所有沙数，假使有如是等殑伽河，乃至是诸殑伽河中所有沙数，假使有如是等世界。是诸世界宁为多不？”

善现答言：“如是！世尊！如是！善逝！是诸世界其数甚多。”

佛言：“善现！乃至尔所诸世界中所有有情，彼诸有情各有种种，其心流注我悉能知。何以故？善现！心流注心流注者，如来说非流注，是故如来说名心流注心流注。所以者何？善现！过去心不可得，未来心不可得，现在心不可得。”

佛告善现：“于汝意云何？若善男子或善女人，以此三千大千世界盛满七宝奉施如来、应、正等觉，是善男子或善女人，由是因缘所生福聚宁为多不？”

善现答言：“甚多，世尊！甚多，善逝！”

佛言：“善现！如是，如是。彼善男子或善女人，由此因缘所生福聚其量甚多。何以故？善现！若有福聚，如来不说福聚福聚。”

佛告善现：“于汝意云何？可以色身圆实观如来不？”

善现答言："不也，世尊！不可以色身圆实观于如来。何以故？世尊！色身圆实色身圆实者，如来说非圆实，是故如来说名色身圆实色身圆实。"

佛告善现："于汝意云何？可以诸相具足观如来不？"

善现答言："不也，世尊！不可以诸相具足观于如来。何以故？世尊！诸相具足诸相具足者，如来说为非相具足，是故如来说名诸相具足诸相具足。"

佛告善现："于汝意云何？如来颇作是念：我当有所说法耶？善现！汝今勿当作如是观。何以故？善现！若言如来有所说法，即为谤我，为非善取。何以故？善现！说法说法者，无法可说，故名说法。"

尔时，具寿善现白佛言："世尊！于当来世后时、后分、后五百岁，正法将灭时分转时，颇有有情闻说如是色类法已能深信不？"

佛言："善现！彼非有情、非不有情。何以故？善现！一切有情者，如来说非有情，故名一切有情。"

佛告善现："于汝意云何？颇有少法，如来、应、正等觉现证无上正等菩提耶？"

具寿善现白佛言："世尊！如我解佛所说义者，无有少法，如来、应、正等觉现证无上正等菩提。"

佛言："善现！如是！如是！于中少法无有无得，故名无上正等菩提。"复次，善现！是法平等，于其中间无不平等，故名无上正等菩提。以无我性、无有情性、无命者性、无士夫性、无补特伽罗等性平等，故名无上正等菩提。一切善法无不现证，一切善法无不妙觉。善现！善法善法者，如来一切说为非法，是故如来说名善法善法。"

"复次，善现！若善男子或善女人集七宝聚，量等三千大千世界其中所有妙高山王，持用布施。若善男子或善女人，于此般若波罗蜜多经中乃至四句伽陀，受持、读诵、究竟通利，及广为他宣说、开示、如理作意。善现！前说福聚于此福聚，百分计之所不能及，如是千分、若百千分、若俱胝百千分、若俱胝那庾多百千分、若数分、若计分、若算分、若喻分、若邬波尼杀昙分亦不能及。"

佛告善现："于汝意云何？如来颇作是念：我当度脱诸有情耶？善现！汝今勿当作如是观。何以故？善现！无少有情如来度者。善现！若有有情如来度者，如来即应有其我执、有有情执、有命者执、有士夫执、有补特伽罗等执。善现！我等执者，如来说为非执，故名我等执，而诸愚夫异生强有此执。善现！愚夫异生者，如来说为非生，故名愚夫异生。"

佛告善现："于汝意云何？可以诸相具足观如来不？"

善现答言："如我解佛所说义者，不应以诸相具足观于如来。"

佛言："善现！善哉！善哉！如是，如是。如汝所说。不应以诸相具足观于如来。善现！若以诸相具足观如来者，转轮圣王应是如来，是故不应以诸相具足观于如来，如是应以诸相非相观于如来。"

尔时，世尊而说颂曰：

诸以色观我，以音声寻我，彼生履邪断，不能当见我。

应观佛法性，即导师法身；法性非所识，故彼不能了。

佛告善现："于汝意云何？如来、应、正等觉以诸相具足现证无上正等觉耶？善现！汝今勿当作如是观。何以故？善现！如来、应、正等觉不以诸相具足现证无上正等菩提。"

"复次，善现！如是发趣菩萨乘者，颇施设少法若坏若断耶？善现！汝今勿当作如是观。诸有发趣菩萨乘者，终不施设少法若坏若断。"

"复次，善现！若善男子或善女人，以殑伽河沙等世界盛满七宝，奉施如来、应、正等觉，若有菩萨于诸无我，无生法中获得堪忍，由是因缘所生福聚甚多于彼。"

"复次，善现！菩萨不应摄受福聚。"

具寿善现即白佛言："世尊！云何菩萨不应摄受福聚？"

佛言："善现！所应摄受，不应摄受，是故说名所应摄受。"

"复次，善现！若有说言如来若去、若来、若住、若坐、若卧，是人不解我所说义。何以故？善现！言如来者即是真实、真如增语，都无所去、无所从来，故名如来、应、正等觉。"

"复次，善现！若善男子或善女人，乃至三千大千世界大地极微尘量等世界，即以如是无数世界色像为量，如极微聚。善现！于汝意云何？是极微聚宁为多不？"

善现答言："是极微聚甚多，世尊！甚多，善逝！何以故？世尊！若极微聚是实有者，佛不应说为极微聚。所以者何？如来说极微聚即为非聚，故名极微聚。如来说三千大千世界即非世界，故名三千大千世界。何以故？世尊！若世界是实有者，即为一合执，如来说一合执即为非执，故名一合执。"

佛言："善现！此一合执不可言说，不可戏论，然彼一切愚夫异生强执是法。何以故？善现！若作是言：'如来宣说我见、有情见、命者见、士夫见、补特伽罗见、意生见、摩纳婆见、作者见、受者见。'于汝意云何？如是所说为正语不？"

善现答言："不也，世尊！不也，善逝！如是所说非为正语。所以者何？如来所说我见、有情见、命者见、士夫见、补特伽罗见、意生见、摩纳婆见、作者见、受者见，即为非见，故名我见乃至受者见。"

佛告善现："诸有发趣菩萨乘者，于一切法应如是知，应如是见，应如是信解，如是不住法想。何以故？善现！法想法想者，如来说为非想，是故如来说名法想法想。"

"复次，善现！若菩萨摩诃萨以无量无数世界盛满七宝，奉施如来、应、正等觉。若善男子或善女人，于此般若波罗蜜多经中乃至四句伽陀，受持、读诵、究竟通利、如理作意，及广为他宣说、开示，由此因缘所生福聚，甚多于前无量无数。云何为他宣说、开示？如不为他宣说、开示，故名为他宣说、开示。"

尔时，世尊而说颂曰：

诸和合所为，如星翳灯幻，

露泡梦电云，应作如是观。

时，薄伽梵说是经已，尊者善现及诸苾刍、苾刍尼、邬波索迦、邬波斯迦，并诸世间天、人、阿素洛、健达缚等，闻薄伽梵所说经已，皆大欢喜，信受奉行。

附录 5

唐义净《佛说能断金刚般若波罗蜜多经》

如是我闻：一时薄伽梵，在名称大城，战胜林施孤独园，与大苾刍众千二百五十人俱，及大菩萨众。尔时，世尊于日初分时，著衣持钵，入城乞食。次第乞已，还至本处。饭食讫，收衣钵，洗足已，于先设座，加趺端坐，正念而住。时诸苾刍来诣佛所，顶礼双足，右绕三匝，退坐一面。

尔时，具寿妙生，在大众中，承佛神力，即从座起，偏袒右肩，右膝著地，合掌恭敬白佛言："希有！世尊！希有！善逝。如来应正等觉，能以最胜利益，益诸菩萨；能以最胜付嘱，嘱诸菩萨。世尊！若有发趣菩萨乘者，云何应住？云何修行？云何摄伏其心？"

佛告妙生："善哉，善哉！如是，如是！如汝所说：'如来以胜利益，益诸菩萨；以胜付嘱，嘱诸菩萨。'妙生！汝应谛听，极善作意，吾当为汝分别解说。若有发趣菩萨乘者，应如是住，如是修行，如是摄伏其心。"妙生言："唯然，世尊！愿乐欲闻。"

佛告妙生："若有发趣菩萨乘者，当生如是心：'所有一切众生之类，若卵生、胎生、湿生、化生，若有色、无色，有想、无想，非有想、非无想，尽诸世界所有众生，如是一切，我皆令入无余涅槃而灭度之。'虽令如是无量众生证圆寂已，而无有一众生入圆寂者。何以故？妙生！若菩萨有众生想者，则不名菩萨。所以者何？由有我想、众生想、寿者想、更求趣想故。

"复次，妙生！菩萨不住于事，应行布施。不住随处，应行布施。不住色、声、香、味、触、法，应行布施。妙生！菩萨如是布施，乃至相想，亦不应住。何以故？由不住施，福聚难量。

"妙生！于汝意云何？东方虚空可知量不？"妙生言："不尔，世尊！""南西北方，四维上下，十方虚空，可知量不？"妙生言："不尔，世尊！""妙生！菩萨行不住施，所得福聚不可知量，亦复如是。"

"妙生！于汝意云何？可以具足胜相观如来不？"妙生言："不尔，世尊！不应以胜相观于如来。何以故？如来说胜相，即非胜相。"

"妙生！所有胜相，皆是虚妄。若无胜相，即非虚妄。是故应以胜相无相观于如来。"妙生言："世尊！颇有众生，于当来世，后五百岁，正法灭时，闻说是经，生实信不？"

佛告妙生："莫作是说：'颇有众生，于当来世，后五百岁，正法灭时，闻说是经，生实信不？'妙生！当来之世，有诸菩萨，具戒具德具慧，而彼菩萨，非于一佛承事供养，植诸善根；已于无量百千佛所，而行奉事，植诸善根。是人乃能于此经典生一信心。

“妙生！如来悉知是人，悉见是人，彼诸菩萨当生当摄无量福聚。何以故？由彼菩萨，无我想、众生想、寿者想、更求趣想。

“彼诸菩萨，非法想，非非法想，非想，非无想。何以故？若彼菩萨有法想，即有我执、有情执、寿者执、更求趣执。若有非法想，彼亦有我执、有情执、寿者执、更求趣执。妙生！是故菩萨，不应取法，不应取非法。以是义故，如来密意宣说筏喻法门，诸有智者，法尚应舍，何况非法。

“妙生！于汝意云何？如来于无上菩提有所证不？复有少法是所说不？”妙生言：“如我解佛所说义，如来于无上菩提实无所证，亦无所说。何以故？佛所说法，不可取，不可说，彼非法，非非法。何以故？以诸圣者，皆是无为所显现故。”

“妙生！于汝意云何？若善男子、善女人，以满三千大千世界七宝持用布施，得福多不？”妙生言：“甚多，世尊！何以故？此福聚者，则非是聚，是故如来说为福聚、福聚。”

“妙生！若有善男子、善女人，以满三千大千世界七宝，持用布施；若复有人，能于此经乃至一四句颂，若自受持，为他演说，以是因缘所生福聚，极多于彼无量无数。何以故？妙生！由诸如来无上等觉，从此经出；诸佛世尊，从此经生。是故妙生！佛法者，如来说非佛法，是名佛法。

“妙生！于汝意云何？诸预流者颇作是念：‘我得预流果。’不？”妙生言：“不尔，世尊！何以故？诸预流者，无法可预，故名预流。不预色、声、香、味、触、法，故名预流。世尊！若预流者作是念：‘我得预流果。’者，则有我执，有情寿者更求趣执。”

“妙生！于汝意云何？诸一来者颇作是念：‘我得一来果。’不？”妙生言：“不尔，世尊！何以故？由彼无有少法证一来性，故名一来。”

“妙生！于汝意云何？诸不还者颇作是念：‘我得不还果。’不？”妙生言：“不尔，世尊！何以故？由彼无有少法证不还性，故名不还。”

“妙生！于汝意云何？诸阿罗汉颇作是念：‘我得阿罗汉果。’不？”妙生言：“不尔，世尊！由彼无有少法名阿罗汉。世尊！若阿罗汉作是念：‘我得阿罗汉果。’者，则有我执，有情寿者更求趣执。世尊！如来说我得无诤住中最为第一。世尊！我是阿罗汉离于欲染，而实未曾作如是念：‘我是阿罗汉。’世尊！若作是念：‘我得阿罗汉。’者，如来即不说我妙生得无诤住，最为第一。以都无所住，是故说我得无诤住、得无诤住。”

“妙生！于汝意云何？如来昔在然灯佛所，颇有少法是可取不？”妙生言：“不尔，世尊！如来于然灯佛所，实无可取。”

“妙生！若有菩萨作如是语：‘我当成就庄严国土。’者，此为妄语。何以故？庄严佛土者，如来说非庄严，由此说为国土庄严。是故，妙生！菩萨不住于事，不住随处，不住色、声、香、味、触、法，应生其心；应生不住事心，应生不住随处心，应生不住色、声、香、味、触、法心。

“妙生！譬如有人，身如妙高山王，于意云何？是身为大不？”妙生言：“甚大，世尊！何以故？彼之大身，如来说为非身。以彼非有，说名为身。”

“妙生！于汝意云何？如殑伽河中所有沙数，复有如是沙等殑伽河，此诸河沙，宁为多不？”妙生言：“甚多，世尊！河尚无数，况复其沙。”

“妙生！我今实言告汝。若复有人，以宝满此河沙数量世界，奉施如来，得福多不？”妙生言：“甚多，世尊！”

“妙生！若复有人，于此经中受持一颂，并为他说，而此福聚，胜前福聚无量无边。

“妙生！若国土中有此法门，为他解说，乃至四句伽他，当知此地，即是制底，一切天、人、阿苏罗等，皆应右绕而为敬礼；何况尽能受持读诵，当知是人，则为最上第一希有。又此方所，即为有佛，及尊重弟子。

“妙生！于汝意云何？颇有少法是如来所说不？”妙生言：“不尔，世尊！无有少法是如来所说。”

“妙生！三千大千世界所有地尘，是为多不？”妙生言：“甚多，世尊！何以故？诸地尘，佛说非尘，故名地尘。此诸世界，佛说非界，故名世界。”

“妙生！于汝意云何？可以三十二大丈夫相观如来不？”妙生言：“不尔，世尊！不应以三十二相观于如来。何以故？三十二相，佛说非相，是故说为大丈夫相。”

“妙生！若有男子女人，以弶伽河沙等身命布施；若复有人，于此经中受持一颂，并为他说，其福胜彼无量无数。”

尔时，妙生闻说是经，深解义趣，涕泪悲泣而白佛言：“希有！世尊！我从生智以来，未曾得闻如是深经。世尊！当何名此经？我等云何奉持？”

佛告妙生：“是经名为“般若波罗蜜多”，如是应持。何以故？佛说般若波罗蜜多，则非般若波罗蜜多。”

“世尊！若复有人，闻说是经生实想者，当知是人最上希有。世尊！此实想者，即非实想，是故如来说名实想、实想。世尊！我闻是经，心生信解，未为希有。若当来世，有闻是经，能受持者，是人则为第一希有。何以故？彼人无我想、众生想、寿者想、更求趣想。所以者何？世尊！我想、众生想、寿者想、更求趣想，即是非想。所以者何？诸佛世尊离诸想故。”

“妙生！如是，如是！若复有人，得闻是经，不惊不怖不畏，当知是人第一希有。何以故？妙生！此最胜波罗蜜多，是如来所说诸波罗蜜多。如来说者，即是无边佛所宣说，是故名为最胜波罗蜜多。

“妙生！如来说忍辱波罗蜜多，即非忍辱波罗蜜多。何以故？如我昔为羯陵伽王割截支体时，无我想、众生想、寿者想、更求趣想。我无是想，亦非无想。所以者何？我有是想者，应生嗔恨。妙生！又念过去于五百世，作忍辱仙人，我于尔时，无如是等想。是故应离诸想，发趣无上菩提之心，不应住色、声、香、味、触、法，都无所住而生其心；不应住法，不应住非法，应生其心。何以故？若有所住，即为非住。是故佛说：‘菩萨应无所住而行布施。’

“妙生！菩萨为利益一切众生，应如是布施。此众生想，即为非想；彼诸众生，即非众生。何以故？诸佛如来离诸想故。妙生！如来是实语者，如语者，不诳语者，不异语者。

“妙生！如来所证法及所说法，此即非实非妄。妙生！若菩萨心住于事而行布施，如人入闇，则无所见。若不住事而行布施，如人有目，日光明照，见种种色，是故菩萨不住于事应行其施。

“妙生！若有善男子、善女人，能于此经受持读诵，为他演说。如是之人，佛以智眼悉知悉见，当生当摄无量福聚。

“妙生！若有善男子、善女人，初日分以弶伽河沙等身布施，中日分复以弶伽河沙等身布施，后日分亦以弶伽河沙等身布施，如是无量百千万亿劫，以身布施。若复有人，闻此经典，不生毁谤，其福胜彼，何况书写受持读诵，为人解说。

“妙生！是经有不可思议不可称量无边功德，如来为发大乘者说，为发最上乘者说。若有人能受持读诵，广为他说，如来悉知悉见是人，皆得成就不可量不可称不可思议福业之聚。当知是人，则为以肩荷负如来无上菩提。何以故？妙生！若乐小法者，则著我见、众生见、寿者见、更求趣见，是人若能读诵受持此经，无有是处。

“妙生！所在之处，若有此经，当知此处，则是制底，一切世间天、人、阿苏罗，所应恭敬，作礼围绕，以诸香花供养其处。

“妙生！若有善男子、善女人，于此经典受持读诵演说之时，或为人轻辱。何以故？妙生！当知是人，于前世中造诸恶业，应堕恶道，由于现在得遭轻辱，此为善事，能尽恶业，速至菩提故。

“妙生！我忆过去过无数劫，在然灯佛先，得值八十四亿那庾多佛，悉皆供养承事，无违背者。若复有人，于后五百岁正法灭时，能于此经受持读诵，解其义趣，广为他说，所得功德，以前功德比此功德，百分不及一，千万亿分算分势分比数分因分，乃至譬喻亦不能及。妙生！我若具说受持读诵此经功德，或有人闻，心则狂乱，疑惑不信。妙生！当知是经不可思议，其受持者，应当希望不可思议所生福聚。”

复次，妙生白佛言：“世尊！若有发趣菩萨乘者。应云何住？云何修行？云何摄伏其心？”

佛告妙生：“若有发趣菩萨乘者，当生如是心：‘我当度脱一切众生，悉皆令入无余涅槃。虽有如是无量众生证于圆寂，而无有一众生证圆寂者。’何以故？妙生！若菩萨有众生想者，则不名菩萨。所以者何？妙生！实无有法，可名发趣菩萨乘者。

“妙生！于汝意云何？如来于然灯佛所，颇有少法是所证不？”妙生言：“如来于然灯佛所，无法可证，而得菩提。”

佛言：“如是，如是！妙生！实无有法，如来于然灯佛所，有所证悟，得大菩提。若证法者，然灯佛则不与我授记：‘摩纳婆！汝于来世，当得作佛，号释迦牟尼。’以无所得故，然灯佛与我授记，当得作佛，号释迦牟尼。何以故？妙生！言如来者，即是实性真如之异名也。

“妙生！若言：‘如来证得无上正等觉。’者，是为妄语。何以故？实无有法如来证得无上正觉。妙生！如来所得正觉之法，此即非实非虚。是故佛说：‘一切法者，即是佛法。’妙生！一切法、一切法者，如来说为非法，是故如来说一切法者，即是佛法。

“妙生！譬如丈夫，其身长大。”

妙生言：“世尊！如来说为大身者，即说为非身，是名大身。”

佛告妙生："如是，如是！若菩萨作是语：'我当度众生令寂灭。'者，则不名菩萨。妙生！颇有少法名菩萨不？"答言："不尔，世尊！"

"妙生！是故如来说：'一切法无我、无众生、无寿者、无更求趣。'

"妙生！若有菩萨言：'我当成就佛土严胜、佛土严胜。'者，如来说为非是严胜，是故如来说为严胜。妙生！若有信解一切法无性、一切法无性者，如来说名真是菩萨、菩萨。

"妙生！于汝意云何？如来有肉眼不？"妙生言："如是，世尊！如来有肉眼。"

"如来有天眼不？""如是，世尊！如来有天眼。"

"如来有慧眼不？""如是，世尊！如来有慧眼。"

"如来有法眼不？""如是，世尊！如来有法眼。"

"如来有佛眼不？""如是，世尊！如来有佛眼。"

"妙生！于汝意云何？如弶伽河中所有沙数，复有如是沙等弶伽河，随诸河沙，有尔所世界，是为多不？"妙生言："甚多，世尊！"

"妙生！此世界中所有众生，种种性行，其心流转，我悉了知。何以故？妙生！心陀罗尼者，如来说为无持，由无持故，心遂流转。何以故？妙生！过去心不可得，未来心不可得，现在心不可得。

"妙生。于汝意云何？若人以满三千大千世界七宝布施，是人得福多不？"妙生言："甚多，世尊！"

"妙生！若此福聚是福聚者，如来则不说为福聚、福聚。

"妙生！于汝意云何？可以色身圆满观如来不？""不尔，世尊！不应以色身圆满观于如来。何以故？色身圆满、色身圆满者，如来说非圆满，是故名为色身圆满。"

"妙生！可以具相观如来不？""不尔，世尊！不应以具相观于如来。何以故？诸具相者，如来说非具相，是故如来说名具相。"

"妙生！于汝意云何？如来作是念：'我说法。'耶？汝勿作是见。若言：'如来有所说法。'者，则为谤我。何以故？言说法、说法者，无法可说，是名说法。"

妙生白佛言："世尊！于当来世，颇有众生，闻说是经，生信心不？"

佛告妙生："有生信者，彼非众生，非非众生。何以故？众生、众生者，如来说非众生，是名众生。

"妙生！于汝意云何？佛得无上正等觉时，颇有少法所证不？"妙生言："实无有法是佛所证。"

佛告妙生："如是，如是！此中无有少法可得，故名无上正等菩提。妙生！是法平等，无有高下，故名无上正等菩提。以无我、无众生、无寿者、无更求趣性，其性平等，故名无上正等菩提。一切善法皆正觉了，故名无上正等正觉。妙生！善法者，如来说为非法，故名善法。

"妙生！若三千大千世界中，所有诸妙高山王，如是等七宝聚，有人持用布施。若复有人，于此经中，乃至一四句颂，若自受持，及为他说。以前福聚比此福聚，假令分此以为百分，彼亦不能及一分，或千分亿分算分势分数分因分，乃至譬喻亦不能及一。

"妙生！于汝意云何？如来度众生不？汝莫作是见：'如来度众生。'何以故？曾无有一众生是如来度者。若有众生是如来度者，如来则有我见、众生见、寿者见、更求趣见。妙生！我等执者，如来说为非执，而诸愚夫妄为此执。妙生！愚夫众生，如来说为非生，故名愚夫众生。

“妙生！于汝意云何？应以具相观如来不？”“不尔，世尊！不应以具相观于如来。”

“妙生！若以具相观如来者，转轮圣王应是如来，是故不应以具相观于如来，应以诸相非相观于如来。”

尔时，世尊而说颂曰：

若以色见我 以音声求我　　是人起邪观　　不能当见我

应观佛法性 即导师法身　　法性非所识　　故彼不能了

“妙生！‘诸有发趣菩萨乘者，其所有法是断灭不？’汝莫作是见。何以故？趣菩萨乘者，其法不失。

“妙生！若有男子、女人，以满殑伽河沙世界七宝布施。若复有人，于无我理、不生法中，得忍解者，所生福聚，极多于彼无量无数。

“妙生！菩萨不应取其福聚。”妙生言：“菩萨岂不取福聚耶？”

佛告妙生：“是应正取，不应越取，是故说取。

“妙生！如有说言：‘如来若来若去、若坐若卧。’者，是人不解我所说义。何以故？妙生！都无去来，故名如来。

“妙生！若有男子、女人，以三千大千世界土地碎为墨尘。妙生！于汝意云何？是极微聚，宁为多不？”妙生言：“甚多，世尊！何以故？若聚性是实者，如来不说为极微聚极微聚。何以故？极微聚者，世尊说为非极微聚，故名极微聚。世尊！如来所说三千大千世界，说为非世界，故名三千大千世界。何以故？若世界实有，如来则有聚执。佛说聚执者，说为非聚执，是故说为聚执。”

“妙生！此聚执者，是世言论，然其体性，实无可说，但是愚夫异生之所妄执。

“妙生！如有说云：‘佛说我见、众生见、寿者见、更求趣见。’者，是为正说为不正耶？”妙生言：“不尔，世尊！何以故？若有我见如来说者，即是非见，故名我见。”

“妙生！诸有发趣菩萨乘者，于一切法，应如是知，如是见，如是解。如是解者，乃至法想亦无所住。何以故？妙生！法想、法想者，如来说为非想，故名法想、法想。

“妙生！若有人以满无量无数世界七宝，持用布施。若复有人，能于此经，乃至受持读诵四句伽他，令其通利，广为他人正说其义，以是因缘所生福聚，极多于彼无量无数。云何正说？无法可说，是名正说。”

尔时，世尊说伽他曰：

一切有为法 如星翳灯幻　　露泡梦电云　　应作如是观

尔时，薄伽梵说是经已，具寿妙生，及诸菩萨摩诃萨、苾刍、苾刍尼、邬波索迦、邬波斯迦，一切世间天、人、阿苏罗等，皆大欢喜，信受奉行。

附录 6

金刚般若波罗蜜经弥勒菩萨偈颂

法门句义及次第　世间不解离明慧　大智通达教我等　归命无量功德身
应当敬彼如是尊　头面礼足而顶戴　以能荷佛难胜事　摄受众生利益故
巧护义应知　加彼身同行　不退得未得　是名善付嘱
广大第一常　其心不颠倒　利益深心住　此乘功（或作“工”）德满
檀义（或作“度”）摄于六　资生无畏法　此中一二三　名为修行住
自身及报恩　果报斯不著　护存己不施　防求于异事
调伏彼事中　远离取相心　及断种种疑　亦防生成心
分别有为体　防彼成就得　三相异体故　离彼是如来
说因果深义　于彼（或作“后”）恶世时　不空以有实　菩萨三德备
修戒于过去　及种诸善根　戒具于诸佛　亦说功德满
彼寿者及法　远离于取相　亦说知彼相　依八八义别
差别相续体　不断至命住　复趣于异道　是我相四种
一切空无（或作“生”）物　实有不可说　依言辞（或作“词”）而说　是法相四种
彼人依信心　恭敬生实相　闻声不正取　正说如是取
佛非（或作“不”）见果知　愿智力现见　求供养恭敬　彼人不能说
彼不住随顺　于法中证智　如人舍船筏　法中义亦然
应化非真佛　亦非说法者　说法不二取　无说离言相
受持法及说　不空于福德　福不趣菩提　二能趣菩提
于实名了因　亦为余生因　唯独诸佛法　福成第一体
不可取及说　自果不取故　依彼善吉者　说离二种障
佛于然灯语　不取理实智　以是真实义　成彼无取说
智习唯识通　如是取净土　非形第一体　非严庄严意
如山王无取　受报亦复然　远离于诸漏　及有为法故
说多义差别　亦成胜校量　后福过于前　故重说胜喻
尊重于二处　因习证大体　彼因习烦恼　此降伏染福
苦身胜于彼　稀有及上义　彼智岸难量　亦不同余法
坚实解深义　胜余修多罗　大因及清净　福中胜福德
能忍于苦行　以苦行有善　彼福不可量　如是最胜义

离我及恚相（或作“嗔恚”） 实无于苦恼 共乐有慈悲 如是苦行果
为不舍心起 修行及坚固 为忍波罗蜜 习彼能学心
修行利众生 如是因当识 众生及事相 远离亦应知
假名及阴事 如来离彼相 诸佛无彼二 以见实法故
果虽不住道 而道能为因 以诸佛实语 彼智有四种
实智及小乘 说摩诃衍法 及一切授记 以不虚说故
随顺彼实智 说不实不虚（或作“不实亦不虚”）如闻声取证 对治如是说
时及处实有 而不得真如 无智以住法 余者有智得
暗明（或作“如”）愚无智 明者如有智
对治及对法（或作“对法及对治”） 得灭法如是
于何法修行 得何等福德 复成就何业（或作“等”） 如是说修行
名字（或作“见”）三种法 受持闻广说 修从他及内 得闻是修智
此为自淳（或作“醇”）熟 余者化众生 以事及时大 福中胜福德
非余者境界 唯依大人说 及希闻信法 满足无上界
受持真妙法 尊重身得福 及远离诸障 复能速证法
成种种势力 得大妙果报
如是等胜业 于法修行知（或作“显彼修行业”）
于内心修行（或作“如是无有相”） 存我为菩萨
此即（或作“则”）障于心 违于不住道
以后时授记 然灯行非上 菩提彼行等 非实有为相
彼即非相相 以不虚妄说（或作“说故”） 是法诸佛法 一切自体相
依彼法身佛 故说大身喻 身离一切障 及遍一切境
功德及大体 故即说大身 非身即是身 是故说非（或作“大”）身
不达真法界 起度众生意 及清净国土 生心即是倒
众生及菩萨 知诸法无我 非圣自智信 及圣以有智
虽不见诸法 非无了境眼 诸佛五（或作“无”）种实 以见彼颠倒
种种颠倒识 以离于实念 不住彼实智 是故说颠倒
佛智慧根（或作“为”）本 非颠倒功德 以是福德相（或作“根”） 故重说譬喻
法身毕竟体 非彼相好身 以非相成就 非彼法身故
不离于法身 彼二非不佛 故重说成就 亦无二及有
如佛法亦然 所说二差别 不离于法界 说法无自相
所说说者深 非无能信者 非众生众生 非圣非不圣
彼处无少法 知菩提无上 法界不增减 净平等自相
有无上方便 及离于漏法 是故非净法 即是清净法
虽言无记法 而说是彼因 是故一法宝 胜无量珍宝
数力无似胜 无似因亦然 一切世间法 不可得为喻

平等真法界　佛不度众生　以名共彼阴　不离于法界
取我度为过　以取彼法是　取度众生故　不取取（或作“彼”）应知
非是色身相　可比（或作“显”）知（或作“诸”）如来　诸佛唯法身　转轮王非佛
非相好果报　依福德成就　而得真法身　方便异相故
唯见色闻声　是人不知佛　以真如法身　非是识境故
不失功德因　及彼胜果报　得胜忍不失　以得无垢果
示（或作“亦”）胜福德相　是故说譬喻（或作“故重说胜喻”）是福德无报　如是受不取
是福德应报　为化诸众生　自然如是业　诸佛现十方
去来化身佛　如来常不动　于是法界处　非一亦不（或作“非”）异
世界作微尘　此喻示彼义　微尘碎为末　示现烦恼尽

非聚集故集　非唯是一喻　聚集处非彼　非是差别喻
但随于音声　凡夫取颠倒　非无二得道　远离于我法
见我即不见　无实虚妄见　此是微细障　见真如远离
二智及三昧　如是得远离　化身示现福　非无无尽福
诸佛说法时　不言是化身（或作“佛”）　以不如是说　是故彼说正
非有为非离　诸如来涅槃　九种有为法　妙智正观故
见相及于识　器身受用事　过去现在法　亦观未来世
观相及受用　观于三世事　于有为法中　得无垢自在
诸佛稀有总持法　不可称量深句义　从尊者闻及广说　回此福德施群生
此经文句义次第　世无明慧不能解　稽首于此教我等　无边功德所生身
具如斯德应礼敬　彼之足迹顶戴持　觉辕难驾彼能乘　要心普利诸含识
胜利益应知　于身并属者　得未得不退　谓最胜付嘱
于心广最胜　至极无颠倒　利益意乐处　此乘功德满
六度皆名施　由财无畏法　此中一二三　名修行不住
为自身报恩　果报皆不著　为离于不起　及离为余行
摄伏在三轮　于相心除遣　后后诸疑惑　随生皆悉除
若将为集造　妙相非胜相　三相迁异故　无此谓如来
因与果甚深　于彼恶时说　此非无利益　由三菩萨殊
由于先佛所　奉持于戒学　并植善根故　名具戒具德
能断于我想　及以法想故　此名为具慧　二四殊成八
别体相续起　至寿尽而住　更求于余趣　我想有四种
皆无故非有　有故不可说　是言说因故　法想有四种
由彼信解力　信故生实想　不如言取故　取为正说故
佛了果非比　由愿智故知　为求利敬者　遮其自说故
证不住于法　为是随顺故　犹如舍其筏　是密意应知

化体非真佛　亦非说法者　说法非二取　所说离言诠
自受为他说　非无益集福　福不持菩提　彼二能持故
得自性因故　此余者是生　唯是佛法故　能成最胜福
不取自果故　非可取可说　解脱二障故　说妙生无净
在然灯佛所　言不取证法　由斯证法成　非所取所说
智流唯识性　国土非所执　无形故胜故　非严许严性
譬如妙高山　于受用无取　非有漏性故，亦非是因造
为显多差别　及以成殊胜　前后福不同　更陈其喻说
两成尊重故　由等流殊胜　烦恼因性故　由劣亦胜故
彼果胜苦故　难逢胜事故　境岸非知故　于余不共故
是甚深性故　胜余略诠故　胄族高胜故　望福福殊胜
彼行堪忍时　虽苦行善故　彼德难量故　由斯名胜事
由无恚怒情　不名为苦性　有安乐大悲　行时非苦果
生心因不舍　是故应坚求　谓是得忍边　及此心方便
应知正行者　是利生因故　于有情事相　应知遍除遣
彼事谓名聚　最胜除其想　诸世尊无此　由真见相应
果不住因位　是得彼果因　世尊实语故　应知有四种
立要说下乘　及说大乘义　由诸授记事　皆无有差别（或作“舛”）
不得彼顺故　是非实非妄　如言而执者　对彼故宣说
常时诸处有　于真性不获　由无知有住　智无住得真
无智犹（或作“由”）如暗　当闲（或作“暗”）智若明　能对及所治　得失现前故
由如是正行　获如是福量　于法正行者　业用今当说
于人（或作“文”）有三种　受持闻广（或作“读演”）说　义得由从他　及己闻思故
此谓熟内己　余成他有情　由事时大性　望福福殊胜
非境性独性　能依是大人　及难可得闻　无上因增长
若但持正法　所依处成器　蠲除诸业障　速获智通性
世妙事圆满　异熟极尊贵　于此法修行　应知获斯业
由自身行时　将己为菩萨　说名为心障　违于无住心
授后时记故　然灯行非胜　菩提彼行同　非实由因造
无彼相为相　故显非是妄　由法是佛法　皆非有为相
谓以法身佛　应知喻丈夫　无障圆具身　是遍满性故
及德（或作“得”）体大故　亦名为大身　非有身是有　说彼作非身
不了于法界　作度有情心　及清净土田　此名为诳妄
于菩萨众生　诸法无自性　若解虽非圣　名圣慧应知
虽不见诸法　此非无有眼　佛能具五种　由境虚妄故

种种心流转　离于念处故　彼无持常转　故说为虚妄
应知是智持　福乃非虚妄　显此福因故　重陈其喻言（或作“说”）
谓于真法身　无随好圆满　亦非是具相　非身性应知
于法身无别　非如来无二　重言其具相　由二体皆无
如佛（或作“来”）说亦无　说二是所执　由不离法界　说亦无自性
能说所说虽甚深　然亦非无敬信者　由非众生非非生　非圣圣性相应故
少法无有故　无上觉应知　由法界不增　清净平等性
及方便无上　由漏性非法　是故非善法　由此名为善
说法虽无记　非不得应知　由斯一法宝　胜彼宝无量
于诸算势类　因亦有差殊　寻思于世间　喻所不能及
法界平等故　佛不度众生　于诸名共聚　不在法界外
若起于法执　与我执过同　定执脱有情　是无执妄执
不应以色体　唯（或作“准”）如来法身　勿彼转轮王　与如来齐等
即具相果报　圆满福不许　能招于法身　由方便异性
唯见色闻声　是人不知佛　此真如法身　非是识境故
其福不失亡　果报不断绝　得忍亦不断　以获无垢故
更论于福因　为此陈其喻　彼福无报故　正取非越取
彼福招化果　作利有情事　彼事由任运　成佛现诸方
去来等是化　正觉常不动　彼于法界处　非一异应知
微尘将作墨　喻显于法界　此论造墨事　为彰烦恼尽
非聚非集性　显是非一性　于彼总集性　明其非异性
不了但俗言　诸凡愚妄执　断我法二种　非证觉无故
是故见无见　无境虚妄执　由此是细障　如是知故断
由得二种智　及定彼方除　陈福明化身　非无无尽福
诸佛说法时　不言身是化　由不自言故　是其真实说
如来涅槃证　非造亦不殊　此集造有九　以正智观故
见相及与识　居处身受用　过去并现存　未至详观察
由观察相故　受用及迁流　于有为事中　获无垢自在
由斯诸佛稀有法　陀罗尼句义深邃　从尊决已义广开　获福令生速清净

附录 7

梁朝傅大士颂金刚经

序：

金刚经歌者，梁朝时傅大士之所作也。武帝初请志公讲经，志公对曰："自有傅大士善解讲之。"帝问此人今在何处？志公对曰："见在鱼行。"于时即召大士入内。帝问大士："欲请大士讲金刚经，要何高坐？"大士对曰："不用高坐，只须一具拍板。"大士得板，即唱经歌四十九颂，终而便去。志公问武帝曰："识此人不？"帝言不识。志公告帝曰："此是弥勒菩萨分身，下来助帝扬化。"武帝忽闻情，大惊讶，深加珍仰，因题此颂于荆州寺四层阁上，至今现在。

夫金刚经者，圣教玄关，深奥难测，诸佛莫不皆由此生。虽文疏精研浩汗难究，岂若慈颂，显然目前，遂使修行者，不动足而登金刚宝山；谛信者，寂灭识而超于涅槃彼岸，故书。其文广博无穷，凡四十九篇，列之于后。所谓：惠日流空，照如来之净土；禅刀入手，破生死之魔军。既人法双袪俱遣，快哉，斯义何以加焉！有一智者，不显姓名，资杨五首，以申助也。其层阁既被焚烧，恐文隋堕，聊请人贤于此阁见本，请垂楷定。

若有人持诵《金刚般若波罗蜜经》，先须至心念净口业真言，然后启请八金刚四菩萨名号，所在之处常当拥护。

净口业真言

修利修利摩诃修利修修利莎婆诃

虚空菩萨普供养真言

曩三婆缚袜曰罗斛

云何梵？云何得长寿？金刚不坏身，复以何因缘，得大坚固力？云何于此经，究竟到彼岸？愿佛开微蜜。广为众生说。

【发愿文】

稽首三界尊　十方无量佛　我今发弘愿　持此金刚经
上报四重恩　下济三涂苦　若有见闻者　悉发菩提心
尽此一报身　同生极乐国

奉请八金刚

第一奉请青除灾金刚。第二奉请辟毒金刚。第三奉请黄随求金刚。第四奉请白净水金刚。第五奉请赤声金刚。第六奉请定除灾金刚。第七奉请紫贤金刚。第八奉请大神金刚。

第一奉请金刚罥菩萨。第二奉请金刚索菩萨。第三奉请金刚爱菩萨。第四奉请金刚语菩萨。

【金刚般若波罗蜜经】

如来涅槃日　娑罗双树间　阿难没忧海　悲恸不能前

优婆初请问　经首立何言　佛教如是著　万代古今传

【如是我闻。一时佛在舍卫国，祇树给孤独园，与大比丘众千二百五十人俱。尔时，世尊食时，著衣持钵，入舍卫大城乞食。于其城中，次第乞已，还至本处。饭食讫，收衣钵，洗足已，敷座而坐。

时，长老须菩提，在大众中，即从坐起。偏袒右肩，右膝著地，合掌恭敬而白佛言："希有！世尊！如来善护念诸菩萨，善付嘱诸菩萨。世尊！善男子、善女人，发阿耨多罗三藐三菩提心，应云何住？云何降伏其心？"佛言："善哉！善哉！须菩提！如汝所说。如来善护念诸菩萨，善付嘱诸菩萨。汝今谛听，当为汝说。善男子、善女人，发阿耨多罗三藐三菩提心，应如是住，如是降伏其心。""唯然！世尊！愿乐欲闻。"

佛告须菩提："诸菩萨摩诃萨，应如是降伏其心。所有一切众生之类，若卵生、若胎生、若湿生、若化生，若有色、若无色，若有想、若无想，若非有想、若非无想，我皆令入无余涅槃而灭度之。如是灭度无量无数无边众生，实无众生得灭度者。何以故？须菩提！若菩萨有我相、人相、众生相、寿者相，即非菩萨。"】

弥勒颂曰

空生初请问　善逝应机酬　先答云何住　次教如是修

胎生卵湿化　咸令悲智收　若起众生见　还同著相求

【"复次，须菩提！菩萨于法，应无所住，行于布施，所谓不住色布施，不住声、香、味、触、法布施。须菩提！菩萨应如是布施，不住于相。何以故？若菩萨不住相布施，其福德不可思量。"】

檀波罗蜜（布施）弥勒颂曰

施门通六行　六行束三檀　资生无畏地　声色勿相干

二边纯莫立　中道不须安　欲识（或作觅）无生处　背境向心观

尸波罗蜜（持戒）弥勒颂曰

尸罗得清净　无量劫来因　妄想如怨贼　贪爱若参辰

在欲而无欲　居尘不染尘　权于离垢地　当证法王身

羼提波罗蜜（忍辱）弥勒颂曰

忍心如幻梦　辱境若龟毛　常能修此观　逢难转坚牢

无非亦无是　无下亦无高　欲灭贪嗔贼　须行智慧刀

毗离耶波罗蜜（精进）弥勒颂曰

进修名焰地　良为慧光舒　二智心中遣　三空境上祛
无明念念灭　高下执情知　观心如不间　何啻至无为

禅波罗蜜（禅定）弥勒颂曰

禅河随浪净　定水逐波清　澄神生觉性　息虑灭迷情
遍计虚分别　由来假立名　若了依他起　无别有圆成

般若波罗蜜（智慧）弥勒颂曰

慧灯如朗日　蕴界若干城　明来闇便谢　无暇暂时停
妄心犹未灭　乃见我人形　妙智圆光照　唯得一空名
三大僧＃劫　万行具齐修　既悟无人我　长依圣道流
二空方渐证　三昧任遨游　创居欢喜地　常乐遂忘忧

【“须菩提！于意云何？东方虚空可思量不？”“不也！世尊！”“须菩提！南西北方四维上下虚空可思量不？”“不也！世尊！”“须菩提！菩萨无住相布施福德，亦复如是，不可思量。须菩提！菩萨但应如所教住。】

弥勒颂曰

若论无相施　功德极难量　行悲济贫乏　果报不须望
凡夫情行劣　初且略称扬　欲知檀貌状　如空遍十方

【“须菩提！于意云何？可以身相见如来不？”“不也！世尊！不可以身相得见如来。何以故？如来所说身相，即非身相。”佛告须菩提：“凡所有相，皆是虚妄。若见诸相非相，则见如来。”】

弥勒颂曰

如来举身相　为顺世间情　恐人生断见　权且立虚名
假言（或作名）三十二　八十也空声　有身非觉体　无相乃真形

【须菩提白佛言：“世尊！颇有众生，得闻如是言说章句，生实信不？”佛告须菩提：“莫作是说！如来灭后，后五百岁，有持戒修福者，于此章句，能生信心，以此为实。”】

弥勒颂曰

因深果亦深　理密奥难寻　当来末法世　唯虑法将沈
空生情未达　闻义恐难任　如能信此法　定是觉人心

【“当知是人，不于一佛、二佛、三四五佛而种善根，已于无量千万佛所种诸善根，闻是章句，乃至一念生净信者。须菩提！如来悉知悉见，是诸众生，得如是无量福德。”】

弥勒颂曰

信根生一念　诸佛尽能知　修（或作生）因于此日　证果未来时
三代经多劫　六度久安施　薰成无漏种　方号不思议（或作识）

【“何以故？是诸众生，无复我相、人相、众生相、寿者相。无法相，亦无非法相。何以故？是诸众生，若心取相，则著我人众生寿者；若取法相，即著我人众生寿者。何以故？若取非法相，即著我人众生寿者。”】

弥勒颂曰

人空法亦空　二相本来同　遍计虚分别　依他碍不通
圆成说（或作沉）识海　流转若飘蓬　欲识无生理（或作忍）　心外断行踪

【“是故不应取法，不应取非法。”】

弥勒颂曰

有因名假（或作无）号　无相乃（或作有）驰名　有无无别体　无有有无形
有无无自性　妄起有无情　有无如谷响　勿著有无声

【“以是义故，如来常说，汝等比丘，知我说法，如筏喻者，法尚应舍，何况非法！”】

弥勒颂曰

渡河须用筏　到岸不须船　人法知无我　悟理讵劳筌
中流仍被溺　谁论在二边　有无如取一　即被污心田

【“须菩提！于意云何？如来得阿耨多罗三藐三菩提耶？如来有所说法耶？”须菩提言：“如我解佛所说义，无有定法名阿耨多罗三藐三菩提，亦无有定法如来可说。何以故？如来所说法，皆不可取，不可说，非法，非非法。”】

弥勒颂曰

菩提离言说　从来无得人　须依二（或作一）空理　当证法王身
有心俱是妄　无执乃名真　若悟非非法　逍遥出六尘

【“所以者何？一切贤圣，皆以无为法而有差别。”】

弥勒颂曰

人法俱名执　了即二无为　菩萨能齐证　声闻离一非
所知烦恼障（或作尽）　空中无所依　常能作此观　得圣定无疑

【“须菩提！于意云何？若人满三千大千世界七宝，以用布施，是人所得福德，宁为多不？”须菩提言：“甚多！世尊！何以故？是福德即非福德性，是故如来说福德多。”“若复有人，于此经中，受持乃至四句偈等，为他人说，其福胜彼。何以故？须菩提！一切诸佛及诸佛阿耨多罗三藐三菩提法，皆从此经出。须菩提！所谓佛、法者，即非佛、法。”】

弥勒颂曰

宝满三千界　赍持作福田　唯成有漏业　终不离人天
持经取四句　与圣作良缘　欲入无为海　须乘般若船

【“须菩提！于意云何？须陀洹能作是念：‘我得须陀洹果’不？”须菩提言：“不也！世尊！何以故？须陀洹名为入流，而无所入，不入色声香味触法，是名须陀洹。”“须菩提！于意云何？斯陀含能作是念：‘我得斯陀含果’不？”须菩提言：“不也！世尊！何以故？斯陀含名一往来，而实无往来，是名斯陀含。”“须菩提！于意云何？阿那含能作是念：‘我得阿那含果’不？”须菩提言：“不也！世尊！何以故？阿那含名为不来，而实无来，是故名阿那含。”】

弥勒颂曰

舍凡初入圣　烦恼渐轻微　断除人我执　创始证无为
缘尘及身见　今者乃知非　七反人天后　趣寂不知归

【“须菩提！于意云何？阿罗汉能作是念：‘我得阿罗汉道’不？”须菩提言：“不也！世尊！何以故？实无有法名阿罗汉。世尊！若阿罗汉作是念，我得阿罗汉道，即为著我人众生寿者。世尊！佛说我得无诤三昧，人中最为第一，是第一离欲阿罗汉。我不作是念：‘我是离欲阿罗汉’。世尊！我若作是念：‘我得阿罗汉道’，世尊！则不说须菩提是乐阿兰那行者！以须菩提实无所行，而名须菩提是乐阿兰那行。”】

弥勒颂曰

无生即无灭　无我复无人　永除烦恼障　长辞后有身
境亡心亦灭　无复起贪嗔　无悲空有智　翛然独任真

【佛告须菩提：“于意云何？如来昔在然灯佛所，于法有所得不？”“世尊！如来在然灯佛所，于法实无所得。”】

弥勒颂曰

昔时称善慧	今日号能仁	看缘缘是妄	识体体非真
法性非因果	如理不从因	谓得然灯记	宁知是旧身

【"须菩提！于意云何？菩萨庄严佛土不？""不也！世尊！何以故？庄严佛土者，则非庄严，是名庄严。""是故，须菩提！诸菩萨摩菩萨，应如是生清净心，不应住色生心，不应住声香味触法生心。应无所住而生其心。"】

弥勒颂曰

扫除心意地	名为净土因	无论福与智	先且离贪嗔
庄严绝能所	无我亦无人	断常俱不染	颖脱出嚣尘

【"须菩提！譬如有人，身如须弥山王，于意云何？是身为大不？"须菩提言："甚大！世尊！何以故？佛说非身，是名大身。"】

弥勒颂曰

须弥高且大	将喻法王身	七宝齐围绕	六度次相邻
四色成山相	慈悲作佛因	有形终不大	无相乃为真

【"须菩提！如恒河中所有沙数。如是沙等恒河，于意云何？是诸恒河沙宁为多不？"须菩提言："甚多！世尊！但诸恒河尚多无数，何况其沙。""须菩提！我今实言告汝。若有善男子、善女人，以七宝满尔所恒河沙数三千大千世界，以用布施得福多不？"须菩提言："甚多！世尊！"佛告须菩提："若善男子、善女人，于此经中，乃至受持四句偈等，为他人说，而此福德胜前福德。"

"复次，须菩提！随说是经，乃至四句偈等，当知此处，一切世间天人阿修罗，皆应供养，如佛塔庙，何况有人尽能受持读诵。须菩提！当知是人成就最上第一稀有之法。若是经典所在之处，则为有佛，若尊重弟子。"】

弥勒颂曰

恒沙为比量	分为六种多	持经取四句	七宝讵能过
法门游历处	供养感修罗	经中称最胜	尊高似佛陀

【尔时，须菩提白佛言："世尊！当何名此经？我等云何奉持？"佛告须菩提："是经名为金刚般若波罗蜜。以是名字汝当奉持。所以者何？须菩提！佛说般若波罗蜜，则非般若波罗蜜。须菩提！于意云何？如来有所说法不？"须菩提白佛言："世尊！如来无所说。"】

弥勒颂曰

名中无有义　义上复无名　金刚喻真智　能破恶坚贞
若到波罗岸　入理出迷情　智人心自觉　愚者外求声

【“须菩提！于意云何？三千大千世界所有微尘是为多不？”须菩提言：“甚多！世尊！”“须菩提！诸微尘，如来说非微尘，是名微尘；如来说，世界，非世界，是名世界。”】

弥勒颂曰

积尘成世界　析界作微尘　界喻人天果　尘为有漏因
尘因因不实　界果果非真　果因知是幻　逍遥自在人

【“须菩提！于意云何？可以三十二相见如来不？”“不也！世尊！不可以三十二相得见如来。何以故？如来说，三十二相即是非相，是名三十二相。”“须菩提！若有善男子、善女人，以恒河沙等身命布施。”】

弥勒颂曰

施命如沙数　人天业转深　既掩菩提相　能障涅槃心
猿猴探水月　莨菪拾花针　爱河浮更没　苦海出还沈

【“若复有人，于此经中，乃至受持四句偈等，为他人说，其福甚多。”】

弥勒颂曰

经中持（或作称）四句　应当不离身　愚人看似梦　智者见唯真
法性无前后　无中非故新　蕴空无实法（或作相）凭何见有人

【尔时，须菩提闻说是经，深解义趣，涕泪悲泣，而白佛言：“稀有！世尊！佛说如是甚深经典，我从昔来所得慧眼，未曾得闻如是之经。”】

弥勒颂曰

闻经深解义　心中喜且悲　昔除烦恼障　今能离所知
遍计于先了　圆成证此时　宿乘无碍慧　方便劝人持

【“世尊！若复有人得闻是经，信心清净，则生实相，当知是人成就第一稀有功德！世尊！是实相者，则是非相，是故如来说名实相。”】

弥勒颂曰

未有无心境　曾无无境心　境忘心自灭　心灭境无侵
经中称实相　语妙理能深　证知唯有佛　小圣讵堪任

【"世尊！我今得闻如是经典，信解受持，不足为难。若当来世，后五百岁，其有众生，得闻是经，信解受持，是人则为第一稀有。何以故？此人无我相人相众生相寿者相。所以者何？我相即是非相，人相众生相寿者相即是非相，何以故？离一切诸相，则名诸佛。"】

弥勒颂曰

空生闻妙理　如蓬植在麻　凡流信此法　同火出莲华
恐人生断见　大圣预开遮　如能离诸相　定入法王家

【佛告须菩提："如是！如是！若复有人，得闻是经，不惊不怖不畏，当知是人甚为稀有。"】

弥勒颂曰

如能发心者　应当了二边　涅#无有相　菩提离所缘
无乘及乘者　人法两俱捐　欲达真如理　应当识本源

【"何以故？须菩提！如来说，第一波罗蜜，非第一波罗蜜，是名第一波罗蜜。"】

弥勒颂曰

波罗称彼岸　于中十种名　高卑缘妄识　次第为迷情
焰里寻求水　空中觅响声　真如何得失　今始号圆成

【"须菩提！忍辱波罗蜜，如来说非忍辱波罗蜜。何以故？须菩提！如我昔为歌利王割截身体，我于尔时，无我相、无人相、无众生相、无寿者相。何以故？我于往昔节节支解时，若有我相人相众生相寿者相，应生嗔恨。须菩提！又念过去，于五百世作忍辱仙人，于尔所世，无我相、无人相、无众生相、无寿者相。"】

弥勒颂曰

暴虐唯无道　时称歌利王　逢君出游猎　仙人横被伤
频经五百世　前后极时长　承先忍辱力　今乃证真常

【"是故，须菩提！菩萨应离一切相，发阿耨多罗三藐三菩提心，不应住色生心，不应住声香味触法生心，应生无所住心。若心有住，则为非住。是故佛说，菩萨心不应住色布施。须菩提！菩萨为利益一切众生，应如是布施。"】

弥勒颂曰

菩萨怀深智　何时不带悲　投身忧虎饿　割肉恐鹰饥
精勤三大劫　曾无一念疲　如能同此行　皆得作天师

【“如来说，一切诸相，即是非相；又说，一切众生，则非众生。须菩提！如来是真语者、实语者、如语者、不诳语者、不异语者。”】

弥勒颂曰

众生与蕴界　名别体非殊　了知心似幻　迷情见有余
真言言不妄　实语语非虚　始终无变异　性相本来如

【“须菩提！如来所得法，此法无实无虚。须菩提！若菩萨心住于法而行布施，如人入暗则无所见；若菩萨心不住法而行布施，如人有目，日光明照见种种色。须菩提！当来之世，若有善男子、善女人，能于此经受持读诵，则为如来，以佛智慧，悉知是人，悉见是人，皆得成就无量无边功德。”】

弥勒颂曰

证空便为实　执我乃成虚　非空亦非有　谁有复谁无
对病应施药　无病药还祛　须依二空理　颖脱入无余

【“须菩提！若有善男子、善女人，初日分以恒河沙等身布施，中日分复以恒河沙等身布施，后日分亦以恒河沙等身布施。如是无量百千万亿劫以身布施。若复有人，闻此经典，信心不逆，其福胜彼，何况书写受持读诵，为人解说。”】

弥勒颂曰

众生及寿者　蕴上假虚名　如龟毛不实　似兔角无形
舍身由妄识　施命为迷情　详论福比智　不及受持经

【“须菩提！以要言之，是经有不可思议，不可称量，无边功德，如来为发大乘者说，为发最上乘者说。若有人能受持读诵，广为人说，如来悉知是人，悉见是人，皆得成就不可量、不可称、无有边、不可思议功德。如是人等，则为荷担如来阿耨多罗三藐三菩提。何以故？须菩提！若乐小法者，著我见人见众生见寿者见，则于此经不能听受读诵，为人解说。须菩提！在在处处若有此经，一切世间天人阿修罗所应供养，当知此处，则为是塔，皆应恭敬，作礼围绕，以诸华香而散其处。”】

弥勒颂曰

所作依他性　修成功德林　终无趣寂意　唯有济群心
行悲悲广大　用智智能深　利他兼自利　小圣讵能任

【“复次，须菩提！善男子、善女人，受持读诵此经，若为人轻贱，是人先世罪业，应堕恶道，以今世人轻贱故，先世罪业则为消灭，当得阿耨多罗三藐三菩提。”

“须菩提！我念过去无量阿僧＃劫，于然灯佛前，得值八百四千万亿那由他诸佛，悉皆供养承事无空过者，若复有人，于后末世，能受持读诵此经，所得功德，于我所供养诸佛功德，百分不及一，千万亿分乃至算数譬喻所不能及。须菩提！若善男子、善女人，于后末世，有受持读诵此经，所得功德，我若具说者，或有人闻，心则狂乱，狐疑不信。须菩提！当知是经义不可思议，果报亦不可思议。”】

弥勒颂曰

先身有报障　今日受持经　暂被人轻贱　转重复还轻
若了依他起　能除遍计情　常依般若观　何虑不圆成

【尔时，须菩提白佛言：“世尊！若善男子、善女人，发阿耨多罗三藐三菩提心，云何应住？云何降伏其心？”佛告须菩提：“善男子、善女人，发阿耨多罗三藐三菩提心者，当生如是心：我应灭度一切众生，灭度一切众生已，而无有一众生实灭度者。何以故？若菩萨有我相、人相、众生相、寿者相，则非菩萨。所以者何？须菩提！实无有法发阿耨多罗三藐三菩提心者。】

弥勒颂曰

空生重请问　无心为自身（或作别）　欲发菩提者　当了现前因
行悲疑似妄　用智最言真　度生权立我　证理即无人

【“须菩提！于意云何？如来于然灯佛所，有法得阿耨多罗三藐三菩提不？”“不也！世尊！如我解佛所说义，佛于然灯佛所，无有法得阿耨多罗三藐三菩提。”佛言：“如是！如是！须菩提！实无有法如来得阿耨多罗三藐三菩提。须菩提！若有法如来得阿耨多罗三藐三菩提者，然灯佛则不与我受记：‘汝于来世，当得作佛，号释迦牟尼。’以实无有法得阿耨多罗三藐三菩提，是故然灯佛与我受记，作是言：‘汝于来世，当得作佛，号释迦牟尼。’何以故？如来者即诸法如义。若有人言，如来得阿耨多罗三藐三菩提，须菩提！实无有法佛得阿耨多罗三藐三菩提。须菩提！如来所得阿耨多罗三藐三菩提，于是中无实无虚。是故如来说一切法皆是佛法。须菩提！所言一切法者，即非一切法，是故名一切法。须菩提！譬如人身长大。”须菩提言：“世尊！如来说人身长大，则为非大身，是名大身。”“须菩提！菩萨亦如是。

若作是言：‘我当灭度无量众生’，则不名菩萨。何以故？须菩提！实无有法名为菩萨。是故佛说：一切法无我无人无众生无寿者。须菩提！若菩萨作是念：我当庄严佛土，是不名菩萨，何以故？如来说庄严佛土者，即非庄严，是名庄严。须菩提！若菩萨通达无我、法者，如来说名真是菩萨。”】

弥勒颂曰

人与法相待　二相本来如　法空人是妄　人空法亦祛
人法两俱实　受记可非虚　一切皆如幻　谁言得有无

【“须菩提！于意云何？如来有肉眼不？”“如是！世尊！如来有肉眼。”“须菩提！于意云何？如来有天眼不？”“如是！世尊！如来有天眼。”“须菩提！于意云何？如来有慧眼不？”“如是！世尊！如来有慧眼。”“须菩提！于意云何？如来有法眼不？”“如是！世尊！如来有法眼。”“须菩提！于意云何？如来有佛眼不？”“如是！世尊！如来有佛眼。”】

弥勒颂曰

天眼通非碍　肉眼碍非通　法眼唯观俗　慧眼直缘空
佛眼如千日　照异体还同　圆明法界内　无处不含容

【“须菩提！于意云何？恒河中所有沙，佛说是沙不？”“如是！世尊！如来说是沙。”“须菩提！于意云何？如一恒河中所有沙，有如是等恒河，是诸恒河所有沙数，佛世界如是，宁为多不？”“甚多，世尊！”佛告须菩提：“尔所国土中，所有众生，若干种心，如来悉知。何以故？如来说诸心皆为非心，是名为心。所以者何？须菩提！过去心不可得。现在心不可得。未来心不可得。”】

弥勒颂曰

依他一念起　俱为妄所行　便分六十二　九百乱纵横
过去灭无灭　当来生不生　常能作此观　真妄坦然平

【“须菩提！于意云何？若有人满三千大千世界七宝以用布施，是人以是因缘得福多不？”“如是！世尊！此人以是因缘得福甚多。”“须菩提！若福德有实，如来不说得福德多。以福德无故，如来说得福德多。”

“须菩提！于意云何？佛可以具足色身见不？”“不也！世尊！如来不应以具足色身见。何以故？如来说：具足色身，即非具足色身，是名具足色身。”“须菩提！于意云何？如来可以具足诸相见不？”“不也！世尊！如来不应以具足诸相见。何以故？如来说：诸相具足，即非具足，是名诸相具足。”】

弥勒颂曰

八十随形好　相分三十二　应物万般形　理中非一异

人法两俱遣　色心齐一弃　所以证菩提　寔由诸相离

【“须菩提！汝勿谓如来作是念：‘我当有所说法’。莫作是念，何以故？若人言如来有所说法，即为谤佛，不能解我所说故。须菩提！说法者，无法可说，是名说法。”

尔时，慧命须菩提白佛言：“世尊！颇有众生，于未来世闻说是法，生信心不？”佛言：“须菩提！彼非众生，非不众生，何以故？须菩提！众生者，如来说非众生，是名众生。”

须菩提白佛言：“世尊！佛得阿耨多罗三藐三菩提，为无所得耶？”“如是！如是！须菩提！我于阿耨多罗三藐三菩提！乃至无有少法可得，是名阿耨多罗三藐三菩提。”

“复次，须菩提！是法平等，无有高下，是名阿耨多罗三藐三菩提。以无我无人无众生无寿者，修一切善法，则得阿耨多罗三藐三菩提。须菩提！所言善法者，如来说非善法，是名善法。】

弥勒颂曰

水陆同真际　飞行体一如　法中无彼此　理上岂亲疏

自他分别遣　高下执情除　了斯平等性　咸共入无余

【“须菩提！若三千大千世界中所有诸须弥山王，如是等七宝聚，有人持用布施；若人以此般若波罗蜜经乃至四句偈等，受持读诵，为他人说，于前福德，百分不及一，百千万亿分，乃至算数譬喻所不能及。”】

弥勒颂曰

施宝如沙数　唯成有漏因　不如无我观　了妄乃名真

欲证无生忍　要假离贪嗔　人法知无我　逍遥出六尘

【“须菩提！于意云何？汝等勿谓如来作是念，我当度众生，须菩提！莫作是念。何以故？实无有众生如来度者。若有众生如来度者，如来则有我人众生寿者。须菩提！如来说有我者则非有我，而凡夫之人以为有我。须菩提！凡夫者如来说则非凡夫，是名凡夫。”

“须菩提！于意云何？可以三十二相观如来不？”须菩提言：“如是！如是！以三十二相观如来。”佛言：“须菩提！若以三十二相观如来者，转轮圣王则是如来。”须菩提白佛言：“世尊！如我解佛所说义，不应以三十二相观如来。”尔时，世尊而说偈言：“若以色见我，以音声求我，是人行邪道，不能见如来。”】

弥勒颂曰

涅槃含四德　唯我契真常　齐名入自在　独我最灵（或作虚）长
非色非声相　心识岂能量　看时不可见　悟理即形彰

【“须菩提！汝若作是念：‘如来不以具足相故，得阿耨多罗三藐三菩提’。须菩提！莫作是念：‘如来不以具足相故，得阿耨多罗三藐三菩提’。须菩提！汝若作是念，发阿耨多罗三藐三菩提心者，说诸法断灭。莫作是念，何以故？发阿耨多罗三藐三菩提心者，于法不说断灭相。

“须菩提！若菩萨以满恒河沙等世界七宝布施。若复有人知一切法无我，得成于忍。此菩萨胜前菩萨所得功德。须菩提！以诸菩萨不受福德故。”须菩提白佛言：“世尊！云何菩萨不受福德？”“须菩提！菩萨所作福德，不应贪著，是故说不受福德。”

“须菩提！若有人言，如来若来、若去、若坐、若卧，是人不解我所说义。何以故？如来者，无所从来，亦无所去，故名如来。”

“须菩提！若善男子、善女人，以三千大千世界碎为微尘。于意云何？是微尘众宁为多不？”“甚多！世尊！何以故？若是微尘众实有者，佛则不说是微尘众，所以者何？佛说微尘众则非微尘众，是名微尘众。世尊！如来所说三千大千世界，则非世界，是名世界。何以故？若世界实有者，则是一合相。如来说一合相，则非一合相，是名一合相。”“须菩提！一合相者，则是不可说，但凡夫之人，贪著其事。】

弥勒颂曰

界尘何一异　报应亦同然　非因亦非果　谁后复谁先
事中通一合　理则两俱捐　欲达无生路　应当识本源

【“须菩提！若人言：佛说我见人见众生见寿者见，须菩提！于意云何？是人解我所说义不？”“世尊！是人不解如来所说义。何以故？世尊说我见人见众生见寿者见，即非我见人见众生见寿者见，是名我见人见众生见寿者见。”“须菩提！发阿耨多罗三藐三菩提心者，于一切法，应如是知、如是见、如是信解，不生法相，须菩提！所言法相者，如来说即非法相，是名法相。

“须菩提！若有人以满无量阿僧祇世界七宝持用布施，若有善男子、善女人发菩提心者，持于此经，乃至四句偈等，受持读诵，为人演说，其福胜彼。云何为人演说，不取于相，如如不动。何以故？一切有为法，如梦幻泡影，如露亦如电，应作如是观。”】

弥勒颂曰

如星翳灯幻　皆为喻无常　漏识修因果　谁言得久长
危脆同泡露　如云影电光　饶经八万劫　终是落空亡

【佛说是经已。长老须菩提，及诸比丘比丘尼优婆塞优婆夷，一切世间天人阿修罗，闻佛所说，皆大欢喜，信受奉行。】

颂遍计

妄计因成执　迷绳谓（或作谓）是蛇　心疑生闇鬼　眼病见空花

一境虽无异　三人乃见差　了兹名不实　长驭白牛车

颂依他

依他非自立　必假众缘成　日谢树无影　灯来室乃明

名因共业变　万像积微生　若悟真空色　攸然去有情

颂圆成

相寂名亦遣　心融境亦亡　去来终莫见　语默永无方

智入圆成理　身同法性常　证真还了俗　不废亦津梁

大身真言

那谟薄伽跋帝钵喇壤钵罗弭多曳

伊利底伊室利轮卢毗舍耶毗舍耶娑婆诃

随心真言

那谟婆伽筏帝钵　薏波罗蜜多曳怛侄他唵吽筏折罗丽娑婆诃

心中心真言

乌伦泥沙娑婆诃

附录 8

历代《金刚经》论、注重要文献

经论

金刚般若论（宋元版）（无著造 笈多译）《中华大藏经》，中华书局，1985.

金刚般若波罗蜜经论（明版）（无著造 笈多译）《中华大藏经》，中华书局，1985.

金刚般若波罗蜜经论（天亲造 流支译）《中华大藏经》，中华书局，1985.

金刚仙论（金刚仙造 流支译）《中华大藏经》，中华书局，1985.

能断金刚般若波罗蜜经论释（无著造 义净译）《中华大藏经》，中华书局，1985.

金刚般若波罗蜜经破取著不坏假名论（功德施造 地婆译）《中华大藏经》，中华书局，1985.

经注

金刚般若波罗蜜经注（晋 僧肇）《续藏经》日本京都藏经书院，1905，第 38 册

金刚般若经疏（隋 智颤）《中华大藏经》，中华书局，1985.

金刚般若疏（唐 吉藏）《中华大藏经》，中华书局，1985.

佛说金刚般若波罗蜜经略疏（唐 智俨）《中华大藏经》，中华书局，1985.

金刚般若经赞述（唐 窥基）《中华大藏经》，中华书局，1985.

金刚般若论会释（唐 窥基）《中华大藏经》，中华书局，1985.

金刚般若波罗蜜经口诀（唐 慧能）《续藏经》日本京都藏经书院，1905，第 92 册

御注金刚般若波罗蜜经宣演（唐 道氤）《中华大藏经》，中华书局，1985.

金刚般若经旨赞（唐 昙旷）《中华大藏经》，中华书局，1985.

金刚般若经疏论纂要（唐 宗密）《中华大藏经》，中华书局，1985.

金刚般若经依天亲菩萨论赞略释秦本义记（唐 知恩）《中华大藏经》，中华书局，1985.

金刚波若波罗蜜经并注（唐 慧净）《续藏经》日本京都藏经书院，1905，第 38 册

金刚般若波罗蜜经注解（明 宗泐 如玘）《中华大藏经》，中华书局，1985.

金刚经百家集注大成（明 永乐皇帝）普门文库，不详.

金刚般若经演古（明 寂焰）《续藏经》日本京都藏经书院，1905，第 40 册

释金刚经（明 真可）《续藏经》日本京都藏经书院，1905，第 39 册

金刚般若波罗蜜经破空论（附：金刚般若波罗蜜经观心释）（明 智旭）《续藏经》日本京都藏经书院，1905，第 39 册

金刚决疑（明 憨山）《续藏经》日本京都藏经书院，1905，第 39 册

金刚般若波罗蜜经笔记（明 如观）《续藏经》日本京都藏经书院，1905，第 39 册
金刚经宗通（明 曾凤仪）《续藏经》日本京都藏经书院，1905，第 38 册
金刚般若波罗蜜经鎞（明 广伸）《续藏经》日本京都藏经书院，1905，第 39 册
金刚正眼（明 千松）《续藏经》日本京都藏经书院，1905，第 39 册
金刚般若经略谈（明 衡观）《续藏经》日本京都藏经书院，1905，第 39 册
金刚略疏（明 元贤）《续藏经》日本京都藏经书院，1905，第 39 册
金刚般若波罗蜜经补注（明 韩岩）《续藏经》日本京都藏经书院，1905，第 92 册
金刚经如是解（明 张坦翁）《续藏经》日本京都藏经书院，1905，第 39 册
新镌大乘金刚般若波罗蜜经音释直解（明 圆杲）《续藏经》日本京都藏经书院，1905，第 39 册
金刚般若波罗蜜经心印疏（清 溥畹）《续藏经》日本京都藏经书院，1905，第 40 册
金刚直说（清 成鹫）《续藏经》日本京都藏经书院，1905，第 40 册
金刚经石注（清 石成金）《续藏经》日本京都藏经书院，1905，第 40 册
金刚般若波罗蜜经悬判疏钞（清 性起）《续藏经》日本京都藏经书院，1905，第 92 册
金刚般若经偈会本（清 通理）《续藏经》日本京都藏经书院，1905，第 39 册
金刚经正解（清 龚概）《续藏经》日本京都藏经书院，1905，第 92 册
金刚般若波罗蜜经郢说（清 徐发）《续藏经》日本京都藏经书院，1905，第 39 册
金刚般若波罗蜜经浅解（清 王锡管）《续藏经》日本京都藏经书院，1905，第 39 册
金刚般若波罗蜜经义脉（太虚）《太虚全集》宗教文化出版社，2005.
金刚般若波罗蜜经讲录（太虚）《太虚全集》宗教文化出版社，2005.
能断金刚般若波罗蜜多经释（太虚）《太虚全集》宗教文化出版社，2005.
金刚般若波罗蜜经讲义（江味农）华东师范大学出版社，2014.
金刚般若波罗蜜经讲义（倓虚）香港佛经流通处，1950.
金刚般若波罗蜜经讲记（印顺）九州出版社，2010.
金刚般若波罗蜜经讲义（吴润江）香港佛经流通处，1950.
金刚经中道了义疏（慈舟）上海自由书店，1947.
金刚经讲录（道源）上海佛学书局，1949.
金刚般若波罗蜜经讲义（圆瑛）上海佛学书局，1985.
金刚般若波罗蜜经讲义（达理）东山学苑，不详.
金刚经说什么（南怀瑾）复旦大学出版社，2001.
金刚般若波罗蜜经（妙境）美国法云佛学院，不详.
《金刚经》的研究（沈家桢）福建莆田广化寺，2004.

图书在版编目（CIP）数据

图说金刚经 /（唐）鸠摩罗什原译；施青石编著
. -- 兰州：甘肃人民美术出版社，2017.7
ISBN 978-7-5527-0506-5

Ⅰ. ①图… Ⅱ. ①鸠… ②施… Ⅲ. ①佛经②《金刚经》-图解 Ⅳ. ① B942.1-64

中国版本图书馆 CIP 数据核字 (2017) 第 168990 号

图说金刚经

（唐）鸠摩罗什 / 原译
施青石 / 编著

出 版 人 / 王永生
责任编辑 / 张明钰
装帧设计 / 紫图图书ZITO®

出版发行：甘肃人民美术出版社
地　　址：兰州市城关区读者大道 568 号
邮　　编：730030
电　　话：0931-8773121（编辑部）
　　　　　0931-8773269（发行部）
E-mail：gsart@126.com
网　　址：http://www.gansuart.com

印　　刷：北京天宇万达印刷有限公司
开　　本：787 毫米 ×1092 毫米　1/16
印　　张：19.75
插　　页：2
字　　数：302 千
版　　次：2017 年 8 月第 1 版
印　　次：2017 年 8 月第 1 次印刷
印　　数：1 ~ 20 000 册
书　　号：ISBN 978-7-5527-0506-5
定　　价：69.90 元